财政部规划教材
全国高职高专院校财经类教材

市场营销学

（第三版）

李世宗　李建峰　主编

中国财政经济出版社

图书在版编目（CIP）数据

市场营销学/李世宗，李建峰主编．—3版．—北京：中国财政经济出版社，2010.7
财政部规划教材．全国高职高专院校财经类教材
ISBN 978-7-5095-2288-2

Ⅰ.①市…　Ⅱ.①李…②李…　Ⅲ.①市场营销学-高等学校：技术学校-教材　Ⅳ.①F713.50

中国版本图书馆CIP数据核字（2010）第106147号

责任编辑：张　军　　　责任校对：黄亚青
封面设计：陈　瑶　　　版式设计：兰　波

中国财政经济出版社 出版
URL：http：//www.cfeph.cn
E-mail：cfeph @ cfeph.cn

社址：北京市海淀区阜成路甲28号　邮政编码：100142
发行处电话：88190406　财经书店电话：64033436
北京富生印刷厂印刷　　各地新华书店经销
787×1092毫米　16开　12.5印张　300 000字
2010年7月第3版　2011年11月北京第2次印刷
定价：22.00元
ISBN 978-7-5095-2288-2/F·1831
（图书出现印装问题，本社负责调换）
本社质量投诉电话：010-88190744

前言

本书是财政部规划教材，由财政部教材编审委员会组织编写并审定，作为全国高职高专院校财经类教材。

市场营销学是以经济学、行为科学、现代管理等科学为基础，从属于管理学范畴的一门综合性应用学科。它是以市场经济为先决条件，于 20 世纪初在美国发展起来的，20 世纪 50 年代才形成真正意义上的现代市场营销学，在西方国家引起广泛的关注，成为指导工商企业经营活动的重要科学。我国直至 1978 年改革开放以后才从国外引进，1988 年以后市场营销学科建设进入一个新的发展阶段。当前，掌握市场营销的基本原理与知识，已成为对工商企业管理人员的基本要求。

我们在参考《营销管理——分析、计划、执行与控制》（菲利普·科特勒 2001）和《基础市场营销》（尤金·麦卡锡）的结构体系框架，吸收欧洲关系营销学派的观点，结合我国众多的《市场营销教程》，编写了本书。本书注重理论与实践的结合，在理论体系完整的基础上，强调了实用性与可操作性。本教材结构合理，内容新颖，语言流畅。全书共分三个部分：第一部分为营销理论，主要介绍市场及市场营销的内涵，近代市场营销的新概念，当代市场营销发展的新趋势；市场营销学科的发展；市场营销学的研究对象、研究内容、研究方法；市场营销哲学的演进与发展等基本理论。第二部分为市场营销战略和策略，主要介绍市场竞争战略、目标市场战略和市场营销组合策略。第三部分为市场营销管理，主要从管理的角度介绍市场营销的创新与控制。

本教材主要面向财经类高职高专教育，也可作为财经类专科、中专及职业高中的教材，同时也是工商企业管理人员必备的读物。本书由武汉纺织大学李世宗教授和陕西财经职业技术学院李建峰教授担任主编并设计框架结构，陕西财经职业技术学院董媛和武汉纺织大学卢玮担任副主编。编写人员的分工是：李世宗（第一、四章），董媛（第三章），四川财经职业学院易思飞（第二、七章），江西财经职业学院吴炜（第八章），内蒙古财税职业学院董杰（第五章），李建峰（第六、九章），卢玮（第十章）。

本书在编写过程中，参考并引用了许多专家和学者书籍和文章中的资料和观点，在此表示感谢。同时，限于自身学识，书中难免有误，诚请读者不吝赐教、批评指正。

编　者

2010 年 5 月

目 录

目　录

第一章
市场营销导论

学习目标

- □ 理解市场营销的含义
- □ 掌握市场营销的核心概念
- □ 了解市场营销学的产生和发展
- □ 掌握市场营销观念及其演变
- □ 建立企业市场营销道德与责任观念

案例导入

中国营销30年鸟瞰

从1979年中国改革开放走向市场经济体制以来，中国现代营销已走过1/4世纪（1979—2004年）的历程，对中国经济和企业而言，这是一个重要的历史转型期。观察中国营销25年，有两大特征不可忽视：

其一，这是一个压缩饼干式的进程。中国以飞快的速度从封闭计划的经济到市场经济，25年似乎要扫过西方100多年的营销进程。中国市场化的程度已超过65%～70%，营销已成为一切企业最重要的经营活动之一。所以25年最大的特征之一是变化大而快。

其二，这是一个在特殊环境发生的进程。中国的市场环境、政策环境、企业环境、消费者环境和文化环境都有种种特殊性，所构成的中国转型营销环境对营销的理论和实际运作提出了如何适应的挑战。浏览大事记，许多情景恍如隔世，从卖方市场到买方市场、从短缺到过剩、从垄断到竞争、从封闭到开放、从完全计划到市场调节、从无从选择到眼花缭乱、从无广告到广告无所不在、从限量购买到促销泛滥……

以下信息会使我们吃惊：1979年全国只有485万台电视机；1985年8月6日上海金星18英寸彩色电视机上市时，限本市个人用户购买；1989年1月25日国务院通知，彩色电视机实行征收特别消费税。20世纪80年代初一部手机约2万元，2000年约2000元，

2003 年仅几百元。

（资料来源：卢泰宏：《解读中国营销》，中国社会科学出版社 2004 年版。）

思考：营销在中国发生的主要变化是什么？

市场营销学是一门建立在经济科学、行为科学、现代管理理论基础之上的综合性应用科学，研究以满足消费者需求为中心的企业营销活动过程及其规律性。它起源于美国，后传播到世界各地，目前在我国市场经济建设中发挥着越来越重要的作用。

第一节 市场营销学概述

市场营销学是由英文“Marketing”一词翻译过来的。Marketing 一词在英语中有双重含义，一是指一种经济行为或一种实践活动，即主要由企业等组织进行的营销活动；另一种是指一门科学，即以市场营销活动为研究对象的科学。与英语含义对照起来，Marketing 在译成汉语时，前者可译成“市场营销”或“营销”，后者则应译成“市场营销学”或“营销学”。

一、市场营销

（一）市场（market）

市场营销与市场有密切联系，但二者不可混为一谈。因此，应当首先明确市场的含义，再进一步明确市场营销的含义。

经济学家用“市场”一词来泛指交易某产品的买方与卖方的集合，如汽车市场、钢材市场、蔬菜市场等。但是，营销者却认为卖方组成产业，买方构成市场。也就是说，市场是指消费者群。菲利普·科特勒指出：**“市场是由一切具有特定欲望和需求，并且愿意和能够以交换来满足这些需求的潜在顾客所组成。”**因此，市场包括三个主要因素：人口、购买力和购买欲望，可用公式表示为：

市场 = 人口 + 购买力 + 购买欲望

只有具备了这三个要素的市场才是一个现实有效的市场。人口是市场的首要因素，有人才有消费，才有对消费品的需求，进而有对工业用品的需求。中国是一个拥有 13 亿人口的大国，世界知名的跨国企业纷纷大举进入中国市场，正是看中了中国人口众多、消费潜力大的国情。

购买力和购买欲望也是市场的必要因素。购买力指人们购买商品的货币支付能力。显然，具备购买力的需求才能形成真正意义上的市场。例如，目前中国汽车还不够发达，每年的销售量远远落后于欧美国家，但这并不是因为中国消费者不想买汽车，而是相当部分的消费者不具备购买力。影响购买力的主要因素是人们的收入，收入越高，购买力越强；

反之购买力越弱。

购买欲望是人们购买商品的动机、愿望和要求，它是潜在购买需求转变为现实购买行为的重要条件。人的购买欲望受多方面因素的影响，其中，价格是影响购买欲望的重要因素。一般而言，价格越低，人的购买欲望越强烈；反之，价格越高，人们的购买欲望越低。正是因为大多数的企业都清楚地认识到这一点，所以它们频频采用降低商品价格、打折、优惠等手段刺激需求，提高人们的购买欲望，最终促进产品销售。市场反应表明，这确实是屡试不爽的好办法。

（二）营销

营销就是处理与顾客的关系。基于顾客价值和顾客满意来建立顾客关系，是现代营销的核心。营销就是管理赢利性的顾客关系。营销的双重目的在于，一方面通过提供优质的顾客价值来吸引新的顾客，另一方面通过传递顾客的满意来保持和发展当前的顾客。

良好的营销是每一个组织成功的关键。微软（Microsoft）和索尼（Sony）这些大公司需要营销，非营利性的组织，如大学、医院、博物馆及交响乐团同样也需要营销。

营销随处可见——从农贸市场、小商店，到大的购物中心。你可以从电视、杂志及信箱里邮件广告中看到营销，当你在家、学校、工作场所、娱乐场所，几乎在你做任何事的时候都可以看见营销。营销实际上是为吸引你的注意力并引导你的购买行为而由人和活动所组成的巨大网络。

1. 营销定义。营销涉及满足顾客需求。如果营销者理解了顾客的需求，进而开发出了能够提供卓越价值的产品，并且有效地进行定价、分销和促销，则他们的产品就会很容易卖出去。因此，销售和广告只是影响市场的一系列营销工具中的一部分。我们把营销定义为：**营销是个人和集体通过创造，提供销售，并同别人交换产品或价值，以获得其所欲之物的一种社会和管理过程。**

2. 需要、欲望和需求。人类的需要是构成营销的最基本的概念。人类的需要是一种感觉到被剥夺的状态，既包括基本的，如对食物、衣服、温暖和安全的生理需要，也包括对归属和情感的社会需要，还包括对知识和自我实现的个体需要。这些需要并不是营销者创造的，它们是人类天性的一个基本组成部分。

欲望是人类需要的形式，受文化和个人特征的影响而形成。中国人、日本人和韩国人都需要食物，但是中国人想吃米饭，日本人想吃寿司，而韩国人想吃泡菜。欲望是由一个人所处的社会塑造的，往往表现为满足需要的目标物品。当有购买能力作为支持时，欲望就变成需求。在一定欲望和资源条件下，人们需要一种能给予其最大价值和满意程度的产品。

具备杰出营销能力的公司都理解其顾客的需要、欲望和需求。他们开展消费者调研，分析海量的销售、顾客的投诉和服务的数据。公司各个层次的人员——包括高层管理者——都与顾客关系很好。例如，在迪士尼主题公园，每个经理在职业生涯中至少要有一次，在米老鼠、维尼小熊或是其他卡通人物的公园里游览一天。

3. 营销供给——产品、服务和体验。企业通过提出一个价值主张来满足需要，即承诺给消费者以满足其需要的一个利益组合。价值主张通过营销供给来实现，即提供给市场用来满足一种需要或者欲望的产品、服务、信息和体验的结合体。营销供给并不仅限于实体产品，还包括服务、活动或者利益，它们用于销售，但基本上不可触摸，也不能被人所拥有。具体例子包括金融服务、航空、会计咨询服务和家庭维修服务等。广义地说，营销供给可以延伸到人、地点、组织、信息和观念等实体。

许多销售商都错误地将更多的注意力投向他们所提供的具体产品，而不是产品所产生的利益或体验。他们认为自己是在销售一个产品，而不是在提供一个需求解决方案。他们是所谓的“营销近视症”患者。由于太过于关注自己的产品，这些厂商就会只关注已存在的需求，而忽略了潜在的顾客需求。他们忘记了产品实际上只是解决顾客问题的工具，当一个可以更好或以更低的成本满足顾客需要的新产品出现时，这些厂家就会面临困难。因为当消费者需求不变时，他们将选择新产品。

因此，聪明的营销者超越了其所卖产品或服务的具体属性，而是为消费者创造品牌内涵和品牌体验。例如，可口可乐（Coca－Cola）对消费者来说，不仅代表一种饮料——它已经成为一个拥有丰富历史和内涵的国际化标志。同样，耐克（Nike）也不只是鞋子，它代表鞋子所能为你做的所有事情和能把你带到的地方。那著名的耐克标志代表了运动的高技能、著名运动员和一种“说做就做”（Just do it）的态度。通过汇合各种产品和服务，企业可以创造、演绎和营销品牌体验。“消费者真正想要的是（厂商能够提供一种）刺激其感观、感动其内心和激发其想法（的东西），”一位专家声称：“他们需要（被提供）企业做的是传达一种体验。”

4. 价值和满意。消费者面对可以满足其特定需求的大量产品和服务，那么他又如何在这众多营销供给中进行选择呢？答案是基于对各种产品和服务所传递的价值和满意的预期进行选择。

顾客价值（customer value）**是拥有或使用一个产品所获得的价值，与获得这一产品所付出的成本之差**。顾客根据以往的购买经验、朋友的意见以及营销者和竞争者的信息和许诺，来建立对各种营销供给的期望。

顾客满意（customer satisfaction）**是指对于一次购买的满意程度，依赖于一个产品性能是否达到了顾客的期望**。顾客满意是对消费者将来购买行为的关键影响因素，满意的顾客将会再次购买，并且告诉他人自己愉快的购买经历；不满意的顾客将会转向竞争者那里购买，并在他人面前诋毁该产品。

营销者应该认真确定适当的期望水平。如果设定的期望水平过低，可以令购买者满意但却无法吸引足够多的顾客；如果期望水平定得过高，购买者就会失望。**顾客价值和顾客满意是发展和管理客户关系的关键。**

5. 交换、交易和关系。当人们想通过交换来满足欲望和需要时就产生了营销。交换（exchange）是指通过提供某物作为回报，从别人那里获得所需之物。一次交易（transaction）是指双方的价值交换。例如，你需付350美元来获得一部三星手机。

营销也包括为建立和保持与目标受众所向往的交换关系（exchange relationships）而采取的行为，这种交换关系涉及一种产品、服务、创意或其他东西，目标是维系顾客和发展与他们的关系。

（三）市场营销

市场营销一词是从西方市场营销学中引进的。西方学者对市场营销的解释有十多种，其中较有代表性的有如下几种。

最早一种是美国市场学协会的解释。有代表性的是麦卡锡等的定义。麦卡锡认为"市场营销是引导物品及劳务从生产者至消费者或使用者的企业活动，以满足顾客并实现企业的目标"。

史坦顿认为"市场营销是一个完整的企业活动，即以计划、产品、定价、推广与分销来满足现在与未来顾客的需求"。

菲利浦·科特勒认为"市场营销是一种人类活动，通过交易引起满足消费者的需求与欲望"。这些定义各具特点，**从狭义的角度看，市场营销是指企业为实现高额利润，使商品从生产者到达消费者所实施的一切经营管理活动**；从广义的角度看，是指企业有计划地创造与传送商品给社会和人民大众的企业活动。

市场营销是企业的经营与销售活动，是引导商品从生产者到消费者或用户的企业整体活动（包括产品开发、开拓市场、商品流通、售后服务等一系列商业经济活动），其目的是通过满足顾客需求来实现企业利润目标。市场营销要求以消费者为中心，为消费者提供优质服务。**市场营销的核心是迅速达成交易，使商品实现其价值，为消费者提供具有使用价值的商品**。拓宽市场营销面的手段是根据市场新形势，以现代市场营销观念为指导，针对消费者的需求与欲望，以优质服务为中心，采取切合实际的营销策略，主动为消费者提供优质的商品和服务，激发消费者的购买兴趣。市场营销的目的主要是：在满足消费者的生理和心理需要、满足消费者的现实需求和潜在需求、满足消费者的眼前需要和长远需要的前提下获得利润。

在理解市场营销的含义时必须明确下列几个问题：

1. 市场营销有"宏观（社会）市场营销"和"微观（企业）市场营销"之分。宏观市场营销是指通过社会上的某种市场营销系统，引导某种商品或劳务从生产者手中转移到消费者和用户手中，有效地使供给与需求相适应，实现社会的某种目标的营销活动。微观市场营销是指企业为了实现其目标对市场需求进行调查研究，并引导满足需求的商品或劳务从生产者转移到目标顾客的营销活动。前者是一种社会性的经济活动过程，后者则是一种企业的经营活动过程。现代市场营销学着重从企业的角度研究"微观市场营销"问题。

2. 市场营销和推销、销售的含义不同。有人在它们之间画上等号，这是不确切的。持这种看法的人认为"市场营销"和"推销"、"销售"一样，就是要把企业生产出来的商品推销出去。这是一种狭隘的市场营销观念。实际上"市场营销"是一个广义的概念，它包括市场研究、产品的开发、定价、分销、广告宣传、推销和销售促进，以及售后服务等。而"推销"或"销售"仅仅是如何把产品销售出去，只是"市场营销"活动的一个部分，还不是企业市场营销活动中最重要的部分。其重要的部分是企业应该搞好市场研究，了解目标市场消费者的需求，并按照其需求来设计和生产适销对路的产品，同时制订适宜的价格，搞好分销工作，并且搞好售后服务，把产品销售出去。

3. "市场营销"的含义是不断变化的。"市场营销"这个概念是从工商企业的市场营销活动实践中概括出来的，反映了不同历史时期企业的市场营销活动实践。比如，在第二次世界大战前，市场营销主要局限于商品的广告宣传、推销及销售促进，目的是大规模地推销已经生产出来的产品。第二次世界大战结束以后，随着经济的增长和市场形势的发展，工商企业的市场营销活动及其指导思想、市场营销实践也在不断发展，与之相适应，市场营销这个概念的含义也在发展。现代市场营销不仅包括产品的流通过程，还包括了企业的“产前活动”（如市场营销环境研究、产品需求调查和预测、产品设计等）和“售后服务”（如商品售后在一定的时期内的三包、收集用户使用产品后的意见等）。

4. 市场营销的核心概念是交换。企业的一切营销活动都与市场、商品交换有关系，都是为了交换，与顾客做成买卖，因此，市场营销的核心概念是交换。

5. 市场营销活动是通过物的转移，商品价值和使用价值的实现，综合反映着人与人之间的关系，也就是反映着人与人之间的经济关系。这种经济关系是在一定经济条件下通过经济活动组合而成的，是受一定的经济规律制约，并在国家一定的方针、政策法规的指导、控制下，由企业的市场营销活动来实现的。这些经济关系的性质、方式和具体内容在不同的社会制度下是不相同的，它随着生产力的发展、生产关系的变革和上层建筑的调整，经常发生相应的规律性的调整和变动，对企业的市场营销活动产生着决定性的影响。

[阅读材料]

市场营销不是“什么”？

菲利普·科特勒：市场营销不是推销。

杰伊·康拉德·莱文森（Jay Conrad Levinson）：营销不仅不是推销，还不是其他很多东西，如：

- 营销不是广告。千万不要以为广告就是营销。营销的方法有上百种，广告只是其中之一，还有其他多种方法。如果你正在做广告，那你也只是在做广告——因为你只做了你应该做的1%。
- 营销不是直接邮寄广告。有些企业认为直接邮寄广告就能获得他们需要的全部业务。邮寄订单的企业或许适合使用这种方法，但大多数企业需要大量其他类型的营销手段来支持直接邮寄广告，这样才能获得成功。
- 营销不是电话推销。企业对企业的营销，包括能进行详细产品介绍的电话推销，很少能获得成功。但你可以通过广告和直接邮寄广告的方式来提高产品的影响力从而使电话反馈大大增加。所以，营销不仅仅是电话推销。
- 营销不是只制作宣传册。许多企业一股脑地忙于制作用于介绍其产品或服务的宣传册，而且还对制作精良的宣传册赞不绝口。但是这本宣传册真的就是营销的全部吗？如果你的营销计划中还包括其他10个或15个重要方面，那宣传册就是这个计划中不可或缺的一个重要方面。如果只有宣传册，那是远远不够的。
- 营销并不意味着仅在黄页中做广告。在美国，大多数企业都在黄页中做广告，希望这样可以给自己的营销带来益处。但黄页中的广告只能为企业带来全部业务的5%，而对于剩下的95%而言，仅仅依靠这种方式是不行的。因此，应该把在黄页中做广告作为你计划中的一部分——也仅仅是一部分。
- 营销不是作秀。没有什么行业像娱乐业那样需要作秀，而娱乐业也有适合其自身的营销措施。你应该把营销当成是销售、创造希望和激发动机的工作。营销者不是在搞娱乐活动——也就是说营销并不意味着要去取悦他人。

- 营销不是用来展示幽默的舞台。如果你在营销过程中使用幽默手段，那人们将只会记住你所讲的笑话，而对于你想借此引起人们注意的产品或服务印象不深。如果你采用幽默的手法进行营销，那么在一开始的一两次，它会让你的营销活动显得很有趣，但几次以后，幽默的作用将会逐渐下降，而与此同时它却阻碍了营销获得成功所不可或缺的观念——不断重复的作用的发挥。

- 营销不是为了将吸引顾客的方式做得多么巧妙。你并不会希望潜在的顾客只是记住营销措施中的闪光点，实际上，你希望他们能记住你所提供的产品或服务。过多考虑如何使营销手段更巧妙更吸引人对营销并没有什么益处，它会像吸血鬼一样把顾客对产品或服务的注意力消磨干净。

- 营销不是创造奇迹。营销人员因为期望在营销中创造奇迹而浪费的钱，远比因为其他任何错误想法而浪费的钱要多得多。本来期望创造奇迹，而实际上却给营销带来很多问题。在美国，如果你的做法得当，营销会是你最佳的投资方式，而要做得得当，就需要计划和耐心。

二、市场营销学研究的对象

市场营销学研究的是以满足消费者需求为中心的企业营销活动及其规律性，即研究在特定的市场环境中，企业在市场营销研究的基础上，为满足消费者和用户现实和潜在的需求所实施的以产品、分销、定价、促销为主要内容的营销活动过程及其客观规律性。

（一）满足消费者需求与欲望是企业营销的出发点与中心

这包括以下几层含义：

1. 消费者购买的不是物品和劳务本身，而是欲望的满足。如消费者购买照相机，不是为了一个具有机械性能的匣子，而是为了艺术爱好或拍照留念。又如人们购买化妆品不是为了需要其物质本身，而是为了增加美丽或保持容貌。再如人们乘坐火车，不只是为了达成空间的移动，而是为了在某种特定时间、通过舒适的交通工具到达特定地点。

2. 满足消费者的需求不仅包括现实需求，还包括潜在的需求。现实的需求表现为对已有产品的一种准备购买倾向；潜在的需求则表现在为了获得某种需要的满足而对尚未问世产品的一种期望。企业应在市场调查和预测的基础上运用各种营销手段发展新产品，并不断激发消费者的购买欲望，调动消费者的购买行为。

3. 从消费者需求出发不是指从市场上所有消费者的需求或消费者的所有需求出发，而是指通过市场细分，选择目标市场，从目标市场的消费者需求出发。

4. 满足消费者的需求时要根据不同目标市场的消费者，采取不同的市场营销策略。如对不同的消费者提供不同的产品，制订不同的产品价格，选择不同分销渠道，采取不同的促销手段，即采取不同的市场营销组合。

5. 满足消费者的需求还包括从企业实际条件出发，合理组织企业的人、财、物等资源，为目标市场提供适销对路的产品。

（二）有计划地组织企业的整体活动是满足消费者需求及实现企业目标的手段

企业的整体活动包括以下含义：

1. 企业的整体活动是销售活动。销售活动是营销活动的出发点和归宿点，只有通过销售活动才能满足消费者的需求和欲望，实现企业的赢利目标。

2. 将市场营销四大因素即产品、定价、分销及促销进行最佳组合，以保证企业从整体上满足消费者的需求，即企业不仅生产质量好的产品，而且要适时适地以适当价格来满足消费者的需求。从一定意义上说，市场营销四大因素是企业营销整体活动的主要部分。尽管销售是很重要，但它只是市场营销几种职能之一，而且只要企业能很好把握消费者的需求，并根据其需求来设计产品，制定价格，选择分销途径及促销策略，一般说，产品销售就较容易实现。

（三）获得利润是企业营销的目的

需要说明的是，企业获取利润不能不择手段，而要以满足消费者需求为前提，满足消费者需求是实现企业利润目标的手段。企业通过有效的营销活动，能够实现消费者需求满足与企业利润获取的和谐统一。

第二节

市场营销学的产生与发展

一、市场营销学的产生与发展

（一）市场营销学的产生

市场营销学从经济学中分离出来，形成一门独立学科，是 20 世纪初在美国开始的。19 世纪末到 20 世纪初，随着垄断的出现和竞争的日益加剧，随着生产社会化的进一步发展和科学技术的不断进步，社会的政治经济情况发生了很大变化，市场趋势从卖方市场逐步转向买方市场，生产的增长超过了有支付能力的需求的增长，并且消费者的需求日益多样化和复杂化。这样，企业面临的问题首先不是扩大生产和降低成本，而是如何将已生产的产品推销出去。1902 年，美国的密歇根州、加利福尼亚州、伊利诺伊州等地的一些大学开设了市场营销学课程，开始研究这些问题。随后，宾夕法尼亚、威斯康星等地的大学相继开设了市场营销学课程，并且形成了若干研究市场营销学的中心。一些学者根据企业销售实践活动的需要，开始着手从理论上研究商品销售问题。美国哈佛大学的赫杰特齐（J. E. Hegertg）通过向大企业调查其销售活动，于 1912 年写出了第一本以《销售学》命名的教科书。这本书的出版，被认为是“市场营销学”作为一门独立学科出现的里程碑。但是，它与现代市场营销学相比，在原理、概念、基本内容等方面都有较大差异，实际上只是推销学、分销学、广告学的混合，因为它重点研究的是推销、分销及广告。1923 年，依贝出版了《销售学原理》，探讨了中间商的职能与作用。不过，这个阶段市场营销学的研究，仍以传统的经济学，如马歇尔的需求学说为理论基础，本身没有明确的理论原则。另外，研究活动基本上局限在大学的书斋里，没有参与企业争夺市场的业务活动，因此没有引起社会的足够重视。作为这个时期研究成果的上述著作，尽管局限于流通领域，停留在研究商业推销实务与技巧方面，只初步涉及了广告的有关内容，但它们传播和总结了市场营销业务，引导市场营销活动的指导思想从生产转向销售，推动着市场营销学的初步形成。

1929—1933 年爆发的世界性经济危机，使许多企业倒闭，生产严重过剩，产品大量积压。严峻的市场形势使社会日益重视市场营销学的一些问题，研究市场营销的团体日渐增多。1929 年美国建立了全国销售学与广告学教师协会，到 1931 年，成立了美国销售学协会，专门设立了为企业管理人员讲授销售学的讲习班。几年后，许多企业家、营销学研究人员共同组成了现在的美国市场营销学会。这个学会在全国设有几十个分会，从事营销学的研究和培训企业营销人才的工作，并且参与企业的营销决策。市场营销理论与实践的结合，促进了市场营销学的形成。

（二）营销学的发展

第二次世界大战后，特别是 20 世纪 50 年代以来，随着科学技术的发展，西方经济发生了重大的变化，资本的集聚与集中空前扩大，竞争更加激烈，产品生命周期缩短，消费者需求呈多样化发展且变化很快，产品供过于求的买方市场趋势更加明显，企业的生存和发展与市场营销息息相关，迫切需要市场营销学理论的指导，因而市场营销学的研究空前活跃，原有的市场营销学的概念与内容已越来越不能适应新形势的要求。1947 年，迭迪和雷博赞的《市场学——体系的形成》的出版，改变了孤立研究商品推销与价格的状况，从经济、社会诸方面综合分析了商品销售变化的规律。奥尔德逊（W. Alderson）和科克斯（R. Cox）首先对以往的市场营销学提出批评："（过去的）营销学著作向读者提供的只是很少的重要原则和原理……现有的理论不能满足研究者的需要，因为这些理论既未能说明，也未能分析流通领域内的各种现象。"他们在《市场营销学原理》一书中，对市场营销赋予了新的概念："广义的市场营销概念，包含生产者与消费者之间实现商品和劳务的潜在交换的任何一种活动。"所谓"潜在交换"，就是生产者的产品或劳务要符合潜在消费者的需求与欲望。按照过去营销学的概念，市场是生产过程的终点，营销的职能只是推销已经生产出来的产品或劳务，而奥尔德逊和科克斯提出的新概念则强调买方的需求、潜在的需求，市场成为生产过程的起点。美国哥伦比亚大学教授约翰·H. 霍华德（John. A. Howard）在《营销管理：分析和决策》一书中，从管理角度来研究市场营销，提出了营销管理的实质就是企业对于动态环境创造性的适应。E. 杰罗姆·麦克卡瑟（E. J. McCarthy）在《基础市场学》一书中，强调市场营销的核心是明确目标市场，提出以消费者为中心的市场营销组合策略（即 4PS），通过市场营销组合的实施，适应外部环境，满足目标市场顾客的需求，从而形成以市场为导向的指导思想，使市场营销学发生了第一次革命。这里强调，营销不仅在于推销商品，而首先应该调查、分析、判断顾客的需求，将信息传递到生产部门，据此生产适销对路的产品，使潜在交换得以实现，由此获得利润。这样一来，市场营销学突破了流通领域的范围而参与企业生产经营的全过程。市场不仅是生产过程的终点，更重要的是，它必须成为生产过程的起点。这些观念标志着市场营销学的系统化、理论化和科学化。

（三）现代市场营销学的发展

20世纪60年代以来，市场营销学与管理科学、心理学、社会学的结合越来越密切，成为一门综合性的经营管理学科，引起社会的广泛重视。美国一家公司经理在全国市场营销学会上说："通过未来市场的信息保证，为掌握未来市场而拟定最佳营销战略，从而提高企业的经营效果，在这方面市场营销学是行之有效的，而且作出了贡献。"由于市场营销学适应市场经济的需要，因而逐渐从美国传播到日本、西欧、苏联、东欧和中国，并得到了广泛的应用和发展。在日本，电通公司的经理认为：目前在日本，如果企业没有营销学的思想，就很难存在下去，我们认为，对外因商品来讲也是如此。目前，国外高等学校都普遍开设了市场营销学课程，工商界的高级管理人员都把市场营销学当做必读课程。20世纪70年代，现代市场营销学进入成熟阶段。对市场营销学的研究从纵向与横向两个方面得到了极大的发展，形成了现代市场营销学。菲利普·科特勒1967年出版的《市场营销管理：分析、计划、执行和控制》一书，对营销原理作了精辟的阐述，成为欧美和日本大学里最为普遍的教科书，已被译成多种文字，多次再版。菲利普·科特勒在20世纪80年代提出了大市场营销观念，将营销组合由4PS组合扩展到6PS组合，对国际营销学的发展具有重要的意义，被称为市场营销学的第二次革命。

随着实践的发展，市场营销学仍在不断发展。进入20世纪90年代以来，市场营销的含义又进一步扩大，市场营销学的研究范围也在进一步拓宽，相继出现了网络营销、绿色营销、文化营销、整合营销等新的研究领域。

二、市场营销学在中国的传播

（一）市场营销学的广为传播

1984年1月，全国高等院校市场学研究会的成立，为市场营销学学习与应用的推广揭开了新的篇章。1984—1994年是市场营销学在中国广为传播的时期。这一段时间里，市场营销理论、策略和方法的研究和应用，就广度或深度而言，十多年走过了在西方国家数十年走过的路程。

1. 营销观念的认知和演变。在计划经济体制下，长期排斥市场机制，否定市场竞争，要接受市场营销理论，必然要有一个学习与实践的过程。1983年前出版的几本市场学教科书，不仅受到一些非议，甚至作者自己对这一学科也还有保留。由于经济改革刚刚起步，有的市场学教材不可避免地保留了较多的计划经济色彩。1984年10月，党的十二届三中全会后，面对日益剧烈的国内外市场竞争，在市场营销理论的传播和影响下，企业经营观念逐步发生变化。不论现代营销观念树立的程度怎样，大多数企业已不再是"闭门造车"，而是日益重视市场调查与市场开拓，销售观念开始取代生产观念，市场导向、顾客第一的经营观念也已为较多的经济管理人员所认知。

2. 市场营销学的传播日益广泛。1984年以后的十多年间，开设市场学课程的院校日渐增多，普通高校包括综合大学、财经院校，以及设有经济类专业的农、林、理、工、医科以至军事院校，几乎都开设了市场学课程，电大、自学考试、中专和干部学校开设市场学课程的也为数众多，估计全国开课院校超过千所。1994年，市场学的教材、专著和译著，累计已出版约300种。

3. 持续发展的国内外学术交流。1984 年 1 月，在长沙召开了“全国高等财经院校、综合大学市场学教学研究会”成立大会，后改名为“中国高等院校市场学研究会”。中国市场学会成立后，密切了学术界和企业界的联系，促进了理论与实际的结合，同时，积极开展学术和咨询活动，建立对外交流渠道，培训市场营销人才，为我国研究和应用市场营销原理，提高企业营销素质，做了大量有益的工作。

（二）市场营销理论研究与应用的深入拓展

中国高校市场学研究会的成立，标志着市场营销学从重新引进转向广为传播的时期；1995 年以后，市场营销学理论研究与实际应用均深入拓展。这个阶段是以 1995 年在北京召开的“第五届市场营销与社会发展国际会议”为标志。

这一阶段的重要特征是：

1. 全方位加强国际学术交流。1995 年 6 月，由中国人民大学、加拿大麦吉尔大学、康克迪亚大学联合主办的“第五届市场营销与社会发展国际会议”在北京成功举行。

2. 政府开始关注市场营销。全国人大八届四次会议通过的《中华人民共和国国民经济和社会发展“九五”计划和 2010 年远景目标纲要》中，明确指出，国有企业要按照市场需求组织生产，“搞好市场营销，提高经济效益”；还指出，要积极发展“代理制、连锁经营等新的营销方式”，“建立科研、开发、生产、营销紧密结合的机制”。

3. 更加重视培养造就市场营销人才。1995 年以后，我国市场供求形势进一步变化，对生产经营者提出了更高更严的要求，高素质的市场营销人才是全社会各行各业的迫切需要。全国普通高校从 20 世纪 80 年代开设市场营销专业，至 21 世纪初本科开设市场营销专业的院校已有 213 所，目前在企业管理等专业招收市场营销方向硕士研究生的院校，估计有 150 所左右，招收博士生的院校也有 20 所左右。进入 21 世纪，中国市场营销学界队伍壮大，人才济济。

4. 教学与研究水平进一步提高。据估计，到 21 世纪初，正式出版的市场营销学教材（包括译著）累计约有 500 种。

5. 理论与实践结合更为紧密。市场营销学是实践性很强的应用学科，不仅学生、学员要学以致用，教学、研究人员也必须深入实际，参与实践。20 世纪 80 年代起，我国营销管理人员在学习市场营销理论的基础上，应用营销理论、策略和方法参与市场竞争，涌现出不少成功的企业和企业家。理论界热心为企业提供咨询服务，与企业保持密切联系，受到企业的欢迎和信赖。各级学会充当政府与企业、理论界与实业界的桥梁纽带，让营销学者和企业家共同推动营销理论研究、总结交流营销经验和提高营销管理水平，取得丰硕的成果。

（三）迎接新经济时代的挑战

改革开放以来，市场营销理论在中国的实践和发展取得了引人注目的成就。但市场营销学的发展和成熟的过程，离不开市场经济体制的建设和发展，离不开社会生产力发展水平的提高。从政府和企业的关系考察，中国尚未具备市场经济的基本特征，中国市场被称为“转型市场”。中国的买方市场也存在若干不成熟的特征，购买力水平与消费层次不高，营销创新不足导致很多商品供大于求，市场法制待完善，市场秩序待规范。在市场营销学的研究方面，学术研究缺乏积累，引进较多，消化吸收不够；开展国际学术交流障碍较多，与企业界联系尚嫌不足。在实践方面，建立在西方完善的市场经济基础之上的现代市场营销理论，毕竟与转型期的中国市场存在距离，应用中难免有相当大的局限性。研究和实践方面都面临一个共同的难题：及时、准确、适用的信息资料非常难得。

第三节 市场营销观念

企业经营观念（哲学）是企业经营活动的指导思想，是企业如何看待顾客和社会的利益，即如何处理企业、顾客和社会三者利益之间比重的关键。西方国家企业及我国企业经营观念思想演变都经历了由“以生产为中心”转变为“以顾客为中心”，从“以产定销”变为“以销定产”的过程。企业经营观念的演变过程，既反映了社会生产力及市场趋势的发展，也反映了企业领导者对市场营销发展客观规律认识的深化。

现代企业的市场营销观念可归纳为六种，即生产观念、产品观念、推销观念、市场营销观念、社会市场营销观念和绿色营销观念。

一、生产观念

生产观念是指导销售者行为的最古老的观念之一。这种观念产生于20世纪20年代前。企业经营哲学不是从消费者需求出发，而是从企业生产出发。其主要表现是“我生产什么，就卖什么”。生产观念认为，消费者喜欢那些可以随处买得到而且价格低廉的产品，企业应致力于提高生产效率和分销效率，扩大生产，降低成本以扩展市场。例如，美国皮尔斯堡面粉公司，从1869年至20世纪20年代，一直运用生产观念指导企业的经营，当时这家公司提出的口号是“本公司旨在制造面粉”。美国汽车大王亨利·福特曾傲慢地宣称：“不管顾客需要什么颜色的汽车，我只有一种黑色的。”显然，生产观念是一种重生产、轻市场营销的商业哲学。

生产观念是在卖方市场条件下产生的。在资本主义工业化初期以及第二次世界大战末期和战后一段时期内，由于物资短缺，市场产品供不应求，生产观念在企业经营管理中颇为流行。我国在计划经济旧体制下，由于市场产品短缺，企业不愁其产品没有销路，工商企业在经营管理中也奉行生产观念，具体表现为：工业企业集中力量发展生产，轻视市场营销，实行以产定销；商业企业集中力量抓货源，工业生产什么就收购什么，工业生产多少就收购多少，也不重视市场营销。

除了物资短缺、产品供不应求的情况外，有些企业在产品成本高的条件下，其市场营销管理也受产品观念支配。例如，亨利·福特在20世纪初期曾倾全力于汽车的大规模生产，努力降低成本，使消费者购买得起，借以提高福特汽车的市场占有率。

二、产品观念

这也是一种较早的企业经营观念。产品观念认为，消费者最喜欢高质量、多功能和具有某种特色的产品，企业应致力于生产高值产品，并不断加以改进。这种观念产生于市场产品供不应求的“卖方市场”形势下，最容易滋生产品观念的场合，莫过于企业发明一项新产品时。此时，企业最容易导致“市场营销近视”，即不适当地把注意力放在产品上，而不是放在市场需要上，在市场营销管理中缺乏远见，只看到自己的产品质量好，看不到市场需求在变化，致使企业经营陷入困境。

[阅读材料]

某钟表公司自1869年创立到20世纪50年代，一直被公认为美国最好的钟表制造商之一。该公司在市场营销管理中强调生产优质产品，并通过由著名珠宝商店、大百货公司等构成的营销网络分销产品。1958年前，公司销售额始终呈上升趋势。但此后其销售额和市场占有率开始下降。造成这种状况的主要原因是市场形势发生了变化：这一时期的许多消费者对名贵手表已经不感兴趣，而趋于购买那些经济、方便新颖的手表；而且，许多制造商迎合消费者需要，已经开始生产低档产品，并通过廉价商店、超级市场等大众分销渠道积极推销，从而夺得了大部分市场份额。某钟表公司竟没有注意到市场形势的变化，依然迷恋于生产精美的传统样式手表，仍旧借助传统渠道销售，认为自己的产品质量好，顾客必然会找上门。结果，企业经营遭受重大挫折。

三、推销观念

推销观念（或称销售观念）产生于20世纪20年代末至50年代前，是为许多企业所采用的另一种观念，表现为“我卖什么，顾客就买什么”。它认为，消费者通常表现出一种购买惰性或抗衡心理，如果听其自然的话，消费者一般不会足量购买某一企业的产品，因此，企业必须积极推销和大力促销，以刺激消费者大量购买本企业产品。推销观念在现代市场经济条件下被大量用于非渴求物品，即购买者一般不会想到要去购买的产品或服务。许多企业在产品过剩时，也常奉行推销观念。

推销观念产生于资本主义国家由“卖方市场”向“买方市场”过渡的阶段。在1920—1945年间，由于科学技术的进步，科学管理和大规模生产的推广，产品产量迅速增加，逐渐出现了市场产品供过于求，卖方之间竞争激烈的新形势。尤其在1929—1933年的特大经济危机期间，大量产品销售不出去，因而迫使企业重视采用广告术与推销术去推销产品。许多企业家感到：即使有物美价廉的产品，也未必能卖得出去；企业要在日益激烈的市场竞争中求得生存和发展，就必须重视推销。例如，美国皮尔斯堡面粉公司在此经营观念导向下，当时提出“本公司旨在推销面粉”。推销观念仍存在于当今的企业营销活动中，如对于顾客不愿购买的产品，往往采用强行的推销手段。

这种观念虽然比前两种观念前进了一步，开始重视广告术及推销术，但其实质仍然是以生产为中心的。

四、市场营销观念

市场营销观念是作为对上述诸观念的挑战而出现的一种新型的企业经营哲学。这种观念是以满足顾客需求为出发点的，即“顾客需要什么，就生产什么”。这种观念是在第二次世界大战之后形成的。随着资本主义国家的恢复和发展，随着第三次科技革命的深入，劳动生产率大幅度提高，社会产品数量激增，新产品不断出现，花式品种日新月异，市场供求矛盾尖锐，竞争日益激烈，周期性的生产过剩越来越严重。在这种形势下，企业经营的成败就决定于消费者的购买力和愿意购买的数量。因此消费者的地位大大提高了，社会上流行着一种“顾客至上”、“顾客就是上帝”的说法，认为生产必须服从消费。因此，在资本主义国内外市场上，刺激需求，创造需求，满足消费者的需求，就成为决定能否实现企业目标的关键。许多企业开始认识到，必须转变经营观念，才能求得生存和发展。市场营销观念认为，实现企业各项目标的关键，在于正确确定目标市场的需要和欲望，并且比竞争者更有效地传送目标市场所期望的物品或服务，进而比竞争者更有效地满足目标市场的需要和欲望。

市场营销观念的出现，使企业经营观念发生了根本性变化，也使市场营销学发生了一次革命。市场营销观念同推销观念相比具有重大的差别。

西奥多·莱维特曾对推销观念和市场营销观念作过深刻的比较，指出：推销观念注重卖方需要；市场营销观念则注重买方需要。推销观念以卖方需要为出发点，考虑如何把产品变成现金；而市场营销观念则考虑通过制造、传送产品以及与最终消费产品有关的所有事物，来满足顾客的需要。可见，市场营销观念的四个支柱是：市场中心、顾客导向、协调的市场营销和利润。推销观念的四个支柱是：工厂、产品导向、推销、盈利。从本质上说，市场营销观念是一种以顾客需要和欲望为导向的哲学，是消费者主权论在企业市场营销管理中的体现。

相关链接

许多优秀的企业都是奉行市场营销观念的。如日本本田汽车公司要在美国推出一种雅阁牌新车。在设计新车前，他们派出工程技术人员专程到洛杉矶地区考察高速公路的情况，实地丈量路长、路宽，采集高速公路的柏油，拍摄进出口道路的设计。回到日本后，他们专门修了一条9英里长的高速公路，就连路标和告示牌都与美国公路上的一模一样。在设计行李箱时，设计人员意见有分歧，他们就到停车场看了一个下午，看人们如何取放行李。这样一来，意见马上统一起来。结果本田公司的雅阁汽车一到美国就备受欢迎，被称为是全世界都能接受的好车。

再如美国的迪斯尼乐园，欢乐如同空气一般无所不在。它使得每一位来自世界各地的儿童美梦得以实现，使各种肤色的成年人流连忘返。因为迪斯尼乐园成立之时便明确了其目标：我们的产品不是米老鼠、唐老鸭，而是快乐。人们来到这里是享受欢乐的。公园提供的全是欢乐。公司的每一个人都要成为欢乐的灵魂。游人无论向谁提出问题，都必须用“迪斯尼礼节”回答，决不能说“不知道”。因此游人们一次又一次地重返这里，享受欢乐，并愿付出代价。

五、社会市场营销观念

社会市场营销观念是对市场营销观念的修改和补充。它产生于20世纪70年代西方资本主义出现能源短缺、通货膨胀、失业增加、环境污染严重、消费者保护运动盛行的形势下。20世纪60年代以来，在西方发达资本主义国家兴起了消费者运动，目的是保护消费者的利益。消费者对资本主义企业所推行的一整套营销手段和经营思想——市场营销观念提出了尖锐的批评。他们认为，在这种思想指导下，许多工商企业，尤其是工业企业，为了攫取暴利，往往搞欺骗性广告或推销冒牌商品，严重损害了消费者利益。同时，许多工业企业采取现代化科学手段，拼命生产那些市场紧俏但会造成社会公害和对消费者有潜在危害的商品。此外，日益恶化的环境、资源短缺、物资浪费、通货膨胀、失业以及社会服务被忽视等问题，引起了广大消费者的不满和抗议。一些发达国家的消费者为了自身的利益，发起了旨在维护社会环境和生态平衡、保护消费者利益的“消费者利益主义运动”，纷纷成立常设机构，组织领导消费者反对工商企业危害社会公众的行为。目的是避免和减轻企业生产的过早陈旧，浪费物资，浪费能源，造成环境污染、破坏生态平衡、损害人体健康的现象。有鉴于此，一些美国专家学者在市场营销观念的基础上，提出一种新的社会市场营销观念。

社会市场营销观念是一种以社会福利为中心的市场营销观念。其中心内容是：**企业制定市场营销策略时，不仅要满足消费者的需求和欲望，而且要符合消费者和社会的长远利益，兼顾企业利益、消费者利益和社会公众利益，杜绝空气污染、环境污染及其他危害消费者和社会公众利益的行为。**社会营销观念是比较合理的市场营销观念。

社会市场营销观念要求企业的经营活动不仅要对消费者负责，而且要对整个社会负责。企业应该兼顾三方面的利益，即企业利润、消费者需要的满足和社会利益。既要满足消费者的需求和欲望，又要增进社会福利，其最终目的还是获取利润。这种观念比过去单纯强调以消费者为中心更全面些。当然，在资本主义制度下，所谓增进社会福利，保护消费者利益，只不过是一个为了攫取更多利润而提出的口号，从根本上来说是难以实现的。

六、绿色营销观念

绿色营销观念是在当今社会环境破坏、污染加剧、生态失衡、自然灾害威胁人类生存和发展的背景下提出来的新观念。20世纪80年代以来，伴随着各国消费者环保意识的日益增强，世界范围内掀起了一股绿色浪潮，绿色工程、绿色工厂、绿色商店、绿色商品、绿色消费等新概念应运而生，不少专家认为，我们正走向绿色时代，21世纪将是绿色世纪。在这股浪潮冲击下，绿色营销观念相应产生。

绿色营销观念主要强调把消费者需求与企业利益和环保利益三者有机地统一起来，它最突出的特点，就是充分顾及资源利用与环境保护问题，要求企业从产品设计、生产、销售到使用整个过程都要考虑到资源的节约利用和环保利益，做到安全、卫生、无公害等，其目标是实现人类的共同愿望和需要——资源的永续利用与保护和改善生态环境。为此，开发绿色产品的生产与销售，发展绿色产业是绿色营销的基础，也是企业在绿色营销观念下从事营销活动成功的关键。

上述六种企业经营观念，其产生和存在都有其历史背景和必然性，都是与一定的条件相联系、相适应的。前三种观念可以说是旧观念，后三种观念是新观念。由于经营指导思想不同，企业经营的重点、方法和目标也不同。

首先，是企业的经营重点不同。**旧观念是以产品为重点**，有了产品就有顾客。因为当时产品供不应求，卖方处于有利地位，客观上形成了一个卖方市场，企业从自身的需要和利益出发，不考虑消费者的需求和欲望。具体表现为“我生产什么就卖什么”。**新观念是以消费者为重点**，企业的营销出发点放在满足消费者的需求和欲望上。因为市场商品多了，竞争更加激烈了，供应超过了需求，消费者有较大的选择余地，客观上形成了一个买方市场。因此企业经营者就必须考虑消费者的需求，努力改善全部营销活动，他们提出的口号是“哪里有消费者的需求，哪里就有我的机会”。企业的产品和服务必须使消费者需求和欲望得到满足，并考虑社会公益和社会福利。

其次，是企业经营的方法不同。新旧观念都有一个产品销售问题。因为只有把产品卖出去，才能实现商品的价值和达到经营的目的。但旧观念却把销售推广作为一般的手段，作为营销活动的一个过程，处于次要的地位，企业以我为主，或者利用价廉物美的产品等客上门，或者通过加强宣传推广，向顾客强行兜售。在新观念指导下，商品销售要面对顾客，争取顾客，“顾客第一”。要组织综合的营销活动，从市场整体出发，通过市场调研了解消费者的需求，了解和预测市场动态，通过分析研究大量的市场资料，确定产品计划、分销方式、促销方法和价格，以满足顾客的需求，提高企业的经营效益。

再次，是企业经营的策略不同。新旧观念的目标都是利润，然而利润如何取得，两者迥然不同。旧观念指导下的经营策略，从短期利益着眼，在每笔交易中赚钱，利大大干，利小小干，无利不干，看得不远，开拓不深。而新观念下的经营策略则从整体市场出发，根据不同时期、不同地点、不同竞争环境，有目标地销售，不仅考虑现实的顾客，也考虑潜在的顾客；不仅要保持现有的市场，还要扩展新市场。因此，为换取长期的利益，在某个时候、某个地区、某个产品、某项交易上吃点亏也干。美国可口可乐公司在 1964 年东京奥运会上，免费供应运动员“可口可乐”。1984 年又在洛杉矶奥运会上花了 1500 万美元的代价，给大会工作人员免费供应“可口可乐”，就是为扩大市场打下基础，只要声誉日隆，销路增加，就不怕赚不回这些钱。

当前，外国企业正在从生产型向经营型或经营服务型转变，企业为了求得生存和发展，必须树立具有现代意识的市场营销观念、社会市场营销观念和绿色营销观念。目前我国仍处于社会主义市场经济初级阶段，由于社会生产力发展程度及市场发展趋势，经济体制改革的状况及广大居民收入状况等因素的制约，我国企业经营观念仍处于以推销观念为主、多种观念并存的阶段。

复习思考

1. 怎样理解市场营销的概念？
2. 现代营销观念是如何树立的？
3. 怎样理解市场营销观念？

4. 新旧市场营销观念有何区别？

5. 我国企业应如何贯彻新营销观念？

案例分析

波音飞机公司的营销观念

波音飞机公司创建于1916年，是世界航空航天业中一颗灿烂的明珠。到1991年，波音公司的销售额达到29314亿元，利润额为1567亿美元，雇员16余万，在世界500家最大的工业公司中排名第32位。

然而，在令世人瞩目的业绩背后却是披荆斩棘的历程，波音公司的事业并非总是一帆风顺的。最让波音人刻骨铭心的是20世纪60年代末期，蒸蒸日上的波音事业开始由于日趋庞大的机构运转不灵了。当时仅总部机构就达2000多人，官僚习气滋生，遇事互相扯皮，更糟糕的是公司领导人陶醉于已取得的成就，无视瞬息万变的市场和日益强劲的同行，躺在一两项大宗的官方合同上过舒服日子。很快惩罚来了，公司装配厂里摆满了卖不出去的喷气客机，曾有18个月公司竟无一张订货单，此时公司的老板们才惊恐地发现曾一度拥有的高效率已不存在。

与此同时，世界飞机制造业强手迅速崛起，特别是欧洲“空中客车”工业公司和老对手麦克唐纳·道格拉斯飞机公司实力雄厚，相继推出先进的新型飞机，波音公司面临强劲的挑战。

威尔森受命于危难之际，出任波音公司的董事长。30多年的实际工作经验使他深谙企业面临危机的症结和回天之术。他一到任便使出被人称为“威尔森5招”的措施，使波音公司迅速摆脱了困境，再次走向辉煌。

1. 精兵简政。“新官上任三把火”，威尔森到任后的第一把火就是力排众议，精兵简政。他从庞大的公司办事机构中调出1800名技术、管理人员充实生产第一线，并把决策权逐级下放，将责权与各级主管负责人的经济利益挂钩。紧接着公司又大量裁减雇员，仅西雅图地区，就从10.5万雇员中裁掉3.8万人，这是一段至今仍使波音人回想起来心有余悸的历史。但这一做法立竿见影，公司的办事效率和劳动生产率迅速提高。

2. 研究与开发。为了振兴波音，公司在20世纪60年代末共投入了69亿美元的研究和开发经费，20世纪70年代后期面临石油危机，威尔森不惜投入30亿美元研制出被认为是现代民航史上最经济、最省油、最安全的“波音757”、“波音767”两种新型客机。波音公司的研发经费逐年提高，1990年为了开发产品和新技术投入了16亿美元的新仪器和设备费用以及8.27亿美元的科研开发费。1991年研发经费增到14.17亿美元。在愈来愈激烈的竞争面前，波音公司把加强研究和开发放在了首位，力争走在同行的前面。

3. 质量就是生命。对于飞机制造业来说，产品质量不仅关系到企业的“生命”和前途，而且涉及亿万乘客本身的生命和安全。因此波音公司对产品质量格外重视。他们认为从长远看，无论在哪个市场上，唯一经久不衰的价值标准就是质量本身。公司要求每一个职员都牢固树立质量第一的观点，每一个工厂、每一部门都要建立严格的质量管理制度，切实保证每一个部件、零件甚至每一颗螺丝钉都以第一流的质量出厂。威尔森逢会必讲：

质量是飞机的生命，质量不合格就意味着杀死人的生命。

4. 重视推销。美国航空公司高级副总经理唐纳德·劳埃德曾说过："从技术上说，波音公司是非常能干的，但麦克唐纳·道格拉斯也非常能干，主要的区别是波音公司有独特的推销方法。杰出的推销艺术使买主感到波音公司能充分理解自己的需要。从而形成了强烈的信心，认为波音公司说话一定能够兑现并对顾客一视同仁。"

多年来，为了保持世界上最大民航飞机制造商的地位，为了同日益强劲的对手争夺有限的新订单，波音公司在推销上竭尽全力，采取了灵活应变的制胜谋略。例如：为了将波音757S飞机推销给伊比利亚航空公司，波音公司签订了允行西班牙CASA公司为波音飞机生产零件的合同；作为对英航订购21波音747－400S客机的回报，波音公司将一个零件仓库设在伦敦附近……波音公司就是这样竭尽全力地向全世界推销自己的产品，绝对不放弃任何一个市场机会。如今波音公司已成为美国最大的单独出口者，在美国的对外贸易中起着至关重要的作用。

5. 售后服务。为全世界7000多架波音飞机提供维修服务，是波音公司的另一项重要业务。公司拥有一支效率高、技术硬的维修队伍，只要顾客需要，波音的维修人员就会以最快的速度从西雅图赶到全世界任何地方。不少买主赞叹：我们在星期一下午向波音公司说需要一个零件，星期二上午我们就能得到这个零件。在波音没有"一锤子买卖"，公司在买主之中赢得了比合同和买卖更重要的东西，那就是信誉和信任。

由于成功地运用上述策略，波音公司在激烈的竞争中取得了累累硕果，波音的事业持续繁荣。波音公司的历史启示我们：一个企业的成功不仅取决于它娴熟于策略的制定、执行和管理过程，而且取决于它永不松懈的进取精神。

（资料来源：本案例根据新浪财经相关资料整理，2004年10月09日。）

思考： 阅读以上案例，请回答波音公司在20世纪60年代的营销观念是什么？

技能训练

以某一企业为背景，通过调查，分析其市场营销观念是否符合现代市场经济的发展要求，并进一步说明树立正确的市场营销观念对于企业开展市场营销活动的重要性。

第二章
市场营销环境

学习目标

- □ 了解市场营销环境的概念及分类
- □ 熟悉微观环境因素以及宏观环境因素的构成
- □ 掌握企业面对市场机会与环境威胁所应采取的对策
- □ 掌握机会与威胁的分析、评价
- □ 学会运用环境因素分析营销活动环境并制定相应的对策

案例导入

在公共关系的做法上，美国花旗银行可谓别具一格。花旗银行主管国际事务的主任柯普乐维兹认为，花旗应该学会找到更好的赞助渠道，让顾客、政府官员和社会大众更了解花旗的企业文化。于是从20世纪70年代开始，花旗银行就长期赞助纽约爱乐管弦乐团，在世界各地巡回演出。而纽约爱乐管弦乐团所到之处，不但为花旗建立广泛的亲善关系，同时也为花旗开启业务之门。

（资料来源：张永诚著：《事件行销100》，广州出版社1998年版。）

思考：结合市场营销环境，你如何看待花旗银行的公共关系做法？

任何事物的存在和发展都离不开特定环境的影响，市场营销活动也是如此。从本质上看，企业的市场营销活动是营销者努力使企业可控制的内部因素同外界不可控制的环境因素相适应的过程。企业要保证营销活动顺利开展就必须顺应内部条件和外部环境的变化，与社会各方面相互协调，理顺关系，充分利用存在的市场机会，扬长避短，趋利避害，选择最佳途径谋求企业营销目标的实现。

第一节

市场营销环境概述

影响企业营销的因素包括企业无法控制的外部环境和企业可以控制的内部因素两部分，前者称为市场营销环境因素，后者称为营销组合因素。在现代市场经济条件下，企业必须经常监视和预测市场营销环境的发展变化，并善于分析和识别由于环境变化而造成的主要机会和威胁，及时采取适当的对策，使其经营管理与市场营销环境的发展变化相适应。

一、市场环境因素的概念及分类

（一）市场营销环境概念

市场营销环境是指直接或间接影响营销投入产出活动的市场外部因素的总称，通常包括企业营销职能外部的不可控制的因素和力量，直接影响企业的生存和发展。如经济形势、政治状况、法律规定、技术和社会文化因素。投入包括劳动力、财务资源、原材料和信息，产出包括商品、信息、服务和思想。这里所说的外部，是指企业外部，有时也指企业营销部门外部。

（二）市场营销环境分类

根据影响力的范围和作用方式，市场营销环境可分为市场营销微观环境和市场营销宏观环境。

1. 市场营销微观环境。指与企业紧密相连，直接影响企业营销能力的各种参与者，包括企业本身、市场营销渠道、顾客、竞争者以及社会公众。市场营销微观环境也称为直接营销环境。

2. 市场营销宏观环境。指与企业间接相连，影响微观环境的一系列巨大的社会力量，主要有人口、经济、政治法律、科学技术、社会文化及自然生态等因素。市场营销宏观环境也称为间接营销环境。

二、市场营销环境特点

市场营销环境是一个多因素、多层次且不断变化的综合体。概括来说，企业市场营销环境具有以下特点。

一是客观性。客观性是市场营销的首要特征。构成营销环境的因素是多方面的，其存在并不依营销者的意志为转移，且每一个因素又都随着社会经济的发展而不断变化。这就要求企业应不断调整其营销策略，以顺应环境因素和条件的变化。如果企业主观臆断某些环境因素及其发展趋势，则会造成企业的盲目决策，使企业在市场竞争中遭受失败。

二是差异性。市场营销环境的差异性不仅表现在不同企业受不同环境的影响，而且同样一种环境因素的变化对不同企业的影响也不相同。由于市场环境因素对企业作用的差异性，导致企业为应付环境的变化所采取的营销策略各有特点。

三是关联性。市场营销环境是各种因素关联在一起，企业必须从整体上系统地把握诸因素对企业营销的综合影响，避免因顾此失彼而造成的营销决策的失误。

四是复杂性。企业面临的市场环境的复杂性，表现为各个环境因素之间经常存在着矛盾关系。如随着我国居民生活水平的不断提高，汽车消费势必成为下一个时期的消费亮点，近几年已有部分人开始对家用轿车表现出一定的热情。但是客观存在的道路设施落后以及石油资源的日益短缺，使企业不得不进一步权衡，在考虑可以利用的有限资源的前提下开发新产品。有时，企业向社会提供的产品或劳务还必须在各项法律法规要求与消费者需求之间作出选择，既要利用已有的物质、技术条件去创造和满足社会需求，又要使企业的行为与政府及管理部门的要求相符合。

五是不可控制性。市场营销环境因素的变化来自多方面，企业无法控制，只能关注其变化，并适时制定有关战略和策略去适应外部环境变化。

六是动态性。市场营销环境因素处于不断变化之中，企业必须将市场环境的分析、研究作为一项经常性的工作，及时掌握市场环境的变化趋势，分析由其带来的机会和威胁，修正和调整企业的营销战略。

第二节

市场营销的微观环境

微观环境是指对企业服务其顾客的业务构成直接影响的各种力量，包括企业本身及其营销渠道、顾客、竞争者和社会公众，这些会影响企业为其目标市场服务的能力。

一、企业本身

企业本身包括市场营销管理部门、其他职能部门和最高管理层。企业为实现目标，必须进行制造、采购、研究与开发、财务、市场营销等业务活动。而市场营销部门一般由市场营销副总裁、销售经理、推销人员、广告经理、市场营销研究经理、市场营销计划经理、定价专家等组成。市场营销部门在制定决策时，不仅要考虑企业外部环境力量，而且要考虑企业内部环境力量。首先，要考虑其他业务部门（如制造部门、采购部门、研究与开发部门、财务部门等）的情况，并与之密切协作，共同研究制订年度和长期计划。其次，要考虑最高管理层的意图，以最高管理层制定的企业任务、目标、战略和政策等为依据，制订市场营销计划。

二、营销渠道企业

任何企业市场营销活动的基本目标都是一致的，即通过满足目标市场顾客的各种需要来为企业获取利润。而“供应者——企业——营销中介——目标顾客”链条是实现这个目标的基本途径。其中，供应商与各种营销中介被称为营销渠道企业，它们与营销企业达成相互协作关系。

（一）供应商

供应商是向企业及其竞争者供应原材料、辅助材料、设备、能源、劳动力和资金等资源的一切组织和个人，因此，供应商的资源供应能力直接影响企业的营销能力，其所供资源的质量及售后服务，是营销企业生产高质量产品以及服务于目标顾客能力的制约因素之一。供应商所供资源的价格与数量，直接决定营销产品的营销成本、价格水平、市场占有率以及利润的实现程度，所以，企业在选择供应商时，既要考虑资源的质量、价格，也要重视供应商在运输、信用、成本、风险等方面的组合状况。

对于供应商的选择，传统的做法是选择数家供应商，按不同比重分别进货，借助于供应商之间的相互竞争降低资源的购进成本。但这种做法隐藏着很大的风险，如资源供给质量参差不齐，过度的价格竞争使供应商负担过重而放弃合作等。针对这种情况，越来越多的企业从长远利益出发，开始把供应商视为合作伙伴，设法帮助它们提高资源供给的质量和及时性。企业要严格确定供应商的资格标准，如技术水平、财务状况、质量观念和创新能力等，以便对供应商进行选择；另外就是要争取与那些能够按质按量送货上门且业绩卓越的供应商建立良好的长期合作关系。

（二）营销中介

营销中介是指那些协助企业进行促销、销售以及配销等经营活动的中介组织，是市场营销活动必不可少的中间环节。营销中介一般包括：

1. 中间商。中间商是协助企业寻找客户并媒介产品销售的商业性组织（也称流通企业）。中间商分为经销中间商和代理中间商。**经销中间商**即从事商品购销活动，并对所经营的商品拥有所有权的中间商，如批发商、零售商等。**代理中间商**，即协助买卖成交，推销产品，但对所经营的产品没有所有权的中间商，如经纪人、制造商代表等。中间商是联系企业和顾客的桥梁，其工作效率和服务质量直接影响企业产品的销售状况。

2. 实体分配机构。实体分配机构是指担任仓储、运输活动的所有机构。实体分配机构的作用在于使营销渠道中的物流畅通无阻，为企业创造时间和空间效益。近年来，随着仓储、运输手段的多元化和现代化，实体分配机构的功能日益健全，作用日益重要。

3. 营销服务机构。营销服务机构主要包括市场调研公司、广告公司、信息咨询公司等，它们提供的专业服务是企业营销活动不可缺少的。尽管有些企业设立有相关的部门和人员，但许多企业还是委托专业性的营销服务机构来完成某些营销工作。企业在选择营销服务机构时，应当比较各服务机构的服务特色、服务质量和价格，以获取最适合自己的有效服务。

4. 金融中介机构。金融中介机构主要包括银行、信贷公司、保险公司以及能够为企业提供金融支持或降低货物购销风险的各种机构。营销企业一般都需要与一家或数家金融机构建立联系，尤其是在现代经济生活中，企业的负债经营与购销活动中风险因素的增加，使得几乎每一个企业都与金融机构保持一定的联系和业务往来。企业的贷款来源、银行的贷款利率和保险公司保费的变动，无一不直接影响着企业的整体利润水平和市场营销效果。

三、顾客

顾客是企业的服务对象，是企业产品和服务的直接购买者或使用者。企业营销的最终目的就是通过有效地向顾客提供产品或服务满足顾客的需求。任何企业的产品如果得不到顾客的认可与接受，就无法进行交易，也就达不到预期的营销成果。所以，时刻了解顾客对企业及其竞争对手所提供的产品或服务的看法与态度，是营销企业极其重要的基础工作。营销企业的顾客来自不同的市场。从购买目的来看，他们来自消费者市场和组织机构市场；从地域范围来看，他们来自国内市场和国外市场。企业只有分别了解不同市场顾客的需求特点与购买行为，才能在营销活动中进行适当的市场定位，从而制定出切实可行的营销战略。

四、竞争者

市场营销观念表明，企业要想在市场竞争中获得成功，就必须比竞争者更有效地满足消费者的需要与欲望。因此，企业所要做的并非仅仅迎合目标顾客的需要，而是要通过有效的产品定位，使得企业产品与竞争者产品在顾客心目中形成明显差异，从而取得竞争优势。竞争者包括：

1. 愿望竞争者。指提供不同产品以满足不同需求的竞争者。消费者的需求是多方面的，很难同时满足，在某一时刻只能满足其中的一个需要。消费者经过考虑作出购买决策，往往是提供不同产品的厂商为争取该消费者成为现时顾客竞相努力的结果。

2. 属类竞争者。指提供不同产品以满足同一种需求的竞争者。属类竞争者是决定需要类型之后的次一级竞争，也称平行竞争。例如，消费者为锻炼身体准备购买体育用品，他要根据年龄、身体状况和爱好选择一种锻炼方法，是买羽毛球拍和羽毛球，还是买游泳衣，或是买钓鱼竿，这些产品的生产经营者的竞争，将影响消费者的选择。

3. 产品形式竞争者。指满足同一需要产品的各种形式间的竞争者。同一产品，规格、型号不同，性能、质量、价格各异，消费者将在充分搜集信息后作出选择。例如，购买汽车的消费者，要对规格、性能、质量、价格进行比较后再作出决策。

4. 品牌竞争者。指满足同一需要的同种形式产品不同品牌之间的竞争。如购买彩电的顾客，可在同一规格的长虹、海尔、康佳、TCL 等品牌之间进行选择。

五、公众

公众是指对企业实现其市场营销目标构成实际或潜在影响的任何团体。企业的营销活动会影响公众的利益，也会影响企业在公众心目中的形象，公众对企业的印象反过来影响企业营销活动的效果。例如，一个对周边环境造成严重污染的企业，会引起当地公众的反感、媒体的批评、政府有关部门的制裁、金融机构的惜贷等一系列连锁反应。公众主要包括：

1. 金融公众，即影响企业取得资金能力的任何集团，如银行、投资公司等。

2. 媒体公众，即报纸、杂志、广播、电视等具有广泛影响的大众媒体。

3. 政府公众，即负责管理市场秩序的有关政府机构。

4. 市民行动公众，即各种消费者权益保护组织、环境保护组织、少数民族组织等。

5. 企业内部公众，如董事会、经理、职工等。

第三节 市场营销的宏观环境

市场营销宏观环境是指与企业间接相连，影响微观环境的一系列巨大的社会力量，主要有人口、经济、政治法律、科学技术、社会文化及自然生态等因素。

一、人口环境

人口是构成市场的主要因素，人口因素的变化将对市场需求带来巨大影响。人口因素主要包括人口的规模、人口的年龄结构、家庭类型及民族、教育水平结构、人口的地理迁移等。

（一）人口的规模

人口的规模即总人口的数量，它是影响需求的重要因素。随着科学技术进步、生产力发展和人民生活条件的改善，世界人口平均寿命延长，世界人口尤其是发展中国家的人口数量持续增长。人口的高速增长导致需求增大，将为企业带来新的机遇，但也会带来资源紧缺、污染加剧、人口拥挤、生活环境恶化等不利影响。企业既要抓住有利因素，又要从对不利因素的分析中寻找企业的发展机会，在取得经济效益的同时提高社会效益，提高人们的生活质量。

（二）人口结构

人口结构包括自然结构和社会结构。

1. 自然结构。如年龄结构、性别结构。

（1）年龄结构。指的是一定时期人口的不同年龄构成。由于年龄不同，消费者在收入、社会阅历、生活方式、价值观念、社会活动等方面所存在的差异，必然会产生截然不同的消费需求和消费方式，形成各具特色的消费者群体。如老年人对保健品医药极其需要，中年人对生活用品感兴趣，青少年喜欢书籍和流行音乐唱片，婴幼儿则对玩具及巧克力情有独钟，这就形成了具有年龄特色的老年人市场、中年人市场、青年人市场、儿童市场和婴幼儿市场。目前，随着出生率的降低和平均寿命的增高，世界老年人口的平均增长率达到2.4%，一个庞大的老年消费市场将形成。适应这一市场需求的老年人食品、服装、保健品和健身器材、娱乐休闲用品和场所、社会服务机构和设施等都会为企业带来新的机会。

[阅读材料]

据中国老年协会介绍，中国目前60岁以上的老年人口已达1.6亿，并以每年3%的速度递增。预计到2030年中国老年人口将超过欧洲人口。我国老年产品与服务的多种需求构成了一个十分庞大、丰富多彩的市场。据测算，仅其潜在消费每年也在3000亿元人民币以上，老年人的消费需求以人寿保险、医疗保健和生活服务为热点。

（2）性别结构。人口的性别差异一般会给市场需求带来显著的差别。男性和女性在生理上的差异决定了他们不同的消费内容，比如有些产品只为男性或女性专用。而男女性别心理和社会角色的不同，对消费行为也有直接影响，一般来说，男性粗犷豪放，喜欢刺激冒险，热爱户外活动，因而男性消费者的需求特点多为粗放型、冒险型和冲动型；女性温柔细腻，多以生活和家庭为重，因而女性消费者的需求特点通常表现为唯美型和生活型。近几十年来，由于女权运动的兴起，女性在社会和家庭中的地位有所提高，就业人数显著增加，这不仅为市场提供了新的容量，也引起了市场对能够代替家务劳动、节省时间的产品与服务需求量的大幅度增加。营销企业了解了性别差异，就可以针对不同性别消费者的不同需求，开发出新的产品投放市场，实现营销目标。

2. 社会结构。

（1）民族结构。不同民族的消费者的消费行为、消费内容都具有鲜明的民族性。我国是一个多民族的国家，除占人口绝大多数的汉族外，还有满、藏、回、蒙古等56个少数民族。各民族在漫长的历史进程中形成了各自的民族风俗习惯，在饮食、居住、婚丧、服饰、礼仪等方面都有特殊需求和消费习惯，因此，营销企业在以不同民族消费者为目标顾客时，必须理解民族间的文化差异，尊重少数民族的消费习惯。

（2）家庭结构。家庭是社会的细胞，也是某些商品如住房、成套家具等的购买和消费单位。家庭结构的变化直接影响某些消费品的需求。家庭类型的变化也影响消费需求的变化。

相关链接

家庭生命周期即一个家庭从建立到消亡所经历的过程，一般划分为9个阶段，各阶段中家庭的消费重点各有不同。

单身阶段：单身成年人不与家人同住的家庭。美国单身成年人住户约占住户总数的23%，他们喜爱娱乐，是新潮观念的倡导者。消费重点：必要的厨房设备、家具、娱乐用品、结婚用品、度假等。

新婚夫妇：年轻且无子女家庭。经济状况比下个阶段要好，购买率最高，且耐用品的平均购买量最大。消费重点：家用电器，实际又耐用的家具，度假等。

满巢一期：最小的孩子不到6岁的家庭。买房高峰期，缺少流动资金。对新产品感兴趣，喜爱广告宣传的产品。消费重点：住房、婴儿食品、婴幼儿常用药品、幼儿书籍、玩具等。

满巢二期：最小的孩子6岁以上的家庭。经济状况较好，受广告的影响较小，购买大包装、多组合的产品。消费重点：大量食品、清洁用品、自行车、音乐课程、钢琴、文化教育用品等。

满巢三期：老夫妻，身边还有未自立的子女。经济状况较好，有的子女已参加工作。很难受广告的影响，耐用品的平均购买量很大。消费重点：新式雅致的家具、驾车旅游、必需的电器、杂志、医药等。

空巢一期：老夫妻，身边没有子女，户主仍在工作。经济状况较好，有较多银行储蓄；对旅游、娱乐、自我教育感兴趣，喜欢送礼与捐赠；对新产品不感兴趣。消费：度假、奢侈品、住宅修缮等。

空巢二期：老夫妻，身边没有子女，户主退休，收入急剧下降。消费：医疗器械以及有助健康、睡眠与消化的保健产品。

鳏寡就业：收入不错，需要保健用品和社会服务。

鳏寡退休：像其他退休者一样有同样的医疗需要与产品需要；收入急剧下降。特别需要照顾、关怀与安全感等。

(3) 人口的受教育程度。一般来说，随着受教育人数和受教育程度的提高，市场将增加对优质高档产品、旅游、书籍等文化用品的需求，而且人们的需求将更加追求个性化和多样化。企业采取的营销策略会因目标顾客受教育程度的不同而产生不同的效果。

(4) 职业。职业是消费者的社会角色。职业往往和收入密切相关，直接影响消费者的购买能力。另外，职业还关系到人们的生活方式，从而影响消费者的消费方式、消费习惯。职业差别很大的人，即使收入水平相仿，在消费偏好上也会存在差异。

（三）人口的地理分布

人口的地理分布是指人口在不同地区的密集程度。任何一个国家、一个地区，人口的分布都很不均匀。从世界经济发展来看，发展中国家由于“二元”经济结构的存在，人口的迁移从农村到城市，随着经济结构由“二元”到“一元”过渡，人口从城市再向郊区流动。中国是世界上最大的发展中国家，一个以农村人口为主的大国，13亿人口中，农村人口占9亿，有2.3亿个家庭。我国目前主要还处于农村人口向城市迁移的阶段。

1. 人口从农村流向城市。这对零售商业结构影响很大，人口集中在城市使城市市场迅速增长和扩大，于是在城市出现繁华商业街。人口环境的发展变化是影响零售商业结构发展变化的一个重要因素。

2. 人口从城市流向郊区。第二次世界大战结束以后，美国城市交通日益拥挤，污染日益严重，同时交通运输大大发展，所以许多人纷纷从城市迁往郊区，于是在大城市周围出现了郊区住宅区，而且在郊区住宅区周围出现了郊区的郊区。日本的大城市人口比重也一直上升，但1970年以后开始下降，同时，东京、大阪、名古屋三大城市50公里以内人口逐渐向郊区迁移，而且人口有从“大城市→中等城市→小城市”迁移的趋势。这种人口动向对发达国家企业市场营销的一个重要影响是在郊区住宅区出现了现代化的购物中心，城市商业中心区百货商店为了生存和发展，纷纷在郊区大购物中心开设分店。在我国，随着城市建设事业的发展，大城市人口也将不断流向郊区。这种人口动向无疑也将影响我国企业的市场营销。

不同地区消费结构也不同。当前，我国城市消费重点已由传统的吃、穿、用转为住、行、文化教育娱乐。而农村消费集中在用、住、行三个方面：据专家预测，新一轮家电消费浪潮将在农村兴起，未来几年内，农村每年新建住房面积将超过6亿平方米，翻修住房4亿平方米，建材需求量十分可观。农用机械年销售额约在1000亿元左右，其中农用车的需求每年达200万辆以上。农村市场是当前又一大的潜在市场，将为企业营销带来新的机遇。

此外，人口中的民族、教育水平等结构因素也会对企业营销带来影响。

二、经济环境

经济环境对市场营销的影响直接表现为社会购买力的变化。购买力是构成市场和影响市场规模的重要因素，而社会购买力又直接或间接受经济发展水平、消费者收入水平、消费者支出模式等因素的影响。

（一）经济发展水平

经济发展水平主要包括国民生产总值、工农业生产总值、国民收入、发展速度、基建规模、主要产品产量等因素。经济发展水平高，人均收入高，社会购买力就大，市场营销的机会就多；反之，经济衰退，市场就会萎缩，对企业的营销活动会造成威胁。同样的市场，经济繁荣和经济衰退时期会表现出不同的市场潜力，同样的营销投入也会产生不同的销售量。

（二）消费者收入

消费者收入是指消费者从各种来源得到的经济收入，包括消费者个人工资、奖金、津贴、红利、租金、退休金、馈赠等收入。消费者的购买力来自消费者收入，所以消费者收入是影响社会购买力、市场规模大小以及消费者支出多少和支出模式的一个重要因素。

消费者并不会将其全部收入都用来购买商品（包括物品和服务）。消费者的购买力只是其收入的一部分。因此，要区别可支配的个人收入和可随意支配的个人收入。可支配的个人收入是指扣除消费者个人缴纳的各种税款和交给政府的非商业性开支后可用于个人消费和储蓄的那部分个人收入。可支配的个人收入是影响消费者购买力和消费者支出的决定性因素。可随意支配的个人收入是指可支配的个人收入减去消费者用于购买生活必需品的固定支出（如房租、保险费、分期付款、抵押借款）后剩下的那部分个人收入。可随意支配的个人收入一般都用来购买奢侈品、汽车、大型器具及度假等，所以这种消费者个人收入是影响奢侈品、汽车、旅游等商品销售的主要因素。

进行经济环境分析时，还要区别货币收入和实际收入，因为实际收入会影响实际购买力。假设消费者的货币收入不变，如果物价下跌，消费者的实际收入便增加；相反，如果物价上涨，消费者的实际收入便减少。即使消费者的货币收入随着物价上涨而增长，但如果通货膨胀率超过了货币收入增长率，消费者的实际收入也会减少。

企业的管理者不仅要分析研究消费者的平均收入，而且要分析研究各个阶层的消费者收入。此外，由于各地区的工资水平、就业情况有所不同，不同地区消费者的收入水平和增长率也有所不同。

相关链接

● 个人总收入：包括工资、奖金、津贴、股息、利息、红利、租金等一切货币收入。

● 个人可支配收入：个人总收入扣除税金后的剩余部分。

● 个人可任意支配收入：个人可支配收入减去用以日常生活方面支出（食品、衣服、支付房租及其他必需品支出）后的剩余部分。显然，个人可任意支出越多，购买非必需品（如奢侈品、旅游、文化娱乐、智力投资等）的支出就会增加。

（三）消费者支出模式的变化

1. 边际消费倾向（MPC）递减律。边际消费倾向是指人们购买某商品的消费支出增量与收入增量之比，即：

$$\mathrm{MPC}=\frac{\text{消费支出增量}}{\text{收入增量}}$$

从绝对额来看，消费支出额往往随收入增加而增加；从相对值来看，当收入达到一定水平之后，随着收入增加，消费支出的增量会小于收入的增量，即 MPC 呈递减趋势。

2. 恩格尔定律。德国统计学家恩斯特·恩格尔（Ernest Engel）1875 年根据对英国、法国、德国、比利时许多工人家庭收支预算的调查研究，发现了关于工人家庭收入变化与各方面支出变化之间比例关系的规律性，恩格尔系数即食品支出占收入的百分比表明：收入水平越高，恩格尔系数越低；收入水平越低，恩格尔系数越高，以上关系称之为恩格尔定律。后来，恩格尔的追随者们对恩格尔定律的表述加以修改。目前西方经济学对恩格尔定律的表述一般如下：

（1）随着家庭收入增加，用于购买食品的支出占家庭收入的比重（即恩格尔系数）就会下降。

（2）随着家庭收入增加，用于住宅建筑和家务经营的支出占家庭收入的比重大体不变（燃料、照明、冷藏等支出占家庭收入的比重会下降）。

（3）随着家庭收入增加，用于其他方面的支出（如服装、交通、娱乐、卫生保健、教育的支出）和储蓄占家庭收入的比重就会上升。

一般认为：恩格尔系数在 59% 以上为绝对贫困；50% ~59% 为勉强度日；40% ~50% 为小康水平；20% ~40% 为富裕社会；20% 以下为最富裕状态。

相关链接

我国城乡居民的恩格尔系数，1980 年是 60%，1990 年是 56.7%，1999 年是 46.49%。美国 1994 年的恩格尔系数为 9.3%，英国为 11.5%，法国为 16.3%，日本为 19.1%，意大利为 25.7%，印度为 53.1%。

消费者支出模式除了主要受消费者收入影响外，还受以下因素影响：

（1）家庭生命周期的阶段。有孩子与没孩子的年轻人家庭的支出情况有所不同。没有孩子的年轻人家庭负担较轻，往往把更多的收入用于购买家具、陈设品等耐用消费品。

而有孩子的家庭收支预算会发生变化。十几岁的孩子使家庭面临较大的教育支出负担，所以在家庭生命周期的这个阶段，家庭用于购买耐用消费品的支出会减少，而用于食品、服装、文娱、教育等方面的支出会增加。等孩子独立生活以后，父母就有大量可随意支配的收入，有可能把更多的收入用于医疗保健、旅游、购置奢侈品或储蓄，因此这个阶段的家庭收支预算又会发生变化。

（2）消费者家庭所在地点。所在地点不同的家庭用于住宅建筑、交通、食品等方面的支出情况也有所不同。例如，住在中心城市的消费者和住在农村的消费者相比，前者用于交通、住宅建筑方面的支出较多，后者用于食品方面的支出较多。

3. 消费者储蓄和信贷情况的变化。进行经济环境分析时还应看到，社会购买力、消费支出不仅直接受消费者收入的影响，而且直接受消费者储蓄和信贷情况的影响。

可支配收入最终可分为两部分即消费和储蓄，储蓄来源于消费者的可支配收入，其最终目的还是为了消费。但在一定时期内，储蓄影响消费者的购买力和消费支出。在一定时期内货币收入不变的情况下，如果储蓄增加，购买力和消费支出便减少；反之，如果储蓄减少，购买力和消费支出便增加。

在现代市场经济国家，消费者不仅以其货币收入购买需要的商品，而且可以用贷款来购买商品。所谓消费者信用，就是消费者凭借信用先取得商品使用权，然后按期归还贷款。消费者信贷的历史由来已久，第二次世界大战结束以后，由于生产迅速发展，许多商品供过于求，西方各国盛行消费者信贷。消费者信贷主要有四种：

（1）短期赊销。例如，消费者在某家零售商店购买商品，这家商店规定无需立即付清货款，有一定的赊销期限。如果顾客在期限内付清货款，可不付利息；如果超过期限，就要计利息。又如，消费者在某家医院看病，可以先治疗，后付医疗费。

（2）购买住宅，分期付款。消费者购买住宅时，仅需支付一部分房款，但须以所购买的住宅作为抵押向银行贷款，以后按照借款合同的规定在若干年内分期偿还银行贷款和利息。买主用这种方式购买房屋，有装修、改造和出售权，而且房屋的价值不受货币贬值的影响。分期付款购买住宅，实质上是一种长期储蓄。

（3）购买昂贵的消费品，分期付款。消费者在某商店购买昂贵家具等耐用消费品时，通常签订一个分期付款合同，先支付一部分货款，其余货款按计划逐月加利息分期偿还。如果顾客连续几个月不按合同付款，商店有权将原售物品收回。

（4）信用卡信贷。信用卡分为两大类：一类是由百货公司、超级市场发给顾客的，顾客可凭卡在公司所属商店赊账购买商品；另一类是由金融机构印发的信用卡，在全世界都可以使用。最常见的是运通卡、维萨卡和万事达卡。顾客可凭卡到与发卡银行（公司）签订合同的任何商店、饭店、医院、航空公司等企业、单位去购买商品（包括物品和服务），钱由发卡银行（公司）先垫付给这些企业、单位，然后再向赊款人收回。发卡银行（公司）在这些企业、单位与顾客之间起中间担保人的作用，所以这些企业、单位并不承担任何风险，反而能比那些只收现金的企业、单位做更多的生意。发卡银行（公司）不仅要向客户收取一定的费用，而且要向这些企业、单位收取一定的佣金。发行信用卡的银行（公司），一般是到一定时期（如一个月）和客户结账一次，过期付款或透支现金都要收取利息。

三、政治法律环境

政治因素包括营销对象所在国的政权、政局、政府的有关政策等。一国政局不稳或政权更迭必将对经济带来巨大动荡，影响企业的营销活动。

（一）政治环境

1. 政局的稳定。这是影响企业营销活动的至关重要因素，没有稳定的政局，企业的经营活动必然大受影响，甚至无法进行。当今世界经济的高度融合，国际贸易、国际投资迅猛增长，某一个国家或地区的政局稳定与否，不仅会影响本国企业，而且会对世界各国企业的经营活动产生影响。企业在进行国际市场营销时，尤其要考虑目标市场的政局状况。

2. 政治体制。政治体制直接影响政府活动及各种法律、政策的制定，从而制约企业的营销活动。

3. 政府的政策。政府的政策对一些重大的政治问题、经济问题作出及时的反应，因而对企业的市场营销活动的影响更加直接、更加频繁。

（二）法律环境

1. 与企业市场营销有关的经济立法。企业必须懂得本国和有关国家的法律、法规，才能做好国内和国际市场营销管理工作，否则就会受到法律制裁。美国等发达国家的经济立法，有些是为了保护竞争，有些是为了保护广大消费者利益，还有些是为了防止环境污染，保护社会利益。我国的经济立法尤其是涉外经济立法还不完备。为了健全法制，加强法制，适应经济体制改革和对外开放的需要，我国陆续制定和颁布了一些经济法律和法规，如《中华人民共和国产品质量法》、《中华人民共和国食品卫生法》、《中华人民共和国商标法》、《中华人民共和国价格法》、《中华人民共和国反不正当竞争法》、《中华人民共和国广告法》、《中华人民共和国消费者权益保护法》、《中华人民共和国专利法》等。

2. 群众利益团体发展情况。群众利益团体是一种压力集团。在美国等发达国家，影响企业市场营销决策的群众利益团体主要是保护消费者利益的群众团体以及保护环境的群众利益团体等。这些群众团体疏通政府官员，给企业施加压力，使消费者利益得到保护。因此，这些国家许多公司都设立法律和公共关系部门来负责研究和处理与这些群众利益团体的关系问题。

世界各国都陆续成立了消费者联盟，它们监视企业的活动，发动群众与企业主的欺骗行为作斗争，给企业施加压力，以保护消费者利益。目前消费者运动已经成为一种强大的社会力量，企业的管理层作市场营销决策时必须认真考虑这种政治动向。

政治法律因素既是制约企业营销行为的有力武器，也为企业的正当营销带来了新的机会，企业营销中必须积极把握和利用政治法律因素。

四、社会文化环境

人们都是生活在一定的社会文化环境中，其思想和行为必定要受到社会文化的影响和制约。企业营销既是经济活动，又是社会活动，所以宏观环境中的社会文化因素对其有着重要影响。社会文化因素包括文化与亚文化群体、宗教信仰、消费习俗、价值观念等方面。

（一）文化与亚文化群

1. 文化。文化是指导人们对生活、知识、社会风俗所作的价值判断，它是人们在长期的社会实践中所形成的。人类在某种社会中生活，久而久之，必然会形成某种特定的文化，包括一定的态度和看法、价值观念、道德规范以及世代相传的风俗习惯等。文化是影响人们欲望和行为（包括企业顾客的欲望和购买行为）的一个很重要因素。例如，我国人民（包括侨居异国的华人）每逢农历新年都要购买年货，有些人家门口贴上春联，有些地区举行庙会，人们互相拜年，欢度春节；西方人每逢12月25日就大量购买节日用品和各种食品、日用品、圣诞树、礼品，互送圣诞贺卡，欢度圣诞节。人们的这种欲望和行为是受传统文化影响。企业管理层作市场营销决策时必须调查研究这种文化动向。

2. 亚文化群。同一社会文化环境下的人群，往往会由于文化的某一方面（主要是非核心文化——次级文化）存在着差异，构成不同的“亚文化群”。每个人群都有其社会传统，其知识、信仰、习惯与生存方法均不相同，因此每个人群、每个社会阶层都有其独特的文化存在。亚文化群就是表现出与整体文化有着相同差别的一类人群。这类人群由于存在着相同处，往往为营销提供良好的市场机会。

（二）宗教信仰

宗教信仰是人们洞察文化行为或精神行为的文化层。世界上主要有佛教、基督教、伊斯兰教、回教、印度教、天主教等，其中前三种宗教信仰人数最多。宗教信仰对社会体系和市场营销有很大的影响，因为宗教影响着人们的风俗、人生观、购买产品、购买方式。例如，佛教徒强调精神价值，贬低物质欲望，主张清心寡欲；天主教则反对肉体宣传，认为这是不道德的行为，甚至认为过多地使用卫生用品也是不恰当的。因此，宗教的需求或禁忌影响着消费形态。

（三）消费习俗

消费习俗是人们长期形成的消费方式，人们的消费习俗往往有着很大的差别。它作为社会文化环境的一部分，不但受社会文化环境的其他因素（科技水平、文明程度、信仰、风俗等）的影响，还受到政治、经济的影响。常见的消费习俗有：民族性消费习俗、地域性消费习俗、政治性消费习俗、信仰性消费习俗、喜庆性消费习俗、纪念性消费习俗、禁忌性消费习俗等。

由于消费习俗是人们长期形成的，因此它具有相对的稳定性。市场营销人员一方面要研究消费习俗，满足消费者的习俗需求，另一方面还有引导改变落后消费习俗的任务。

（四）价值观念

价值观念是指导人们对财富的看法、追求利益的性质和购买行为的决策。价值观念的形成与消费者所处的社会地位、心理状态、时间观念，对变革的态度，对生活的态度等有关。例如，我国人民随着生活水平的提高，对时间的价值观念正在改变，速溶咖啡、半成品食品等越来越受欢迎。

五、科技与生态环境

（一）科技环境

科学技术是第一生产力，日益成为经济发展和社会进步的决定因素，科学技术对企业营销的影响是多方面的。

1. 新技术孕育了新的市场机会。每一种新技术都给某些企业造成新的市场机会，因而会产生新的行业，同时，还会给某个行业的企业造成环境威胁，使这个旧行业受到冲击甚至被淘汰。例如，激光唱盘技术的出现，无疑将会夺走磁带的市场，给磁带制造商以“毁灭性的打击”。据美国《设计新闻》报道，由于大量启用自动化设备和采用新技术，将出现许多新行业，包括新技术培训、新工具维修、电脑教育、信息处理、自动化控制、光纤通信、遗传工程、海洋技术等。如果企业的管理层富于想象力，及时采用新技术，从旧行业转入新行业，就能求得生存和发展。

新技术还形成了一些往往难以预见的长期影响。技术变革引起了市场需求变化，为汽车制造业、饮食业、旅游业、航空公司、旅馆业、日托业等行业创造了新的市场机会。

2. 新技术革命使企业经营管理现代化。以微电子为中心的新技术革命对许多企业的经营管理、经营效益起了很大作用。现在，零售商店已普遍使用小型手提点货机，其主要结构是一个笔型感光器和记忆装置，营业员点货时只需用感光器扫描商品条形码，再记下商品的货号和进、销、存等资料，一同储存在记忆装置中；然后拨通总公司与电话公司间的特定号码，通过电脑电话联接器或 Internet，将资料传送到总公司管理部门的数据库中，以便进行发货处理。

3. 新技术革命会影响零售商业结构和消费者购物习惯。在许多国家，由于新技术革命的迅速发展，出现了“电视购物”这种在家购物方式。目前，基于网络的电子商务已成为人们普遍认可的商业模式，人们还可以在家里通过“电脑系统”订购车票、飞机票、影剧票，工商企业也可以利用这种系统进行广告宣传、市场营销研究和推销商品。

（二）生态自然环境

由于生态环境的变化，资源的稀缺严重影响人类的生存与发展，生态环境的发展变化也会给企业造成一些环境威胁和市场机会，所以，企业的管理者还要分析研究自然环境方面的动向。目前这个方面的主要动向是：

1. 某些自然资源短缺或即将短缺。

（1）传统观念中“取之不尽、用之不竭”的资源面临短缺。近几十年来，世界各国尤其是现代化城市用水量增加很快（估计世界用水量每 20 年增加 1 倍），与此同时，世界各地水资源分布不均，而且每年和各个季节的情况各不相同，所以目前世界上许多国家面临缺水。这种情况不仅会影响人民生活，对企业也是一种环境威胁。

（2）有限但不能再生的资源，如石油和煤、铀、锡、锌等矿物等供不应求，需要这类资源的企业正面临着或曾面临过威胁，必须寻找代用品。在这种情况下，就需要研究与开发新的资源和原料，这样又给某些企业造成新的市场机会。

2. 环境污染日益严重。随着工业化和城市化的发展，环境污染程度日益严重，公众对这个问题越来越关心，纷纷指责环境污染的危害性。这种动向对那些造成污染的行业和企业是一种环境威胁，它们在社会舆论的压力和政府的干预下，不得不采取措施控制污染；另一方面，这种动向给控制污染、研究与开发不致污染环境的包装行业和企业造成了新的市场机会。

3. 政府对自然资源管理日益加强。随着经济发展和科学进步，许多国家的政府都对自然资源管理加强干预。但是，政府为了社会利益和长远利益而对自然资源加强干预，往往与企业的经营战略和经济效益相矛盾。例如，为了控制污染，政府往往要求企业购置昂贵的控制污染设备，这样就可能影响企业的经营效益。又如，目前我国最大的污染制造者是工厂，如果政府按照法律和治理污染标准严格控制污染，有些工厂应该关、停、转，这样就可能影响工业的发展。因此，企业的管理者要统筹兼顾地解决这个矛盾，力争做到既能减少环境污染，又能保证企业发展，提高经营效益。

第四节

环境分析与企业对策

每个企业都和市场营销环境的某个部分相互影响，相互作用，我们将这部分称为相关环境。企业的相关环境总是处于不断变化的状态之中。在一定时期内，经营最为成功的企业，一般是能够适应其相关环境的企业。企业得以生存的关键，在于它因环境变化需要新的经营行为时所拥有的自我调节能力。

一、环境威胁与机会

环境发展趋势基本上分为两大类：一类是环境威胁；另一类是市场营销机会。

1. 环境威胁，是指环境中一种不利的发展趋势所形成的挑战，如果不采取果断的市场营销行动，这种不利趋势将损害企业的市场地位。企业应善于识别所面临的威胁，并按其严重性和出现的可能性进行分类，针对那些严重性大且可能性也大的威胁制定应变计划。

2. 市场营销机会，是指对企业有吸引力的领域。在该领域内，企业将拥有竞争优势。这些机会可以按其吸引力以及每一个机会可能获得成功的概率加以分类。企业在每一特定机会中成功的概率，取决于其业务实力是否与该行业所需要的成功条件相符合。

二、环境威胁与机会的分析、评价

营销环境的变化，有些将有利于企业的发展，为企业迎来新的营销机会；有些将不利于企业的发展，若不采取相应对策，将对企业营销带来威胁。企业必须及时分析环境因素所造成的机会或威胁的发生概率高低和对企业业务的影响程度的大小，以决定企业的对策，并根据企业各项业务方面的机会和威胁的大小，对企业业务进行分类分析，以制定不同战略。企业机会与威胁分析的步骤如下：

（一）评价机会与威胁

企业管理层可以用“环境威胁矩阵图”和“市场机会矩阵图”来分析、评价（见图2－1）。

环境威胁矩阵图横排代表“出现威胁的可行性”，纵列代表“潜在的严重性”，表示

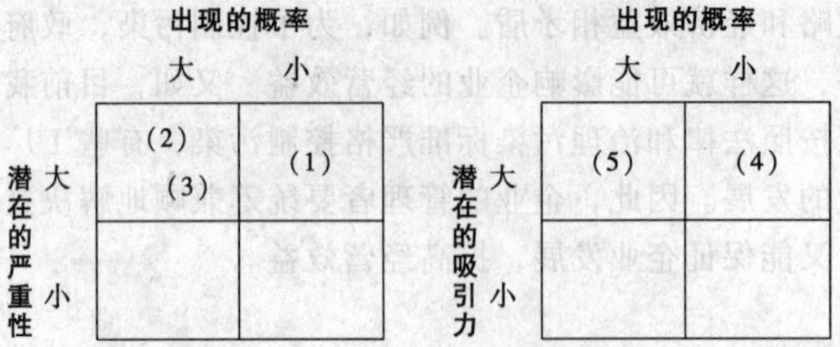

a. 环境威胁矩阵图　　b. 市场机会矩阵图

图 2－1

赢利减少程度。在上述环境威胁矩阵图中，有三个“环境威胁”，即（1）、（2）、（3）条动向。其中威胁（2）和（3）潜在严重性大，出现的可能性也大，所以这两个威胁都是主要威胁，企业管理层应高度重视；威胁（1）的潜在严重性大，但出现的可能性较小，所以这个威胁不是主要威胁。

市场机会矩阵图横排代表“成功的可行性”，纵列代表“潜在的吸引力”，表示潜在赢利能力。在上述市场机会矩阵图中，有两个“市场机会”，即（4）、（5）条动向，最好的市场机会是（5），其潜在吸引力和成功的可能性都大；市场机会（4）的潜在吸引力虽然大，但出现的可能性较小。

（二）企业业务分类

根据市场营销环境变化所带来的机会与威胁的评价，可将企业所经营的业务分为四种类型：（1）冒险的业务即市场机会与环境威胁均高的业务；（2）理想的业务即市场机会高而环境威胁低的业务；（3）困难的业务即市场机会低而环境威胁高的业务；（4）成熟的业务即市场机会和环境威胁均低的业务。如图 2－2 所示。

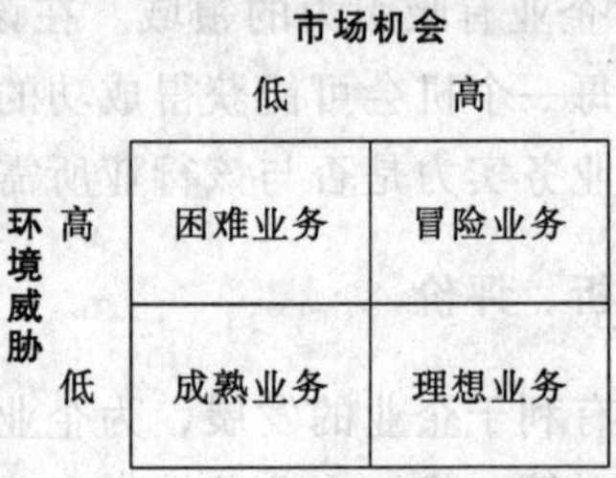

图 2－2

三、企业对机会和威胁的反应

面临主要威胁和最好的机会，管理者应如何反应或采取何种对策呢？

（一）对机会的反应

管理者对企业所面临的市场机会，必须慎重地评价其质量。美国著名市场营销学者西奥多·莱维特曾警告企业家们，要小心地评价市场机会。他说："这里可能是一种需要，但是没市场；或者这可能是一个市场，但是没有顾客；或者这里可能有顾客，但目前实在不是一个市场。又如，这里对新技术培训是一个市场，但没有那么多的顾客购买这种产品。那些不懂得这种道理的市场预测者对于某些领域（如闲暇产品等）表面上的机会曾作出惊人的错误估计。"

（二）对威胁的反应

企业对所面临的主要威胁有三种可能选择的对策。

1. 对抗。即试图限制或扭转不利因素的发展。例如，长期以来，日本的汽车、家用电器等工业品源源不断地流入美国市场，而美国的农产品却遭到日本贸易保护政策的威胁。美国政府为了对付这一严重的环境威胁，一方面在舆论上提出美国的消费者愿意购买日本优质的汽车、电视、电子产品，为何不让日本的消费者购买便宜的美国产品？另一方面，美国向有关国际组织提起诉讼，要求仲裁。同时提出，如果日本政府不改变农产品贸易保护政策，美国对日本工业品的进口也要采取相应的措施。结果，扭转了不利的环境因素。

2. 减轻。即通过调整市场营销组合等来改善环境，以减轻环境威胁的严重性。例如，当可口可乐的年销售量达300亿瓶时，在美国的饮料市场上突然杀出了百事可乐，它不仅在广告费用的增长速度上紧跟可口可乐，而且在广告方式上也针锋相对："百事可乐是年轻人的嗜物，青年人无不喝百事可乐。"其潜台词很清楚，即："可口可乐是老年人的，是旧时代的东西。"可口可乐面对这种环境威胁的严重性，一方面聘请社会上的名人（如心理学家、精神分析家）、应用社会学家、社会人类学家等，对市场购买行为新趋势进行分析，采用更加灵活的宣传方式，向百事可乐展开了宣传攻势；另一方面，花费比百事可乐多50%的广告费用，与之展开了一场广告战，力求把广大消费者吸引过来。经过上述努力，收到了一定的效果。

3. 转移。即决定转移到其他赢利更多的行业或市场。例如，烟草公司可以适当减少香烟业务，增加食品和饮料等业务；医药行业可涉及保健品行业，实行多元化经营，降低经营风险。

复习思考

1. 市场营销环境有哪些特点？
2. 宏观营销环境包括哪些因素？
3. 分析我国目前营销环境的新变化。
4. 联系实际分析某企业的机会与威胁。
5. 企业应怎样识别市场机会和怎样规避市场风险？

案例分析

后来居上的日本汽车工业

美国的汽车制造业一度在世界上占霸主地位，而日本的汽车工业则是20世纪50年代学习美国发展起来的。但是，时隔30年，日本汽车制造业突飞猛进，充斥欧美市场及世界各地，把美国的汽车工业打得一塌糊涂。为此美日之间引起了“汽车摩擦”，日方考虑外交上的因素，成立了“抢救美国汽车特别紧急委员会”来挽救美国汽车工业的颓势。美国的汽车工业何以会落到这种地步呢？

在20世纪60年代，有两个因素影响汽车工业，一是第三世界的石油生产被工业发达国家所控制，石油价格低廉；二是轿车制造业发展很快，多座位的豪华车、大型车盛极一时。但是擅长于搞市场调查和预测的日本汽车制造商，首先通过表面的经济繁荣，看到产油国与跨国公司之间暗中正在酝酿和发展着的斗争，以及工业发达国家耗能量的增加，预测出即将要发生世界性的能源危机，石油价格会很快上涨，因此，必须改产耗油量小的轿车来适应能源奇缺的环境。其次，日本估计：随着汽车数量的增多，马路上车流量增加，停车场的收费会提高，因此，只有造小型车才能适应拥挤的马路和停车场。再次，日本制造商分析了工业发达国家家庭成员的用车状况，主妇要上超级市场，主人要上班，孩子要上学，一个家庭只有一部汽车显然不能满足需要。这样，小巧玲珑的轿车就能得到消费者的宠爱。调查分析使他们掌握了经济环境的变化趋势，进而作出了正确的决策。于是日本物美价廉的小型节油轿车在20世纪70年代的世界石油危机中，横扫欧美市场，市场占有率不断提高，而欧美各国生产的传统豪华型轿车，却因耗油大、成本高，销路大受影响。

思考：日美轿车大战，造成美国汽车业失败的原因是什么？此例对我国的企业有何启示？

技能训练

1. 选择周围比较熟悉的一家企业，通过调查，对其进行营销环境分析。
2. 撰写环境分析报告，总结企业面临的优势、劣势、机会、风险。

第三章
市场调查与预测

学习目标

- □ 正确理解市场调查的内容与分类
- □ 了解市场营销信息系统的基本框架、构成、概念及其来源
- □ 掌握市场调查及市场预测的步骤与方法
- □ 能够运用市场调查及预测的基本方法

案例导入

可口可乐的市场调查

20 世纪 80 年代初，虽然可口可乐在美国软饮料市场上仍处于领先地位，但由于百事可乐公司通过多年的促销攻势，以口味试饮来表明消费者更喜欢较甜口味的百事可乐饮料，并不断侵吞着可口可乐的市场。为此，可口可乐公司以改变可口可乐的口味来应对百事可乐对其市场的侵吞。

对新口味可口可乐饮料的研究开发，可口可乐公司花费了两年多的时间，投入了 400 多万美元的资金，最终开发出了新可乐的配方。在新可乐配方开发过程中，可口可乐公司进行了近 20 万人的口味试验，仅最终配方就进行了 3 万人的试验。在试验中，研究人员在不加任何标识的情况下，对老口味可乐、新口味可乐和百事可乐进行了比较试验，试验结果是：在新老口味可乐之间，60% 的人选择新口味可乐；在新口味可乐和百事可乐之间，52% 的人选择新口味可乐。从这个试验研究结果看，新口味可乐应是一个成功的产品。

到 1985 年 5 月，可口可乐公司将口味较甜的新可乐投放市场，同时放弃了原配方的可乐。在新可乐上市初期，市场销售不错，但不久就销售平平，并且公司开始每天从愤怒的消费者那里接到 1500 多个电话和很多的信件，一个自称原口味可乐饮用者的组织举行

了抗议活动，并威胁除非恢复原口味的可乐或将配方公诸于众，否则将提出集体诉讼。

迫于原口味可乐消费者的压力，在1985年7月中旬，即在新可乐推出的两个月后，可口可乐公司恢复了原口味的可乐，从而在市场上新口味可乐与原口味可乐共存，但原口味可乐的销售量远大于新口味可乐的销售量。

（资料来源：本案例根据百度知道相关资料整理。）

思考：新口味可乐配方的市场营销调研中存在的主要问题是什么？

美国预测学家J. 奈斯比特说过，世界正在发生的变化中，没有一种变化能比从工业社会向信息社会的转变更为微妙，也更具有爆炸性。在经济高速发展和产品生命周期不断缩短的新经济时代，越来越多的企业必须依靠先进的信息系统来搜求最新的市场需求信息。可以说，在以信息为基础的社会环境中，发掘并掌握不断变化的最新市场信息，是所有企业开展营销活动的依据和出发点。

第一节 市场营销信息系统

一、市场信息

（一）市场信息的概念

营销大师P. 科特勒认为，市场营销信息系统（Marketing Information System，MIS）是由人、计算机和程序所组成的复合体，它为市场营销决策者搜集、整理、分析、评价并传递有用、适时和准确的信息。一般认为，信息有广义和狭义之分。广义的信息是指物质存在方式和运动规律、特点的表现形式，是物质的普遍属性，并广泛存在于自然界和人类社会，也存在于人类的思维活动中。如四季更替、阴晴雨雪、鸟语花香反映了大自然的变化信息，而语言文字、建筑艺术、短波通讯等则反映了人类社会的活动信息。

狭义的市场信息是指经过人们有目的的加工、整理，能够反映市场客观状态及其运动表征方面的消息、数据和资料。

企业在经营活动中需要不断地接受信息，而企业自身也会不断地产生信息，使企业的经济活动存在于大量的信息之中。但不是每一个信息都重要，这就要求企业有关部门和人员，注意在营销信息的搜集、使用过程中，从纷繁复杂的数据中提炼出有利于营销决策的有用信息。

（二）市场信息的特点

一般信息都具有可拓展性、可压缩性、可存储性、可扩散性和可分享性等特点，市场信息除具有一般信息的共性外，还有自己的一些特点：

1. 时效性。营销活动离不开市场，其有效性要求有及时而有效的信息，任何过时的信息都可能给企业的经营活动带来灾难。只有加强信息的搜集、甄别、加工能力和效率，缩短信息从搜集到投入使用的时间，才能最大限度地发挥营销信息的时效性，为企业的营销决策提供及时的依据。

2. 更迭性。市场是不断发展变化的，市场信息也会随之不断地发展变化。如果营销部门不能及时连续地搜集、分析、甄别各种信息并更新原有的信息系统，就不能及时分析各种新情况和新问题，也就不能取得营销的主动权，错失跟进市场的良机。

3. 双向性。搜集信息的目的在于使用信息，而企业使用新的信息改变了经营决策，也给市场带来了新的信息。但信息的双向性一般是指信息的传递与反馈过程的双向性，强调的是企业要保障决策的正确有效，必须注重信息的及时传递和反馈，缺少其中一环，就失去了信息的意义。

4. 系统性。企业营销活动要受到诸多因素的影响与制约，除了必须连续地、大量地、全方位地搜集、加工有关信息外，还必须对大量的信息进行系统化管理，提高信息的有序化程度，以利于企业随时使用信息指导营销活动。

二、市场营销信息的内容

如前所述，企业时刻处在纷繁复杂的信息环境之中，表明了市场信息的多样性和复杂性。一般来说，搜集市场信息是为了及时有效地为企业的营销决策服务，这就要求市场信息必须客观地反映市场变化，符合企业实际情况，在保证所获取的信息真实、及时、有针对性的前提下，还要保证获得信息的费用最少。涉及企业市场营销方面的信息内容，主要包括：

1. 市场动态信息。是指有关市场供求、市场行情变化方面的信息。具体内容包括：市场需求及其变化；国民收入和居民收入中的消费构成变化；人口数量和构成的变化；货源渠道变化；资源结构和资源数量的变化；市场物价水平及其变化；供求关系变化及其发展趋势；有关企业经营活动方面的法律法规以及政策的变化；国际环境和国际市场变化等。企业只有及时了解变化，才能调整计划，更好地适应市场变化。

2. 科技发展信息。是指相关科技的发展及其应用，行业中科技成果应用的成熟度与普及程度；新技术、新材料、新工艺的应用和新产品的研发，新市场的开辟等方面的信息。企业只有及时跟踪最新科技潮流，更新经营观念，才能不被市场淘汰。

3. 竞争信息。知己知彼，百战不殆。设法了解同行企业的各项技术经济指标及其人、财、物状况；对手的技术力量和技术水平；对手的产品性能、质量、规格、价格、成本、市场占有率，以及有竞争力的企业数量、类型、动向、营销方式以及优劣等信息。可以说，任何不了解对手的企业，一定会“盲人骑马，夜半临深池”。

4. 企业自身相关信息。包括本企业的技术力量、研发能力；生产周期、生产能力、销售能力、市场拓展与开发能力；订单数量、销售量、存货、生产成本、生产进度；综合管理能力；人力资源配置状况；财务状况；企业优势、不足以及市场地位等。了解自己才能准确判断信息需求，为企业提供可信赖的决策依据。

5. 社会、经济、政治动态信息。运用 PEST 分析法，了解某一特定时期国内外的政治体制变化、经济发展水平、科技发展水平、经济资源和能源的供应能力；一定时期的消费时尚与消费结构；了解特定时期的社会价值观、审美观、生活习惯、流行文化、社会网络等方面的信息；进行 SWOT 分析，找出企业的机会与威胁。

6. 政策法规信息。必须了解政府部门颁布的涉及企业经营管理方面的关于经济、环境保护、能源、卫生、安全、财政、信贷、进出口贸易政策等相关政策法规。主要包括市场经营管理方面的各种法律、条例、规章制度、具体办法；金融政策、外汇管理政策以及汇率变动；目标市场国家的进出口贸易政策、规定、相关措施和贸易限制等。

7. 营销管理信息。及时关注国内外先进的营销管理方法和经验，关注国内外同行企业在营销管理、渠道设计、市场策划、营销组织等方面的信息；也包括对本企业在最近一个时期以来，在经营管理过程中形成的有效营销管理经验进行系统归纳和有机整合。

三、市场营销信息系统的基本框架及信息来源

（一）市场营销信息系统的基本框架

市场营销信息系统介于环境和市场营销管理人员之间，当各种市场营销方面的信息数据产生并流向企业市场营销信息系统时，系统将会按照企业需要，在信息管理人员的甄别、整合下，将数据进行转换并通过信息流程传导给有关的信息使用者，并据此制订一系列指导企业开展营销活动的计划方案。企业通过新的计划方案进行营销活动所产生的各种数据，又通过市场营销的沟通流程回馈到环境之中。这个过程就形成了营销信息系统的基本框架，如图 3-1 所示。

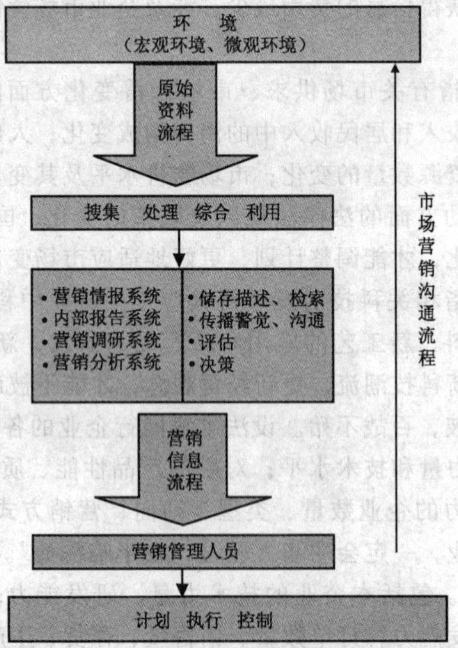

图 3-1　市场营销信息流程图

1. 市场营销信息系统的构成。市场营销信息系统一般由以下几个子系统构成：

（1）内部报告系统。其主要任务是：向管理者提供有关销售、成本、生产进度、存

货、现金流、应收账款等反映企业经营现状的相关信息。营销管理人员必须以产品、销售区域、销售人员数量及销售半径为依据，认真分析过去以及目前的销售情况及成本信息，核心是从订单至汇款的循环，重点则是销售报告系统，以便对当前存在的问题及时进行矫正。

（2）市场营销情报系统。通常是指市场营销人员用来了解外部市场环境发展变化相关信息的各种数据来源与程序。这是企业营销人员了解外部市场环境及其发展趋势信息的主要来源。其情报来源主要有：政府统计资料、专业报刊、企业内部刊物以及顾客、供应商、分销商和其他相关人员，包括企业内部的管理者、员工等。营销人员借助这样的系统，能够将最新的环境发展变化信息传递给有关的管理者和决策者。许多企业都重视各企业的统计数据、有关部门的普查数据和市场调研机构的研究报告三个方面的信息。

（3）市场营销调研系统。该系统的主要任务是搜集、评估、传递管理人员和决策者制订营销计划和决策时所必需的各种信息数据。许多企业都成立有市场调研机构，管理者会要求他们从事有目的的市场调查，搜集消费者偏好信息，进行销售研究和广告评估等工作，并就某一特定时期的特定问题，进行重点调查，以便搜集原始数据进行分析、研究，编写专题调查报告，供决策者参考。

（4）市场营销分析系统。该系统一般借助于调研系统的相关数据，建立和分析各种模型，帮助营销人员分析复杂的市场营销问题，以改善经营方式，提高经营效果。这种系统包括一些比较先进的统计程序和应用模型，能够帮助信息分析者从相关数据中发掘精确的统计结论和有应用价值的分析结果。

（5）客户管理系统。网络技术的普及使客户有了更广泛的选择空间，也使得每一个企业的客户关系管理变得比以往任何一个时期都更加重要。客户管理系统又叫顾客关系管理系统，是指一种使用专门的工具、技术和工艺，帮助管理部门实现营销业务功能运作和提高的管理方法。通过这个系统，企业可以及时了解和掌握客户的需求，满足客户期望获得的特定价值，保持并发展与客户间的业务关系，从而在激烈的竞争中获得优势。

2. 市场营销信息管理人员。在企业的营销管理信息系统中，营销管理人员既是信息的搜集者、提供者，又是信息的主要使用者和反馈者。这些管理者包括：企业经理、市场总监、营销主管、信息主管、发展规划主管以及各类管理人员，还包括从事信息研究和市场战略规划的研究者等。要保障企业信息系统的有效运转，必须做好以下两项组织工作：

（1）设置专门的信息管理机构，或至少设置专门的信息管理人员。

（2）设置高透明度的信息管理制度。这种制度是通过以下三种方式来实现的：一是建立销售人员的报告制度，对销售人员的推销过程和结果进行记录，并将每月、每季和年度的销售业绩汇总报告，使销售人员的营销过程全部公开地纳入营销人员的视野。二是信息备份制度，尽管企业建立了信息管理系统，但对于销售人员自行掌握的客户和其他有关营销信息，也要纳入统一的信息管理系统之中，并留有备份，以防止分支机构和销售人员脱离企业之后可能给原企业造成损失。三是信息核查制度，为了保证报告和信息的真实性和准确性，营销管理者要对客户进行定期或不定期访问，这样既可以核实各种信息的真实性和准确性，又可以密切企业与客户之间的联系。

（二）市场营销信息来源

市场营销信息的来源渠道，一是企业内部，二是企业外部。企业内部信息主要是自身经营活动的各种信息记录，包括会计信息、统计信息、业务信息以及企业经营计划和总结、营销计划、预测决策资料、其他经济活动分析资料等。企业外部信息主要是政府部门的经济政策、条例规章、统计公报、科研机构和行业专业研究部门的调研专题、业内报刊及其他有关信息资料、中间商与经销商反馈及营销人员的市场调查等。

一般来说，信息又可分为原始（第一手）资料和二手资料。原始资料准确、及时、实用，是企业根据需要有目的地搜集整理的非常重要的信息来源，但是耗时长、成本高。二手资料则是出于其他目的已经搜集整理的、或其他有关部门搜集整理并公开出版的信息，如各种统计年鉴、政府刊物和有关报刊杂志等。二手资料通常是研究者首先利用的信息，它可以节约大量调研费用，提高研究效率，只有在二手资料不完整、过时或不全面时，才需要花费一定的时间去搜集原始资料。因此，优秀的调研人员应当善于利用二手资料来达到研究目的。

第二节 市场营销调研

市场营销调研是市场营销调查研究的简称，**是指企业针对特定的营销问题，运用科学的方法，系统地进行的信息搜集、记录、甄别、分析、评价和报告的活动。**调研活动是根据营销管理和决策的要求进行的，目的在于为管理决策提供依据和参考，也是企业进行营销活动的基础和重要内容。调研涉及的内容非常广泛，为了减少错误和偏见，保证调研结果的真实有效，营销人员必须掌握科学合理的市场调研方法。

一、市场调查的步骤

市场调查是一项细致、周密而复杂的工作，整个市场调查过程可以分为三个阶段、六个步骤。三个阶段是：（1）调查准备阶段。包括调查人员的选拔、培训、调查区域分工，以及设计调查表格，购置调查仪器设备，熟悉调查对象等。（2）正式调查阶段。调查计划制订后，调查者就要落实调查主题，拟定调查问卷，明确调查预算，安排调查时间，实施调查监控，搜集调查资料。（3）调查结果处理阶段。根据调查所获得的数据资料进行资料整理、汇总，进行资料分析、甄别，解释相关术语，作出调查结论，提出相关建议，编写附录和调研报告。下面针对一次正式的市场调查，介绍市场调查的六个具体步骤：

1. 确定调查目的。调查人员根据企业目前的经营状况和环境，进行初步情况分析，找出企业经常遇到的问题，尤其是影响比较大的问题；针对市场营销中存在的问题，确定需要研究的具体问题，通过资料搜集和分析，寻求正确可行的改进措施。例如，近期销售量的变动是产品质量问题，还是售后服务、广告宣传、市场景气问题等，将问题的范围逐渐缩小，最后确定调查主题。

2. 编制调查计划。调查目的确定后，就要选择具体调查对象，编制调查计划。内容包括：根据调查目的，确定调查项目；选定调查方法，包括资料搜集方法和调查方法；编制调查费用预算；安排调查进度、地点、时间和人员。

3. 设计调查表格。无论采用什么调查方法，都需要填写一定的调查表或调查问卷。调查表或问卷的设计，与调查结果的正确与否有直接的因果关系，因此这种表格的设计必须要由有经验的调研人员来负责设计，并通过实验来验证调查效果。

4. 实施调查，搜集资料。做好充分准备后，就可以按照预先确定的调查计划进行实地调查，并按照选定的调查主题、对象、项目、时间、地点、方法和具体分工，到指定的区域或地点采集所需要的各种信息数据。

5. 整理、分析调查资料。对实际调查过程中获得的信息数据，采用科学的方法进行编辑整理、甄别和分类，按照不同的调研目的，归集同类资料，检查数据偏差，剔除无效或虚假的信息数据，计算分析结果。

6. 撰写调研报告。调研报告是整个市场调查活动成果的总结，也是针对企业所要解决的问题提出原因分析和改进建议的最终结论。一般而言，调研报告有两种：一种是专业性报告，提供给专门的市场研究人员；另一种是一般性报告，提供给管理人员或职能部门。两者的区别在于前者要详细介绍调查过程，说明调查方法、信息数据的取舍和结论的依据；后者则避免使用专业术语，重在介绍客观情况，突出重点，言简意赅。两种报告都可以附上必要的图表，以便直观地说明实际的市场情况。

需要说明的是，市场调查的三个阶段和六个步骤并不是所有的调查都必须经过的，在实际工作中可以根据企业实际需要决定。

二、市场调查方法

市场调查方法如何选择，直接关系到调查结果是否正确有效。调查方法有很多，实际工作中究竟采用什么方法，要对不同方法的优缺点以及企业所要调查的问题进行比较，才能够作出恰当的选择。下面介绍几种常用的调查方法。

（一）观察法

观察法是指在现场通过观察需要调查的对象和背景，搜集相关信息数据的调查方法。这种方法要求被观察者在不知情的情况下自然流露出对商品的真实反应和状态，以便观察者从旁观者的角度观察的现象是客观的。例如，长虹彩电厂的调查人员可以在电器销售专区隐瞒身份观察，听取消费者对长虹彩电的看法和评价，并听取消费者选购彩电的依据。由于消费者并不知道自己正在被观察，他们的行为和看法都会是真实的展露，因此观察者所获得的信息较为客观。这种方法的优点是准确性高，缺点是无法观察消费者的内心活动。所以，有时需要对同一现象进行长时间地观察，以便获得可信的结论。

（二）小组访谈法

又叫小组深度访谈法，是指有经验的调查人员对若干名（通常为6～10人）被访问者就某一方面的问题进行深入调查。一般采用小组讨论的方法来进行。调查人员事先拟好谈话提纲，由浅入深地逐步将问题引向深入。在调查过程中，要求被访问者积极参与，轻松、自由地参与讨论，最终获得有用的调查信息。一般用于大型调查前的试探性调查活动，对确定大规模调查的问题很有帮助。只是小组讨论参与的人数有限，结论不一定具有普遍意义。

（三）专题讨论法

又称“头脑风暴法”，是指在一个有经验的主持人的引导下，专门邀请部分人员，就某一个专门问题，在有限的时间内展开激烈的讨论，并将讨论的结果逐渐集中，最终得出相对一致的结论。运用这种方法时，要求主持人具有客观性，了解所要讨论的问题，最好在事先将要讨论的问题分发给参与讨论的人员。讨论地点的环境应宽松活泼，让每一个与会者并肩而坐，避免面对面相互干扰。事先要求对每一个人的发言都规定一律不准评价、不准批评的要求，以保持发言者的思路不受影响，在开放的环境中畅所欲言，使与会者的头脑处于高度兴奋状态，犹如风暴袭来。主持人记录好每一位发言者的意见，并展示在与会者面前，让大家有共同的成就感。这种方法常用于产品设计、广告创意、市场企划、产品策略评价等较为复杂的大型问题的信息资料搜集处理活动。使用这种方法时应注意以下几个问题：

1. 参与讨论者人数既要多到足以提供刺激性的交流，又要少到足以鼓励每一个人参与讨论，一般以6～10人为宜。

2. 环境选择应以优美、开放式的地点为好，避免在封闭、限制思维的会议室；同时，应营造非正式会议、可以畅所欲言的氛围，使与会者不受拘束，身心放松。

3. 召集人要精干，富幽默而有启发性，并能控制会场谈话气氛和主题。

4. 注意与会者的年龄、职业、身份不要有太大差异，但专业应有一定交叉，以便与会者相互启发；同时确保每一个与会者都能够发言。

5. 选择最有创意和可行性的建议，并不断修正、完善，直到取得最终基本一致的结论。

（四）问卷调查法

问卷调查法是通过设计调查问卷，让被调查者按照问卷要求回答问题，以便搜集信息资料的一种调研方法。这种方法最大的优点是可以准确地搜集描述性信息，如消费者的知识、态度、偏好、购买行为等。

问卷调查法的关键在于设计一份既符合调研需要，又能获得足够、适用和准确信息的问卷。问卷设计不合理或不切实际，将导致所搜集的信息数据有较大误差，降低信息数据的可信度，也会导致决策的失误。因此，问卷设计是重要而又细致的工作。为了保证访问调查工作的准确、及时、圆满完成，应按照以下要求设计问卷：问题设计要与所需资料相适应；问题设计要明确简洁、便于理解和回答；便于调查者开展工作；便于问卷结果的处理，等等。问卷调查法又有面谈问卷、信函问卷、电话问卷和网络问卷多种，这就要求设计人员必须具有丰富的经验、清晰的思路和问卷设计技巧，这里不作详细介绍，只介绍几种调查方法。

1. 面谈问卷调查法。这是问卷调查中使用最为广泛的一种，是指调查人员亲自登门拜访，在商场或其他公共场合，与被调查者就事先拟定的调查内容，进行面对面交谈访问的方法。这种方法比较灵活，受过良好训练的访问者能较长时间吸引应答者的注意并解释复杂的问题，往往能够搜集大量的信息数据。但也会受到调查者的知识、偏见、沟通能力的限制，而且这种调查也是所有问卷调查中成本最高的一种。

2. 信函问卷调查法。指通过将事先设计好的调查问卷邮寄给被调查者，由被调查者按照要求填写完毕再回邮给调查者的调查方法。其优点是信息搜集的人均单位成本低，可以设计更加个人化的问题并获得更真实的回答；缺点是问卷设计格式固定，不够灵活；并且问卷回收时间较长且回收率不高；调查者无法控制被调查对象，即控制由谁来填写问卷，不能保证问卷的准确性等。

3. 电话问卷调查法。即根据事先拟定的调查问卷，通过给被调查者打电话的方式搜集信息资料的方法。其优点是灵活性好，信息搜集快，回答率高，并能够及时回答被调查者的相关问题，可以控制被调查者的谈话方向；缺点是调查的人均成本高，易受询问者个人偏好的干扰；不便于与被访问者交谈个人问题，且信息数据的真实性易受询问者的记录、问话方式的影响。

4. 网络问卷调查法。随着互联网技术的普及，这种方法使用会越来越多。这种方法是将调查问卷公布在某一个网站上，被调查者通过上网，根据问卷上的问题作出回答，并将答案输入电脑的方法。使用这种方法通常要配合一些有意义的活动，以提高参与调查者回答问题的兴趣和信息数据的质量。该方法灵活性好，成本低，不受任何干扰，信息搜集快，回答率高；缺点是调查对象难以确定和控制。

5. 留置调查法。指调查人员将调查表或问卷交给被调查者，由被调查者事后自行填写，按照约定的时间，由调查人员再来收回调查表或问卷的调查方法。这种调查方法最大的优点是，可以留给被调查者充裕的时间，对于所调查的问题能够认真独立地思考，避免受调查人员的倾向性意见的诱导和干扰，确保被调查者回答问题的真实性，提高调查质量。

调查问卷通常有封闭式问卷、开放式问卷两种形式。所谓封闭式问卷，是指在问卷上列举了所有可能的答案，被调查者只要在给定的答案中挑选认为合适的答案即可，无须另行作答。具体形式又有：

（1）二分法。指问卷上给定的备选答案只有两个，被调查者只能在给定的答案中二选一。

（2）多项选择法。指问卷上给定的备选答案有三个以上，被调查者选择认为正确的答案作答。

（3）利克特尺度法。指问卷答案叙述后面附有可自由回答者表示同意或不同意程度的尺度表。

（4）语意差异法。在给定的尺度表左右用两个意义完全相反的词汇来形容所衡量的事物，回答者可以选择最能代表其真实感受的位置作答。

（5）重要性尺度法。在问卷答案选项中给定衡量某属性的重要性，其尺度从“一点也不重要”到“极其重要”。

（6）等级尺度法。答案中给定衡量某属性的优劣，其尺度从“很差”到“很好”。

（7）购买意愿尺度法。答案中给定描述购买者意愿的回答尺度。

所谓开放式问卷，则是指问卷上的问题设计后，并未给定可供选择的答案，由被调查者完全自由作答。开放式问卷分为：

（1）完全非结构化。指问卷后面没有给定答案，由回答者完全自由回答。

（2）词汇联想法。问卷每个答案后面只提示一个词，要求回答者立刻说出联想到的词汇，如“鸡蛋……”

（3）语句完成法。问卷答案中每次提示一句未完成的语句，请回答者来完成该语句，使其成为完整的一句话，如“且向洞庭赊月色……”

（4）故事完成法。答案中提示一个未完成的故事，请回答者完成。

（5）图画完成法。提示一张有两个人的图画，其中一个人已经说话，请回答者设想自己是另外一个人，将最想要回答的话填写在空白的方框里。

（6）主题统觉测验法。提示一张图片，让回答者看图说话。

比较而言，开放式问卷可以获得更为详细真实的信息资料。实际工作中究竟使用哪一种形式的问卷，要具体根据不同的营销目的和调查要求来选择。

问卷调查法因为灵活性好，可以用来搜集不同场合的不同信息，所以是搜集信息数据最为广泛的一种方法。如果问卷设计得科学，能够比观察法和实验法更快、更便捷地搜集所需要的信息资料。但问卷法也存在诸如被访问者不熟悉所调查的问题、不愿回答或回答不了有关问题等缺陷，而且问卷设计需要高超的专业技巧，因此在应用时还应注意问题的设计和调研人员的培训，使问卷调查起到应有的作用。

调查问卷示例

大学生一个月能花多少

1. 身为大学生，父母每个月给你多少生活费？（　　）

A. 200元以下　　B. 201～400元

C. 401～1000元　　D. 1001～2000元

E. 2000元以上

2. 你每月多少生活费才够花？（　　）

A. 200元以下　　B. 201～300元

C. 301～500元　　D. 501～1000元

E. 1001～2000元　　F. 2000元以上

3. 你的大学生活费主要用在哪些方面？（　　）

A. 吃饭、日常用品等　　B. 学习、书籍等

C. 通讯、网络游戏、娱乐等　　D. 交异性朋友

E. 其他

4. 生活费不够用时，你一般怎么办？（　　）

A. 继续向父母要　　B. 向朋友借

C. 自己打工挣　　D. 其他

5. 大学里，你向同学或老师借过钱吗？（　　）

A. 没有　　B. 借过，因为没有钱吃饭

C. 借过，因为想买学习用品　　D. 借过，主要用在了游戏、娱乐和交友上

E. 借过，其他原因

6. 如果你办了可透支的信用卡，你会透支吗？（　　）

A. 会，但会如期还　　　　B. 不会，尽量节俭

C. 会，到时不一定还　　　　D. 视情况而定

7. 如果你已有手机或打算买手机，买手机的价位是多少？（　　）

A. 600 元以下　　　　B. 601 ~ 1000 元

C. 1001 ~ 2000 元　　　　D. 2000 元以上

8. 自己花钱时，你想过父母挣钱不易吗？（　　）

A. 自己每一分钱都用对了地方，问心无愧

B. 少数花费没有必要，有些对不住父母

C. 多数花费没有必要，很对不住父母

D. 父母养我是应该的，花多少都不会觉得对不起父母

E. 其他

9. 你对遏制一些大学生的奢侈消费有什么好建议？

广告对你影响有多大

1. 每天从出门开始，你至少会看到多少广告？（　　）

A. 至少一条　　　B. 10 条以上　　　C. 数不清

2. 日常你一般更倾向于购买哪类商品？（　　）

A. 广告商品　　　　B. 非广告商品

3. 看到或听到广告宣传后，通常你会相信并购买吗？（　　）

A. 会相信，而且会马上购买

B. 不完全相信，但有时也会买来试试

C. 根本不相信，几乎不会购买

4. 在你家里，有没有持续地使用一种广告品牌的商品？（　　）

A. 有，而且很多　　　B. 有几种　　　C. 一样都没有

5. 平时跟朋友聊天，你能脱口而出几条广告语吗？（　　）

A. 能，很喜欢经常引用

B. 能，但不是因为喜欢，而是广告用语太过泛滥

C. 几乎不能，很少留心

6. “××洗发水，让秀发更透亮”、“××，让女人更年轻”，看到类似广告，您的想法会是？（　　）

A. 非常向往，希望能够使用该产品，让自己的生活像广告中的一样

B. 没感觉，广告宣传的都是虚构的理想世界

C. 很反感，广告夸大了产品的效果

7. 您觉得广告对您的生活影响主要是什么？（　　）

A. 提供了必要的消费信息

B. 广告的时尚文化改变着我的消费观念

C. 广告泛滥，干扰了我的正常休闲

D. 夸大其词，影响我的消费决定

E. 几乎没有什么影响

8. 以下哪个词最能代表您对广告的看法？（　　）

A. 喜欢　　B. 需要　　C. 认同　　D. 不胜其烦　　E. 排斥

9. 您对当代广告的总体评价是？（多选）（　　）

A. 个性多元，越来越人性化

B. 一些经典广告很有感染力，让人难忘

C. 信息渠道多样，让生活更方便

D. 广告模式雷同，缺少创意

E. 宣传手段教条单一，强行灌输

F. 一些商业广告粗制滥造，缺少人文关怀

G. 公益广告太少，商业广告太多

10. 请您给西安华商广告奖提出宝贵意见：________________________________

11. 对广告的发展，您有何建议？________________________________

（五）实验法

实验法在营销实践中有两种具体形式、一是通过选择用户试用本企业的产品（或新产品），与原产品进行比较，提出产品的使用意见或建议；二是通过选择多个可比的实验主体，赋予不同的实验方案，控制外部变量，以检验所观察到的差异是否具有统计上的显著性。前者是通过实验获取消费者的真实感受，以确定最终的产品生产方案；后者则通过排除观察结果中矛盾的解释来获取因果关系，主要用于因果性关系的调查。

三、市场营销调查的内容与分类

（一）市场调查的内容

进行市场调研之前，应就需要调研的问题、目标、方法与方案、调研预算以及时间、人员安排等问题进行确认，方可展开调研工作。调研包括以下内容：

1. 市场环境调查。任何企业都在特定的环境中谋求生存和发展。企业不能改变环境，但可以通过调整自己的生产经营活动来适应环境的要求，这就要求企业必须对环境进行调查研究，找到适合企业生存发展的空间。环境调查一般包括：

（1）政治法律环境。即对企业的生产经营起重要作用的国内外政治形势、市场管理政策、政策的连续性和稳定性、政治体制、政局稳定性，以及国内外相关法律法规，特别是市场竞争、经营管理、进出口贸易方面的法律法规等外部环境进行调查研究。

（2）经济环境。对目标市场国家和地区的经济发展水平、经济发展趋势、经济发展潜力及特征、收入分配公平状况、物价水平、消费习惯与构成、储蓄与信贷等进行调查研究。

（3）社会环境。了解目标市场的国民教育普及程度、文化水平、价值观念、宗教信仰与禁忌、风俗习惯、社会审美观、民族构成与分布、职业构成状况、人口分布状态、城市化程度、交通状况等。

（4）地理环境。对于目标市场的区位条件、气候条件、资源状况、城乡分布、地形条件等情况进行调研。

2. 市场需求调查。对于企业而言，市场的容量和潜力决定了企业的生产经营规模。因此，针对消费者需求所进行的市场调研是市场调查活动的最主要部分。包括三个方面的内容：

（1）需求量调查。一个市场有效的需求量直接决定着市场规模。由于市场需求量＝人口＋购买力＋购买欲望，如果不考虑社会环境因素对需求量的影响，那么影响需求量的因素就主要是目标市场的人口数量、目标人群的货币收入及其购买欲望。

（2）消费结构调查。消费者将可支配收入用于不同商品的购买比例，就是消费结构。消费结构决定了消费者的消费投向，也在一定程度上决定了企业的重点生产方向和产品研发方向。其调查内容包括家庭的生命周期、家庭构成与规模、消费习惯与观念、人口构成、收入增长幅度、商品供应状况以及物价水平等。

（3）消费行为调查。消费行为是消费者消费心理和消费观念的外在表现，影响因素极为复杂。通常影响消费行为的因素有心理因素、性格特点、文化程度、宗教信仰、个人偏好、社区环境、消费习惯、广告宣传和时尚流行等，调查的内容只能主要就消费者心理和购买行为方面展开。

3. 市场营销活动调查。市场营销活动主要由产品、价格、分销渠道和销售促进构成，营销活动调查就必须围绕这些内容来展开。

（1）产品调查。产品调查是市场营销调研的重要内容，其目的是分析什么样的产品能够更好地满足消费者的需要，有更好的发展前途和更大的市场潜力。产品调研包括：新产品的设计、开发、试销状况评估；现行产品的改进测试及消费者反映和评价；竞争产品研究；产品的用途、特征、包装、生命周期以及目标消费者对本企业产品的评价；在产品质量、颜色、款式等方面有什么样的要求；产品可能产生的新用途、发展趋势等。除了实体产品之外，还要调查消费者希望得到的产品服务，目前的服务存在哪些不足；竞争者提供的服务有哪些，有哪些值得改进的地方；等等。

（2）销售情况调查。产品销售情况调查是市场营销调查应用最为广泛的内容，全面涉及企业的销售活动，包括对销售政策、销售方法的分析。销售调查的目的是建立更为精干有效的销售组织，采用更加有效的销售方法，最大限度地降低销售费用，取得更好的销售效果，便利快捷地把产品传递到消费者手中。销售调查的内容主要有：销售促进的政策与方法；销售网点布局；物流与中间商分析；销售人员的销售效果分析；市场占有率的变化；市场容量与潜力分析等。

（3）竞争对手调查。任何产品都有竞争者。竞争可以是直接的，如生产或经营与本企业完全相同的产品；也可以是间接的，即生产类似的替代品。前者如汽车、家电产品，后者如软饮料。姑且不论竞争的方式和竞争对手的实力，企业要想在竞争中保持有利地位，就必须对竞争对手进行调查研究，以便更好地确定竞争策略。对竞争对手调查的内容有：竞争对手的市场占有率；竞争对手的产品优势与缺陷；竞争对手的生产能力、研发能力、人才优势、财务状况、技术装备；对手的渠道控制能力与程度；竞争的类型和主要竞争内容；消费者对竞争者产品认可程度；尚未在竞争中体现的消费者要求还有哪些等。

（4）产品价格调查。产品价格的变动直接影响消费者的需求，产品价格的高低与消费者的需求量成反比。因此，及时了解市场产品价格的变动趋势和消费者反应，对于企业而言是至关重要的。一般来说，价格调查主要包括：产品定价的合理性调查；消费者的价格预期；产品价格的供求弹性；同类产品的价格差异与折扣是否合理；现有产品的价格调整和新产品的定价方法等。

（5）分销渠道调查。分销渠道即产品从生产领域进入消费领域所经历的环节或通道。在竞争激烈的市场环境中，企业选择和掌控分销渠道，关系到产品能否顺利地进入市场特别是打入国际市场，也直接决定企业能否在市场上生存。渠道调查一般应包括销售渠道的数量、布局和销售业绩；中间商和分销商的实力与信用；现有的分销渠道是否通畅；市场上有否同类产品的权威经销商；中间商和分销商对本企业产品的要求和条件等。

（6）促销活动调查。促销活动常用的方法是广告宣传、公关活动、有奖销售、折扣优惠、赠送物品、现场演示、名人签售等。这一系列的活动在营销实践中如何运用，通常要根据不同的产品生命周期、不同的销售季节，依据促销活动调查的结果来灵活选择其中的一种或几种组合。其调查的对象主要是促销对象、促销方法、促销投入、促销时机、促销效果和促销地点等方面。

（二）市场调查的类型

市场调查所涉及的内容十分广泛，几乎各行各业都涉及市场调查的应用，因此市场调查的类型也就比较多，下面简单介绍几种主要的调查方法。

1. 按调查研究的分析方法分类。

（1）定量调查。指运用数量分析方法，对市场的总体规划、细分市场的局部规划、产品市场占有率、购买频率、品牌知名度、分销水平等市场信息进行精确的数据分析。这种调查耗费的人、财、物力比较大，又涉及专业的分析方法，一般为专门的市场调研机构、政府部门运用，企业较少采用。

（2）定性调查。指运用询问（包括面谈和电话访问）、观察、讨论等方法来搜集、整理、分析人们对某一问题的看法，为管理者和决策者就某一个问题提供一些基本看法和解释。但这种调查缺乏精确的分析，对问题的分析不一定准确。

2. 按调查研究的目的和作用分类。

（1）探测性调查。如果企业对市场情况不很清楚，或者对于需要调查的问题不知从何入手，可以采用这种方法。实际上，这是一种非正式的小范围调查，一般通过搜集二手资料，或向有关专家请教，参考过去类似的实例进行。常用于正式调查之前的初步调查。

这种调查的目的在于发现和提出问题，以便确定调查的重点。

（2）描述性调查。指针对企业需要调查的问题，采用一定的方法，对市场的客观情况进行如实描述和反映。描述性调查通常是对已经明确的某一个问题作具体的回答和如实的反映，因而要比探索性调查深入细致，有详细周密的调查计划，并注意对实际调研资料进行记录。例如，对用户的调查，要着重描述用户买什么、何时买、如何买、买多少等，并提出一些相关的问题要求如实回答。不过，描述性调查也只是描述问题的表象，如果要深刻揭示问题的因果关系，还需要借助于因果关系调查。

（3）因果性调查。因果性调查是在描述性调查所取得的数据、资料的基础上，通过逻辑推理和统计分析，进一步深入分析不同问题之间的函数关系，并分析两者之间的数量关系。例如，关于产品的滞销与畅销问题，用户的品牌偏好问题，以及产品的质量、价格、包装、式样、服务等对销售量的影响及影响程度，等等。

（4）预测性调查。预测性调查是指对于未来的市场需求变化进行估计，并根据估计数据作出判断，为企业制订有效的营销计划，避免市场的不确定性给企业带来可能的损失有特殊的作用。但预测应有充分的依据，如收入分配制度的变化、政府有关政策的调整等，并非盲目的猜测。

3. 按市场调查活动的范围分类。

（1）狭义的市场调查。指仅就市场消费需求（生产消费需求和生活消费需求）单一问题进行的市场调查。

（2）广义的市场调查。指在狭义的市场需求调查的基础上，加上对产品的分析，即从产品的使用价值和消费效用的角度对产品进行分析。例如，对已经进入流通领域的商品，分析其性能、样式、颜色、价格、对消费者的重要程度等，以便促使企业改进工艺、调整产品，更好地适应消费者需要。同时，这种调查还有助于发现老产品的新用途，开辟新产品的大市场。

4. 按购买者的类型分类。

（1）消费者市场调查。消费者市场调查是针对家庭或消费者个人进行的。一般来说，消费者购买的主要是生活资料，而且是最终产品，购买具有零星、少量或经常性，以及购买活动易受替代品、价格和广告的影响，具有一定的弹性的特点。在营销实践中，我们不难发现消费者一般都缺乏商品知识，服务态度的好坏、服务质量的高低都对商品的销售量有极大的影响。这种调查可以帮助营销人员了解消费者的消费需求和消费心理，改善服务态度，提高服务质量，促进商品销售。

（2）生产者市场调查。生产者市场上的购买者主要是生产企业，所购买的商品多是最初产品、中间产品或生产资料，购买活动一般具有定期性、大量性和缺乏弹性等特点。但是生产者市场上的购买者往往具有商品专业知识，甚至是某一方面的专家，而且大多有稳定的货源和独立的主见，不易受广告宣传和推销手段的影响。

市场调查还可以按照其他的分类方法进行，如可以按照产品层次、产品技术含量，甚至时间、空间层次以及资料的获得方式等进行分类。例如，服装市场按照层次来细分，可以分为女性服装、男性服装、儿童服装；女性服装还可以进一步分为女童装、少女装、少妇装等。

第三节
市场营销预测

市场营销预测是指根据市场营销的历史和现状，凭借以往的经验和知识，运用科学的方法和技术，对影响市场供求变化诸因素进行调查研究，分析和预见、测算、判断其未来发展趋势，得出合乎逻辑的结论，为生产和流通确定营销决策提供可靠依据的活动过程。

市场营销预测是营销活动的有机组成，服务于企业营销管理活动的实际需要。预测的原理是事物本身发展的内在规律性，即事物的发展演变总是按照过去、现在、将来的顺序不断发展，而这种顺序之间必然存在某种内在联系，现在是过去的延伸，将来又是现在的继续，即使有变化，总有一定的因果关系和先兆。人们只要掌握了事物发展的规律，占有历史和现实资料，就有可能推测、预见其未来状况的演变趋势。市场发展变化也有其规律性，这就为市场预测提供了客观可能性。

一、市场预测的内容与步骤

影响市场需求变化的因素很多，因而市场预测也就有广义与狭义之分，并且因预测的时间、性质等不同，市场预测还有更多的分类方法。这里只介绍狭义的市场预测即销售预测。

（一）市场预测的内容

1. 商品需求预测。商品需求预测是指对商品的社会购买力和商品需求量变化趋势进行预计、判断和推算，包括社会商品需求总量、购买力结构与投向、各类商品中主要商品的需求比较等。

（1）消费资料需求预测。消费资料需求预测，即对城乡居民和社会经济组织的购买力变化，引起消费资料需求变化及其增减变化速度的预计、判断和测算。预测的主要内容包括：人口变动趋势、收入分配制度变化、居民及家庭的可支配收入变化、社会经济组织购买力增长程度及其投向、社会消费心理与消费倾向变化、消费政策及其他经济政策规定的变化对消费需求的影响等。

（2）生产资料需求预测。生产资料需求预测就是对工农业生产资料未来的需求及其变动趋势所作的预计、判断和测算。对生产资料需求变动趋势的预测，首先要了解影响工农业生产资料需求的相关因素，如基本建设投资政策变化，投资规模变化，企业固定资产生命周期，新技术、新设备的应用等；其次是城乡居民和社会经济组织消费资料需求的变动（生产资料需求变化的引致因素）以及农业经济政策、农村经济发展、农业收成与农业生产资料价格与质量等。

2. 市场商品可供量预测。商品可供量预测，是对经济资源、商品构成及资源的可供应能力变化趋势的预计、判断和测算，一般是对影响市场供应因素的分析。影响市场供应的因素主要有：

（1）社会商品生产能力。市场预测不仅要对供不应求的商品进行需求预测，还要对商品的社会生产能力进行预测。需要说明的是，社会生产能力或生产总量并不等于市场商品的可供应量，因而还要对不同商品的生产潜力、技术装备、资源状况进行分析预测之后，方能把握商品可供量的变化趋势。

（2）经济资源与能源的供应能力。商品供应能力除了受生产能力的限制外，还要受到经济资源和能源的供应与保障，以及气候、地理位置、交通等因素的制约，这些因素直接影响产品的数量、质量和供应能力。

（3）企业管理水平。企业的管理水平直接决定企业的生产效率，也直接影响着商品的市场供应量，这是不言而喻的。因为高效的管理意味着资源能够获得充分运用，等量资源投入可以获得更多的产出，市场供应量也就充足，相反，供应量将会减少。

（4）科技发展及其转化为生产力速度。技术创新是科技发展的源泉，而市场需求则是科技发展的原动力。科技发展的速度越快，特别是转化为生产力的速度越快，意味着生产效率越高，商品在市场上的供应能力就会增加。

3. 价格变动预测。价格是市场经济的晴雨表。价格波动不仅影响经济的发展，也对市场供求有着极为重要的影响。因此，价格预测就成为市场预测的重要组成部分。价格预测内容包括：

（1）商品总体价格水平、主要商品价格水平及大类商品价格水平的变化趋势及其规律；

（2）价格水平的变化对商品购买力、商品供求结构及购买力转化的影响及其影响程度；

（3）影响商品价格变动的主要因素分析，包括成本、价格政策、投融资政策、能源及原材料供应、商品供求关系以及国际市场行情变化等；

（4）价格变化的周期性及其特点，以及对供求影响的程度和因果关系。

（二）市场预测的步骤

市场预测的过程是调查研究、资料分析、综合推算的过程，一般包括以下步骤：

1. 确定预测目标。预测目标是进行市场预测的基础。只有明确企业需要预测什么问题，达到什么样的预测目标，才能使预测活动有的放矢，否则，预测活动就无法进行。

2. 制订预测计划。预测计划是整个预测活动步骤的开始，其内容主要是：预测工作的组织、人员安排、预测内容确定、资料搜集计划、不同阶段的具体要求、预测报告的撰写以及完成时间等。

3. 搜集预测资料。预测工作离不开大量准确而及时的信息资料。预测资料一般来源于两个部分，一是来自于企业内部，如企业报表、各种调查报告，或者营销部门、市场开发部门、财务部门的相关资料；二是外部资料，如系统内同行企业的相关资料、政府统计资料和行业研究机构的研究资料。

4. 选择预测方法。由于预测方法比较多，预测结果可能有较大的差异，应慎重选择适合企业具体需要的一种或几种方法，根据企业预测的具体问题或要求，以及根据所搜集的资料，恰当地选择预测方法。

5. 分析预测结论。预测结论是否正确有效，将直接影响企业的市场决策。因此，在预测活动结束后，应对预测结论进行认真的分析判断，按照事先确定的预测目标与预测结论进行比对，分析预测数据与目标之间的误差，并将不同预测方法所得出的结果进行比较，选择最贴近企业实际需要的预测结论。如果预测结论不足以解决实际问题，或者预测数据与预测目标要求误差太大，就必须回头重新进行预测或调整预测目标和方法。

对于比较复杂问题的预测，有时需要运用一定的技术建立预测模型，并对预测模型进行评价，选择合适的模型来进行预测，最后对预测结果进行分析。

二、市场预测的基本方法

（一）定性预测法

1. 经验判断法。又称为意见法，是一种主要依靠与预测对象有关的企业管理者和基层业务人员的知识、经验、阅历和判断为基础，对预测对象的未来发展变化趋势进行综合分析、判断，并得出有关结论的方法。这是一种易操作的传统办法，其特点是能在短期内集中有关人员的意见，作出快速判断。但要求预测人员熟悉各方面情况，了解企业业务，具有丰富经验和综合分析判断能力。实际工作中一般会结合一定的分析技术，提高预测的科学性和准确性。通常包括个人经验判断法和综合（集体）经验判断法。

2. 专家意见法。又称专家意见集合（集成）法或专家会议法，是指根据市场预测的目的和要求，向事先经过严格挑选的有关专家提供相应的背景资料，通过会议的形式，让专家对所预测问题的未来发展趋势和前景进行评价，在综合分析的基础上，对市场趋势作出判断。判断的结论是否符合市场变化趋势，取决于专家遴选是否具有代表性，是否具有深厚的理论功底、丰富的市场预测知识和经验；同时，专家人数不宜太多，一般以 10 ~ 15 人为宜。

采用专家意见法的关键，是要让每一个专家都能从不同侧面充分发表意见，并且至少要经过多次预测意见的整合与反馈，使预测意见趋于一致。而且，还要在预测过程中，采用背靠背预测（见德尔菲法）、头脑风暴法（包括直接头脑风暴法和质疑头脑风暴法）等系列具体办法，使预测结果趋于完善。

相关链接

所谓直接头脑风暴法，是指根据一定的规则，经过共同讨论，由专家们独立思考，充分发表意见的一种集体预测方法；质疑头脑风暴法，是指同时召开两组专家会议，进行集体讨论，其中一组会议采用直接头脑风暴法就需要解决的问题提出各种设想，另外一组则对第一组专家提出的各种设想进行质疑，并通过质疑对设想进行全面评估，直到所有问题无可置疑时为止，使预测结果趋于一致。

3. 购买者意见调查法。这是一种通过直接询问购买者或潜在购买者的购买倾向和意见，据此判断销售量的预测方法。这种方法能够直接了解购买者的意向和购买量，如果获得的资料完整，预测的准确性是很高的。购买者意见调查法在具体操作时有许多方法可供选择，如直接访问、电话调查、组织座谈会等，实践中常用典型用户调查或抽样调查的方法，获取必要样本进行推算，预测商品的销售量。这种方法操作时虽然调查对象少，节省调查资源，而且情况汇总快，但是对调查技术要求比较高，并且只有当被调查者有明确的购买意图、愿意付诸行动且可以告诉调查者时，这种方法才特别有效，否则就会有较大的误差。

例如，某空调企业为了预测空调在一个地区的销售量，在该地区 10 万户居民中随机选取 100 户作为样本，调查购买倾向，结果如表 3－1 所示。

表 3－1

意向	肯定购买	可能购买	不确定	可能不买	肯定不买
概率	100%	60%	40%	20%	0
户数	5	10	30	25	30

根据调查结果计算的消费者购买意愿为：

100% ×5＋60% ×10＋40% ×30＋20% ×25＋0×30＝28（户）

消费者的购买比例意愿值（平均每户的购买意愿比例）为：

（100% ×5＋60% ×10＋40% ×30＋20% ×25）÷（5＋10＋30＋25）＝40%

根据计算数据预测销售量为：

10×40%＝4（万台）

4. 德尔菲法。德尔菲法也是一种专家意见综合法。相传德尔菲是古希腊神话中的城市，城中有阿波罗神殿，是众神每年集中预测未来的地方，故借用此名。这种方法是对参与讨论的专家采取背靠背的方式，按照一定的程序逐轮征询不同专家意见，最终达成一致的设想和方案。操作办法是：确定问题；每个参与者匿名、独立地完成第一轮问卷；综合、编辑第一轮意见；向所有参与专家反馈第一轮意见；参与专家对第一轮结果提出新方案；再就新方案综合、编辑、反馈，直到意见大体一致。一般来说，第一轮结果是激发专家新方案或改变某些人原有观点的重要依据，经过多轮综合反馈，意见最终会基本一致。

（二）定量预测法

1. 趋势预测法。趋势预测法又称时间序列预测法或趋势分析预测法，是指运用商品供求的历史资料和数据，将大量的统计数据按照时间先后排列，从中找出经济发展具有共同倾向的变动过程、方向和趋势，并将时间序列延伸，运用适当的数学模型，来预测下期市场的商品供求数量或经济发展可能达到的水平。其特点是以时间的推移来研究和预测需求趋势，排除外界因素的影响。

使用这种方法首先要找出影响变化趋势的相关因素，再运用因果关系进行预测。也就是说，时间序列就是把过去销售序列 Y 分解成 T（趋势性变动因素）、C（周期性因素）、S（季节性因素）、E（不确定因素）四个因素，通过对这几个因素的未来变化预测，作出未来销售量的估计。

（1）T。是由人口、资本构成、技术进步等因素共同发展变化所形成的结果。这些因素使时间序列值在随时间变化时，呈现出一种线性趋势，并按照某种规则稳步地上升、下降或稳定在某一种水平。

（2）C。商品销售多受经济周期的影响，销售量的波动与周期变动的波浪大体一致。因此，了解经济周期性循环对于中期预测非常有效。

（3）S。指一年内销售额变化的规律性周期变动，而这种变化通常与季节、气候、消费习惯或习俗等有关。

（4）E。不确定因素一般指随机性出现的诸如天气变化、自然灾害以及其他难以预料的变故。由于偶发事件难以预料，一般应予以剔除，只考虑销售额在正常情形下的变动。

上述因素构成的综合模型为：$Y = T \times (C + S + E)$

例如，某空调企业已实现销售 9000 台，已知年增长率的长期趋势为 6%，且已知 7 月份为销售旺季，销售量为其他各月平均值的 1.5。但是，明年经济环境景气度低于今年，约为今年的 90%。预测明年 7 月份的销售量（不考虑电力供应和天气变化等偶然因素）。

根据条件计算：

明年的总销售量 = ［9000 +（9000 × 6%）］ × 90% = 8586（台）

月平均销售量 = 8586 ÷ 12 = 716（台）

则明年 7 月份的销售量预计 = 716 × 1.5 = 1074（台）

严格地说，趋势预测法和时间序列法在具体应用上是有区别的。趋势预测法主要包括散点图法、直线趋势法、曲线趋势法；而时间序列预测法使用的具体方法有以下几种：简单平均预测法、增量简单算术平均法、算术移动平均法、加权算术平均法、加权移动平均法、指数平滑法等。这些方法有的过于简单，有的又比较繁琐，而且预测的准确度不是太好，限于篇幅，本书不作详细介绍。

2. 点数预测法。点数预测类似于现场观察，即通过在某一个特定的地方如购买现场、交通要道，甚至是公共场所，观察消费者对一些时尚用品的购买和使用，以点数的方式记录消费者的需求与爱好，借以判断商品销售趋势的一种调查方法。这种方法最大的好处是简单经济，但极不严谨，仅适合于变化速度非常快的时尚类商品的短期预测。

3. 回归分析预测法。回归分析预测是对具有相关关系的变量在固定一个变量数值的基础上，利用回归方程，测算另一个变量的取值的平均数。它是在经过相关分析的基础上，建立相当于函数关系式的方程，用来反映或预测具有相关关系变量的数量关系和数值。在这里，所谓函数关系，就是变量之间具有确定关系，即由某种确定的原因必然导致确定结论的因果关系。也就是说，自变量 X 每一个确定的值，因变量 Y 总有唯一确定的值与之对应。相关关系则是非确定关系，是指变量之间相互关系中不存在数值的一一对应关系，即当变量的确定值为 X 时，与其有相关关系的另一个变量的对应值并不确定。这就产生了回归分析中的一元回归方程和多元回归方程，或线性方程和非线性方程。

在这里作函数关系内涵的铺垫，是要说明在现代社会经济活动的过程中，任何事物的发展变化总是由一定的原因引起的，并对其他事物也会产生影响。事物之间的这种相互关系，有的是确定关系（函数关系），有的则是不确定关系（相关关系）。

营销人员在应用回归分析法进行市场预测时，要做好三步工作：

一是确定相关关系。具体有三个步骤：

（1）确定相关变量。确定相关变量是要找出相关关系的具体变量，因为既然有相关关系，就必然体现在若干变量之间。例如，以预计某市场未来三年太阳能热水器的需求为目的的市场预测，因变量就是该市场未来三年的太阳能热水器的需求量。但是这里的难点是确定自变量，即确定影响和制约预测目标的主要因素。要通过对历史数据和现实调查资料的认真分析，运用预测者丰富的经验和渊博的知识，进行科学的定性分析，注意和找到事物之间复杂的联系，利用假说并验证假说，确定主要因素。

（2）确定相关关系的类型。变量之间的相互关系有多种类型，可以通过绘制相关图表的方式判断变量之间的关系。最典型的是散点图，可以判断变量之间是否相关，是正相关还是负相关，是否线性相关等。

（3）建立回归方程。根据变量之间的关系，用数学表达式建立回归方程。由于变量之间的数量关系不同，回归方程就有线性回归方程和非线性回归方程。线性回归方程的一般表达式是：

$$y = b_1x_1 + b_2x_2 + \cdots + b_ix_i$$

若线性回归为一个因变量与一个自变量之间的回归时，我们称为简单线性回归或一元回归，即直线回归，其表达式是：

$$y = a + bx$$

其余的都称为多元线性回归。

二是求解方程，计算预测值。当回归方程式确定后，需要求解方程，以计算预测数值。首先要计算方程中的参数。如在回归方程 $y = a + bx$ 中，a、b 均为方程参数，可用最小二乘法求出参数值，代入回归方程式，即可得到用于实际预测的回归方程，再将预测期内的自变量 x 的值代入回归方程，即可计算出需要的预测值。

三是评价预测结果。预测结果是否可信，要通过运用数理统计分析方法进行评估。常用方法有方差分析、相关分析，内容参见统计学教程的相关内容。

市场营销调查研究和预测的方法很多，在实际工作中，营销人员可以根据企业调研和预测的实际需要，在明确不同方法的优缺点和适用性后，有选择地运用其中一种或几种方法。

复习思考

1. 市场信息具有什么特点？具体包括哪些内容？
2. 市场信息系统由哪几个部分构成？为什么要建立信息备份制度？
3. 概述市场营销调研的步骤和方法。
4. 市场营销调查的方法有哪些？什么是头脑风暴法？
5. 市场预测的步骤和方法有哪些？
6. 定性预测与定量预测有什么区别？哪一个更准确？

案例分析

小消息　大生意

20世纪60年代初期，大庆油田的具体情况在国内外尚未完全公开，远在东瀛的日本也仅有耳闻。1964年4月26日，《人民日报》发表的一篇文章中有“大庆精神大庆人”这句话，日本有关方面开始相信大庆可能确有其事，但大庆在哪儿并不清楚。直到他们在1966年7月出版的《中国画报》上看到关于大庆工人艰苦创业的照片，并根据照片上人物的穿着，判断大庆油田应该是在冬季为零下30摄氏度的中国东北地区，大致在哈尔滨与齐齐哈尔之间。同年10月，日本方面又在《人民中国》杂志上看到关于石油工人王进喜事迹的报道，并根据报道中的描述，他们分析：钻井最早是在叫做北安的附近开始的，而且从报道中钻井设备运输情况推测，北安离火车站不会太远。报道中还有一句话：“王进喜一到马家窑……”日方立即找来伪满时期的旧地图，找到马家窑位于黑龙江海伦县东南，在北安铁路线上一个小火车站东面10公里处。弄清楚大庆油田的具体位置后，他们又对王进喜的报道进行分析，发现王进喜是玉门油田的工人，1959年9月之后才到大庆去，可见大庆油田至少在1959年前就进行了勘探，并大体了解了大庆油田的规模。不久，日本有关方面又在《中国画报》上发现了一张大庆炼油厂反应塔照片，根据反应塔照片上的扶手栏杆的粗细与反应塔的直径比例，测算出反应塔的内径为6米。至此，日方比较全面地掌握了大庆油田的各种情报数据，揭开了大庆油田的某些秘密，开始了有针对性的油田成套设备的设计研制。当大庆油田全面投产需要购买成套设备时，日方胸有成竹，介绍只有他们的设备最适合大庆油田，从而赢得了设备订单。

“功夫不负有心人”，日方就是利用公开新闻消息中的一句话、一张照片、一条消息，认真地加以分析研究，完成了对我国大庆油田的全面调查，为企业开辟市场提供了可靠的决策依据。

（资料来源：杨群祥：《商务谈判》，东北财经大学出版社2005年版。）

思考：

1. 日方是怎样对大庆油田进行调查的？
2. 日方为什么能够赢得市场主动权？对我们今后开展市场调查有什么启示？

技能训练

选择某一种产品，对其未来一年的销售情况作出调查和预测。

第四章
市场竞争分析

学习目标

- □ 正确理解并区分完全竞争市场、垄断竞争市场、寡头垄断市场、完全垄断市场的概念
- □ 正确理解并区分市场竞争者、市场主导者、市场挑战者、市场补缺者的基本概念
- □ 了解市场竞争模式
- □ 掌握市场竞争类型

案例导入

微软模式

美国的微软公司家喻户晓，它是世界IT产业的头号巨人，和英特尔分别在软件和硬件领域具备一流的竞争力，两者资源共享，优势互补，相互推动。微软的经营模式和英特尔截然不同，它所制定的国际标准是客户、软件商、硬件商以及附件商们共同依赖的、最具影响力的行业标准。

IBM公司在和微软公司的新技术竞争中元气大伤，损失惨重。苹果公司、网景公司等富有实力的大公司也都在和微软的竞争中遭受了重创，特别是首先开发了互联网技术的网景公司。当时微软已经具备了强大的实力，但为了争夺互联网这个制高点，网景公司仍然和微软在行业标准上展开了一场激烈的竞争。但微软采取了巧妙的策略，它不是建立新的标准，而是在后面篡改网景的标准，致使网景狼狈不堪，不得不放弃软件和网络，最后被美国在线收购。这个案例表明，在当代企业竞争中，难度最大的是行业标准竞争，并且竞争越来越残酷。实力的简单对比并不能决定最终的成败。决策一定要慎重、周密，在对自身实力有了清醒的认识和定位后，再来考虑是否参与角逐和竞争。步步为营、谋略得当，才不至于被竞争浪潮

吞没。

（资料来源：《团队》，http：//finance. sina. com. cn，2004 年 10 月。）

思考：阅读相关资料，分析微软在市场上的竞争者类型。

竞争是商品经济的基本特征，只要存在着商品生产和商品交换，就必然存在竞争。在当今市场上，每一个企业都在日趋激烈的竞争中扮演着不同的角色。如何参与竞争并使自己在竞争中取胜，是企业市场营销的关键。

第一节 市场竞争的类型

一、市场竞争的类型

市场竞争是指不同的利益主体为在市场争夺有利地位而进行的竞争，包括买方和卖方之间为争取各自利益而进行的竞争；买方之间为占有商品、争取货源而进行的竞争；卖方之间为争取尽快让渡商品、争夺销售市场的竞争。市场营销学着重研究的是卖方之间的竞争，这类竞争的核心是争取顾客、争夺市场销路，使本企业产品的销售得以扩大，市场占有率得以提高。在现代市场经济条件上，卖方之间的竞争根据竞争程度的不同会形成四种类型的市场结构。

（一）完全竞争市场

这是一种竞争不受任何干扰和阻碍的市场结构。这种类型的市场有四个必备条件：（1）买主与卖主很多，他们中的任何一家的购买量与销售量在市场交易总量中都只占很小比例，因而谁也无法左右市场价格。（2）产品同质，不同卖主的同类产品之间没有差别，所以买主对产品由谁生产、向谁购买并不在意。（3）卖主进出行业自由，不存在任何限制。（4）市场信息畅通，买卖双方无法凭借对方信息闭塞而抬高或压低价格。在完全竞争的条件下，卖主只能遵从现行的市场价格水平。

但是，由于现实生活中同时具备上述条件的情况极为少见，完全竞争市场几乎只是一种理论意义上的市场结构。只有某些市场，如农产品市场近似于这种类型。

（二）垄断竞争市场

在这种市场上，竞争与垄断因素并存。一方面，卖方很多，行业主要由众多中小企业组成，企业进出行业自由；另一方面，产品之间存在差别，导致了部分垄断的可能性。产品差别的存在，是垄断竞争市场区别于完全竞争市场的根本特征。这种产品差别可以基于某些实质性的因素，如烟丝质量不同、汽车性能不同等；也可以产生于某些心理因素或其他因素，如广告、包装、品牌、服务态度；甚至经销网点的地理位置，都可能使买主产生产品不同的感觉。这种感觉越强烈，顾客对其喜欢的产品依赖性也就越大，被其他同类产品所替代的可能性就越小。卖主涨价，不会失掉全部顾客；对手降价，也不能把顾客都吸引过去。由于产品的需求弹性小，卖主在一定程度上可以控制其产品价格。

（三）寡头垄断市场

寡头垄断也是竞争与垄断的混合物。与垄断竞争不同的是，在寡头垄断市场上，几家大企业生产和销售了整个行业的大部分产品。例如，在美国，七大汽车公司产量占全国产量的99%，八大飞机制造商的产量占了86%。由于竞争主要在几家大企业之间进行，企业之间存在相互依存、相互影响的关系。

寡头垄断市场有两种形式：(1) **无差别的寡头垄断**，或称完全寡头垄断。各家企业的产品是同质的，如铝、水泥、钢铁、糖、铜等原料市场。这些行业产品都有规定标准，买主只要关心型号、规格和价格，不必考虑谁家生产。一家卖主降价，会迫使其他几家跟着降价或增加服务，否则可能滞销；各家一起降价时，至多吸引一些新顾客，但不能把对方的顾客都拉过来；一家卖主涨价时，对手并不随之涨价，这家就会失去买主。所以这种市场价格较为稳定。(2) **有差别的寡头垄断**，也叫不完全寡头垄断。在这种市场上，各家的产品至少在顾客看来是有差别的，买主不仅关心价格，还很注意产品的商标、生产厂家。所以，每个卖主都希望成为有差别的寡头垄断企业，使顾客相信其产品与别家不同，难以替代，这样就可以把产品价格定高一些，获取差别利益。

（四）完全垄断市场

完全垄断也叫纯粹垄断。在这种市场上，一个行业只有一家企业，而且产品没有其他产品可以替代。事实上，这种市场结构也主要是一种理论上的假设，一个行业完全由一家企业控制的状态很难存在。例如电力供应一般也属于垄断行业，却有煤气、石油和其他能源与之竞争。从理论上说，由于没有竞争，卖主完全控制着市场价格，可以在法律允许的范围内随意给产品定价。

完全竞争市场和完全垄断市场是市场结构的两个极端，现实生活中极为少见。垄断竞争市场和寡头垄断市场介于两个极端之间，是大量存在的两种市场结构。

二、影响企业竞争决策的因素

企业市场竞争策略的选择会受到多方面因素的制约和影响。企业只有对这些因素进行全面、客观的分析，才能作出适当的决策。

影响企业市场竞争策略的因素集中在三个方面：企业自身、顾客和竞争者。这三个方面各有其利益和目标，但又相互联系。成功的市场竞争策略就是企业采取有效的营销方针和营销手段，使得自己在与竞争者有差异的同时，能更好地发挥企业优势，满足顾客需要。

（一）顾客

进行顾客分析是企业选择市场竞争策略的前提，企业无论采取什么样的竞争策略，都必须与目标市场的需要相适应。在市场竞争中，企业的营销方针和营销手段越与目标市场顾客需要相吻合，就越具有竞争力。要做到与顾客需要相适应，企业必须开展深入细致的顾客分析，了解影响顾客需求的市场环境因素及其变化，认识顾客需求的特点，根据顾客需求对市场细分，依据自身的资源条件确定目标市场，针对目标市场的需求设计具体的营销方针和营销策略，提供适合顾客需要的产品和服务，使顾客的需要获得最大限度的满足。

（二）竞争者

分析竞争对手是企业选择市场策略的基础。从一定意义上说，企业市场竞争策略的优劣是相对于竞争对手而言的。在市场竞争中，如果企业的营销方针和营销手段与竞争对手相同，顾客方针和营销策略异于竞争者，会比竞争对手更符合顾客的需要。要做到这一点，除了分析了解顾客需求外，还应分析竞争对手，了解竞争对手的策略、优势和劣势，判断竞争对手对本企业采取的策略可能作出的反应和对策，以己之长，击彼之短，保持在市场竞争中的优势地位。

（三）企业资源

企业资源是企业选择市场竞争策略的先决条件。竞争总是在各种因素的优劣较量中进行和发展的。市场竞争策略的实质是运用企业的资源优势，去实现相对于竞争者优异的成效。任何一个企业的资源都是有限的，每个企业都有自己的长处和短处，利用有限的资源，扬长避短，最大限度地满足顾客需要，实现企业经营目标，是现代市场营销观念的基本要求。企业只有在对内部资源条件和外部竞争环境有全面、深刻的了解，并对其进行综合分析的基础上，才能作出正确决策。企业资源分析主要包括对企业的生产能力、技术条件、营销能力和财务状况等因素的分析。

第二节 市场竞争者分析

一、市场竞争者的分类

从不同的角度分析，市场竞争者可以分成不同的类型。

（一）从行业角度分析

行业由提供同类产品或可以相互替代产品的企业构成。从生产企业的角度看，企业的竞争者主要包括：

1. 现有厂商。在同行业内部，每个企业的竞争行为都会不同程度地影响到其他企业。行业内现有企业之间竞争的激烈程度，主要取决于竞争者数目、竞争者实力对比、行业销售增长率、产品差异化程度、各企业的目标、进出屏障的高低，等等。

2. 潜在加入者。潜在加入者是企业的潜在竞争者。由于潜在加入者会带来新的资源、新的生产力，必然对市场份额有所要求。通常在竞争中，现有企业为了自身的安全，会高筑进入屏障。如果本行业的进入屏障高，则潜在加入者竞争威胁就小。进入屏障主要来自规模经济、产品差异化、政府政策、分销渠道等方面。

3. 替代品厂商。替代品是指满足某一市场需求的不同性质的产品，如塑料代替钢材、空调代替风扇，等等。一个行业中所有企业都将和生产替代品的其他企业形成竞争，因此，必须识别替代品的威胁及其程度。

（二）竞争者的竞争地位分析

不同的企业在市场竞争中处于不同的地位，这些不同竞争地位的竞争者主要包括：

1. 市场主导者。这是指在相关产品的市场上占有率最高的企业。一般来说，大多数市场都有一家企业被认为是市场主导者，它在价格变动、新产品开发、分销渠道的宽度和促销力量等方面处于主宰地位，为同业者所公认。它是市场竞争的导向者，也是其他企业挑战、效仿或回避的对象，如美国汽车市场的通用公司、电子计算机市场的IBM公司、软饮料市场的可口可乐公司，以及快餐市场的麦当劳公司，等等。这种主导几乎各行各业都有，其地位是在竞争中自然形成的，但不是固定不变的。

2. 市场挑战者和市场跟随者。这是指那些在市场上处于次要地位（第二、第三甚至更低地位）的企业，如美国汽车市场的福特公司，软饮料市场的百事可乐公司，等等。这些处于次要地位的企业可采取两种战略：一是争取市场主导地位，向竞争者挑战，即成为市场挑战者；二是安于次要地位，在"共处"的状态下求得尽可能多的收益，即成为市场追随者。每个处于市场次要地位的企业，都要求根据自己的实务和环境提供的机会与风险，决定自己的竞争战略是"挑战"还是"跟随"。

3. 市场补缺者。每个行业几乎都有些小企业，它们专心关注市场上被大企业忽略的某些细小市场部分，在这些小市场上通过专业化经营来获取最大限度的收益，也就是在大企业的夹缝中求得生存和发展。它们以自己的专业化优势精心提供具有特色的产品或服务，满足一些特殊市场的需要。

二、竞争者分析的程序

分析和了解竞争者，是企业制度竞争战略和策略的基础。企业对竞争者的分析要明确以下问题：谁是自己的竞争者？它们执行什么战略和策略？它们的营销目标是什么？它们的优势和弱点何在？它们对竞争的反应模式如何？通过市场营销调研，在掌握这些信息的基础上，企业就可以决定自己的对策——攻击谁，回避谁，等等。对竞争者的分析，一般可按以下程序进行：

（一）辨别企业的竞争者

企业的竞争者一般是指那些与本企业提供的产品或服务相似，并且有相似目标顾客和相似价格的企业。例如，美国可口可乐公司把百事可乐公司作为主要竞争者；通用汽车公司把福特汽车公司作为主要竞争者，而不是其他较小的公司。辨别竞争者看起来似乎是简单易行的，其实并不尽然。企业现实的和潜在的竞争者是很广的，一个企业很可能被潜在竞争者吃掉，而不是当前的主要竞争者。企业应从不同的角度分析、识别竞争者。从市场的角度来看，企业最主要的竞争者是品牌竞争者；从行业的角度看，企业的最直接的竞争者是现有厂商，而这些竞争者又分别处于不同的竞争地位。企业应在综合分析的基础上，确定自己的竞争者。

（二）确定竞争者的目标

确定了谁是企业的竞争者之后，还要进一步搞清每个竞争者在市场上追求的目标以及行为的动力。每个竞争者都有侧重点不同的目标组合，如获利能力、市场占有率、现金领先和服务领先，等等。企业要了解每个竞争者的重点目标是什么，才能正确估计他们对不同的竞争行为将如何反应。例如，一个以“低成本领先”为主要目标的竞争者，对其他企业的降低成本方面技术突破的反应，要比对增加广告预算的反应强烈得多。企业还必须注意监视和分析竞争者的行为，如果发现竞争者开拓了一个新的细分市场，那么，这可能是一个营销机会；或者发觉竞争者正试图打入属于自己的细分市场，那么，就应抢先下手，予以回击。

（三）确定竞争者的策略

各企业采取的策略越相似，它们之间的竞争就越激烈。在多数行业中，根据所采取的主要策略的不同，可将竞争者划分为不同的策略群体。例如，在美国的电器行业中，通用电器公司、惠普公司和施乐公司都提供中等价格的各种电器，因此可将它们划为同一策略群体。

根据策略群体的划分，可以归纳出两点：一是进入各个策略群体的难易程度不同。一般小型企业适于进入投资和声誉都较低的群体，因为这类群体较易打入，而实力雄厚的大型企业则可考虑进入竞争性强的群体。二是当企业决定进入某一策略群体时，首先要明确谁是主要的竞争对手，然后决定自己的竞争策略。假如某公司要进入上述电话公司的策略群体，就必须有策略上的优势，否则很难吸引相同的目标顾客。

除了同一策略群体内存在激烈竞争外，在不同策略群体之间也存在竞争。因为：第一，某些策略群体可能具有相同的目标顾客；第二，顾客可能分不清不同策略群体的产品的区别，如分不清高档货与中档货的区别；第三，属于某个策略群体的企业可能改变策略，进入另一个策略群体，如提供中档货的企业可能转产高档货。

（四）估计竞争者的优势及弱点

企业需要估计竞争者的优势及弱点，了解竞争者执行各种既定策略的情报是否达到了预期目标，为此，需搜集过去几年中关于竞争者的情报和数据，如销售额、市场占有率、边际利润、投资收益率、现金流量、发展战略，等等。但这不是一件容易的事，有时要通过间接的方式取得，如通过二手资料、别人的介绍、别人的经验等。企业可以对中间商和顾客进行调查，如以问卷调查形式请顾客给本企业的和竞争者的产品在一些重要方面分别打分，通过分数可了解竞争者的长处和弱点，还可用来比较自己和竞争者在竞争地位上的优劣。在寻找竞争者弱点时，要注意发现竞争者对市场或对自己判断上的错误。如果发现竞争者的主要经营思想有某种不符合实际的错误观念，企业就可利用对手这一弱点，出其不意，攻其不备。

（五）判断竞争者的反应模式

竞争者的目标、策略、实力和弱点，决定了其行为和对市场竞争的反应，如对降价、强化促销、推出新产品等策略的反应。此外，每个竞争者都有一定的经营哲学和指导思想，因此，为了估计竞争者的反应及可能采取的行动，企业的营销管理者要更深入了解竞争者的思想和信念。

当企业采取某些措施和行动之后，竞争者会有不同的反应。一些竞争者反应不强烈，行动迟缓，其原因可能是认为顾客忠实于自己的产品；也可能是注意不够，没有发现对手的新措施；还可能是因缺乏资金，无法作出相应的反应。而另一些竞争者可能在某些方面反应强烈，如对降价促销总是强烈反击；但对其他方面，如增加广告预算、加强促销活动等，却不予理会，因为它们认为这对自己威胁不大。还有些竞争者对任何方面的进攻都迅速强烈地作出反应，如美国 P&G 公司就是一个强劲的竞争者，一旦受到挑战就会立即发起猛烈的全面反击，因此，同行企业都避免与之直接交锋。最后，也有些企业的反应模式难以捉摸，它们在特定场合可能采取也可能不采取行动，并且无法预料它们将采取什么行动。

主要竞争者反应模式的信息可作为企业选择进攻或回避策略的根据。

（六）选择对策——进攻或回避

企业明确了谁是主要竞争者并分析了竞争者的优势、劣势和反应模式之后，就要决定自己的对策：进攻谁，回避谁。企业可根据以下几种情况作出决定：

1. 竞争者的强弱。多数企业认为，应以较弱的竞争者为进攻目标，因为这可以节省时间和资源，事半功倍，但是获利较小。反之，有些企业认为应以较强的竞争者为进攻目标，因为这可以提高自己的竞争能力并且获利较大，而且即使强者也总会有弱点。

2. 竞争者与本企业的相似程度。多数企业主张与相近似的竞争者展开竞争，但同时又认为应避免摧毁相近似的竞争者，因为其结果很可能对自己不利。例如，美国博士伦眼镜公司在 20 世纪 70 年代末与其他同样生产隐形眼镜的公司竞争并大获全胜，导致竞争者完全失败而相继将企业卖给了竞争力更强的大公司，结果使博士伦公司面对的是更强大竞争者，处境更困难。

3. 竞争者表现的好坏。有时，竞争者的存在对企业是必要的和有益的，具有战略意义。竞争者可能有助于增加市场总需求，可分担市场开发和产品开发的成本，并有助于使新技术合法化；竞争者能够为吸引力较小的细分市场提供产品，可导致产品差异性的增加；此外，竞争者还可能加强企业同政府管理者及职工的谈判力量。但是，企业不能把所有的竞争者都看成是有益的，因为每个行业中的竞争者通常都有表现良好和具有破坏性两种类型。表现良好的竞争者按行业规则行动，按合理的成本定价，有利于行业的稳定和健康发展，它们激励其他企业降低成本或增加产品差异性，接受合理的市场占有率与利益水平；而具有破坏性的竞争者则不遵守行业规则，它们常常不顾一切地冒险，或采用不正当手段（如收买贿赂买方采购人员等）扩大市场占有率，从而扰乱了行业的均衡。

根据以上分析，每个行业的竞争者都有表现好坏之分，那些表现好的试图组成一个只有好的竞争者的行业。它们通过颁发许可证，选择相互关系（攻击或结盟）及其他手段，试图使本行业竞争者的营销活动限于协调合理的范围之内，遵守行业规则，凭自己的努力扩大市场占有率，彼此在营销因素组合上保持一定的差异性，从而减少直接的冲突。

企业为了及时准确地掌握竞争者情报，除按以上六个步骤分析竞争者外，还需要建立情报系统。这个系统首先要明确营销管理者所需的主要情报及其最佳来源是什么，通常推销人员、经销商和代理商、市场咨询机构和有关的协会，以及有关的报刊杂志等都可成为情报来源；其次，要对所搜集到的资料评估，作出必要的解释和整理分类；最后，可通过电话、报告、通讯、备忘录、布告等形式，将情报资料及时送给企业有关的管理者。同时，企业管理者如果需要某一种竞争情报，也可直接向情报部门索取。

小型企业无力建立情报系统，可指派专人负责搜集竞争情报，随时密切监视主要竞争对手的动向。

第三节 市场竞争策略

分析了竞争者之后，企业要依据自己的营销目标、资源和环境，以及在目标市场上的地位，来制定相应的竞争策略。

一、企业的竞争策略

企业的竞争策略概括起来主要有三种：成本策略、产品策略及市场策略。

（一）成本领先策略

成本领先策略是指通过有效途径，使企业的全部成本低于竞争对手的成本，以获得同行业平均水平以上的利润。在20世纪70年代，随着经验曲线概念的普及，这种战略逐步成为企业共同采用的战略。实现成本领先战略需要有一整套具体政策，即要有高效率的设备，积极降低经验成本、紧缩成本和控制间接费用以及降低研究开发、服务、销售、广告等方面的成本。要达到这些目的，必须在成本控制上进行大量的管理工作，即不能忽视质量、服务及其他一些领域工作，尤其要重视与竞争对手有关的低成本的任务。

1. 成本领先策略的优点。只要成本低，企业尽管面临着强大的竞争力量，仍可以在本行业中获得竞争优势。这是因为：

（1）在与竞争对手的斗争中，企业由于处于低成本地位上，具有进行价格战的良好条件，即使竞争对手在竞争中处于不能获得利润、只能保本的情况下，本企业仍可获益。

（2）面对购买者强有力的要求降低产品价格的压力，处于低成本地位上的企业仍可以有较好的收益。

（3）在争取供应商的斗争中，由于企业的低成本，相对于竞争对手具有较大的对原材料、零部件价格上涨的承受能力，能够在较大的边际利润范围内承受各种不稳定经济因素所带来的影响；同时，由于低成本企业对原材料或零部件的需求量大，因而为获得廉价的原材料或零部件提供了可能，同时也便于和供应商建立稳定的协作关系。

（4）在与潜在进入者的斗争中，那些形成低成本地位的因素常常使企业在规模经济或成本优势方面形成进入障碍，削弱了新进入者对低成本的进入威胁。

（5）在与替代品的斗争中，低成本企业可用削减价格的办法稳定现有顾客的需求，使之不被替代产品所替代。当然，如果企业要较长时间地巩固企业现有竞争地位，还必须在产品及市场上有所创新。

2. 成本领先策略的缺点。

（1）投资较大。企业必须具备先进的生产设备，才能高效率地进行生产，以保持较高的劳动生产率，同时，在进攻型定价以及为提高市场占有率而形成的投产亏损等方面也需进行大量的预先投资。

（2）技术变革会导致生产过程工艺和技术的突破，使企业过去大量投资和由此产生的高效率一下子丧失优势，并给竞争对手造成以更低成本进入的机会。

（3）将过多的注意力集中在生产成本上，可能导致企业忽视顾客需求特性和需求趋势的变化，忽视顾客对产品差异的兴趣。

（4）由于企业集中大量投资于现有技术及现有设备，提高了退出障碍，因而对新技术的采用以及技术创新反应迟钝甚至采取排斥态度。

3. 成本领先策略的适用条件。低成本战略是一种重要的竞争战略，但是，它也有一定的适用范围。当具备以下条件时，采用成本领先战略会更有效力：

（1）市场需求具有较大的价格弹性。

（2）所处行业的企业大多生产标准化产品，从而使价格竞争决定企业的市场地位。

（3）实现产品差异化的途径很少。

（4）多数客户以相同的方式使用产品。

（5）用户购物从一个销售商改变为另一个销售商时，不会发生转换成本，因而特别倾向于购买价格最优惠的产品。

（二）产品差异化策略

所谓差异化策略，是指为使企业产品与竞争对手产品有明显的区别、形成与众不同的特点而采取的战略。这种战略的重点是创造被全行业和顾客都视为独特的产品和服务以及企业形象。实现差异化的途径多种多样，如产品设计、品牌形象、技术特性、销售网络、用户服务等。

1. 差异化策略的优点。只要条件允许，产品差异是一种可行的战略。企业奉行这种战略，可以很好地防御五种竞争力量，获得竞争优势：

（1）实行差异化策略是利用了顾客对其特色的偏爱和忠诚，由此可以降低对产品的价格敏感性，使企业避开价格竞争，在特定领域形成独家经营的市场，保持领先。

（2）顾客对企业（或产品）的忠诚性形成了强有力的进入障碍，进入者要进入该行业则需花很大气力去克服这种忠诚性。

（3）产品差异可以产生较高的边际收益，增强企业对付供应者讨价还价的能力。

（4）由于购买者别无选择，对价格的敏感度又低，企业可以运用产品差异战略来削弱购买者的讨价还价能力。

（5）由于企业具有特色，又赢得了顾客的信任，在特定领域形成独家经营的市场，便可在与代用品的较量中，比其他同类企业处于更有利的地位。

2. 产品差异化策略的缺点。

（1）保持产品的差异化往往以高成本为代价，因为企业需要进行广泛的研究开发、产品设计、获取高质量原料和争取顾客支持等工作。

（2）并非所有的顾客都愿意或能够支付产品差异所形成的较高价格。同时，买主对差异化所支付的额外费用是有一定支付极限的，若超过这一极限，低成本低价格的企业与高价格差异化产品的企业相比就显示出竞争力。

（3）企业要想取得产品差异，有时要放弃获得较高市场占有率的目标，因为它的排他性与高市场占有率是矛盾的。

3. 差异化策略的适用条件。

（1）有多种使产品或服务差异化的途径，而且这些差异化是被某些用户视为有价值的。

（2）消费者对产品的需求是不同的。

（3）奉行差异化策略的竞争对手不多。

（三）市场集中策略

集中策略是指企业把经营的重点目标放在某一特定购买者集团，或某种特殊用途的产品，或某一特定地区上，来建立企业的竞争优势及其市场地位。由于资源有限，一个企业很难在其产品市场展开全面的竞争，因而需要瞄准一定的重点，以期产生巨大有效的市场力量。此外，一个企业所具备的竞争优势，也只能在产品市场的一定范围内发挥作用。

集中策略所依据的前提是：厂商能比竞争对手更有效地为其狭隘的战略目标服务，结果，厂商或由于更好地满足其特定目标的需要而取得产品差异，或在为该目标的服务中降低了成本，或两者兼而有之。尽管集中战略往往采取成本领先和差异化这两种变化形式，但三者之间仍存在区别。后二者的目的都在于达到其全行业范围内的目标，但整个集中战略却是围绕着一个特定目标服务而建立起来的。

1. 集中策略的优点。经营目标集中，可以集中企业所有资源于一特定战略目标之上；熟悉产品的市场、用户及同行业竞争情况，可以全面把握市场，获取竞争优势；由于生产高度专业化，在制造、科研方面可以实现规模效益。这种战略尤其适用于中小企业，即小企业可以以小补大，以专补缺，以精取胜，在小市场做成大生意，成为“小型巨人”。例如，美国皇冠制罐公司是个规模很小、名不见经传的小型包装容器生产厂家，该公司以金属罐细分市场为重点，专门生产供啤酒、饮料和喷雾罐厂家使用的金属罐，由于公司集中全力，经营非常成功，令销售额达数十亿美元的美国制罐公司刮目相看。

2. 集中策略的风险。集中策略也包含风险，主要是注意防止来自三方面的威胁，并采取相应措施维护企业的竞争优势：

（1）以广泛市场为目标的竞争对手，很可能将该目标细分市场纳入其竞争范围，甚至已经在该目标细分市场中竞争，它可能成为该细分市场的潜在进入者，构成对企业的威胁。这时企业要在产品及市场营销各方面保持和加大其差异性，产品的差异性愈大，集中策略的维持力愈强；需求者差异性愈大，集中策略的维持力也愈强。

（2）该行业的其他企业也采用集中策略，或者以更小的细分市场为目标，构成了对企业的威胁。这时选用集中策略的企业要建立防止模仿的障碍，当然其障碍的高低取决于特定的市场细分结构。另外，目标细分市场的规模也会造成对集中战略的威胁，如果细分市场较小，竞争者可能不感兴趣，但如果是在一个新兴的、利润不断增长的较大的目标细分市场上采用集中战略，就有可能被其他企业在更为狭窄的目标细分市场上也采用集中战略，开发出更为专业化的产品，从而剥夺原选用集中策略的企业的竞争优势。

（3）由于社会政治、经济、法律、文化等环境的变化，以及技术的突破和创新等多方面原因引起替代品出现或消费者偏好发生变化，导致市场结构性变化，此时集中策略的优势也将随之消失。

要成功地实行以上三种一般竞争战略，需要不同的资源和技巧、不同的组织安排和控制程序、需要不同的研究开发系统，因此，企业必须考虑自己的优势和劣势，根据经营能力选择可行的战略。

二、不同地位的市场竞争者的竞争策略

（一）市场主导者策略

市场主导者如果没有获得法定的垄断地位，必然会面临竞争者的无情挑战，因此，必须保持高度的警惕并采取适当的战略和策略，否则就可能丧失主导地位。市场主导者为了维护自己的优势，保住自己的主导地位，通常可采取三种策略：一是扩大市场需求总量；二是保持现有市场占有率；三是提高市场占有率。

1. 扩大市场需求总量。当一种产品的市场需求总量扩大时，受益最大的是处于主导地位的企业。

一般说来，市场主导者可从三个方面扩大市场需求量：一是发掘新的使用者；二是开辟产品的新用途；三是刺激使用者增加使用量。

（1）发掘新的使用者。每种产品都有吸引新的使用者、增加使用者数量的潜力，因为可能有些消费者对某种产品还不甚了解，或产品定价不合理，或产品性能还有缺陷。一个制造商可从三个方面找到新的使用者，如香水营销者可设法说服不用香水的妇女使用香水（市场渗透策略）；说服男士使用香水（新市场策略）；向其他国家推销香水（地理扩张策略）。美国强生公司的婴儿洗发剂的扩大推销就是开发新市场成功的一个实例。当美国出生率开始下降时，该公司制作了一部电视广告片向成年人推销婴儿洗发剂，取得了良好效果，使该品牌成为市场主导者。

（2）开辟产品的新用途。为产品开辟新的用途，可扩大需求量并使产品销路久畅不衰。例如，美国杜邦公司的尼龙就是一个成功的典型。又如碳酸氢纳的销售在100多年间没有起色，它虽有多种用途，但没有一种是大量的，后来一家厂商发现有些消费者将该产品用做电冰箱除臭剂，于是大力宣传这一新用途，使该产品销量大增。

（3）刺激使用者增加用量。促进使用者增加用量是扩大需求的一种重要手段。例如，法国的一家轮胎公司宣传法国南部的旅馆服务如何优良，诱导巴黎人开车到南部去度周末，并出版有详细地图的旅游指南，引导人们更多地开车去旅游，以增加轮胎的消耗量。又如日本铃木公司曾将“味の素”（味精）的小瓶盖打了许多小孔，既方便了消费者，又使之在不知不觉中增加了消费量。美国有一家华人经销商，又将“味の素”瓶上的小孔略为扩大，结果销量显著增加。提高购买频率也是扩大消费量的一种常用的办法，如时装制造每年每季都不断创造新的流行款式，消费者就不断购买新装，流行款式的变化越快，购买新时装的频率也越高。

2. 保护市场占有率。处于市场主导地位的企业，必须时刻防备竞争者的挑战，保卫自己的市场阵地。例如，可口可乐公司要防备百事可乐的进攻；柯达公司要防备富士公司的进攻等。这些挑战者都是很有实力的，主导者稍不注意就可能被取而代之。因此，市场主导者任何时间也不能满足于现状，必须在产品的创新、服务水平的提高、分销渠道的有

效性和降低成本等方面，真正处于该行业的领先地位。主导者应该在不断提高服务质量的同时，抓住对手的弱点主动出击，即采用军事上的一条原则：“进攻是最好的防御”。

市场主导者如果不发动进攻，就必须严守阵地，不能有任何疏漏。防御策略的目标是，减少受攻击的可能性，使攻击转移到危害较小的地方并削弱其攻势。虽然任何攻击都可能造成利润上的损失，但防御措施如何，反应速度快慢，后果大不一样。有六种防御策略可供市场主导者选择：

（1）阵地防御。阵地防御就是在现有阵地周围建立防线。这是一种静态的防御，是防御的基本形式，但是不能作为唯一的形式。如果将所有力量都投入这种防御，最后很可能导致失败，如第二次世界大战时法国的马其诺防线。对营销者来说，单纯采用消极的静态防御，只保卫自己目前的市场和产品，是一种“营销近视症”。例如，当年亨利·福特对他的T型车的近视症就造成了严重的后果，使得年赢利10亿美元的福特公司从顶峰跌到了濒临破产的边缘。

（2）侧翼防御。侧翼防御是指市场主导者除保卫自己的阵地外，还应建立某些辅助性基地作为防御阵地，必要时可以此作为反攻基地。特别要注意保卫自己较弱的侧翼，防止对手乘虚而入。例如，20世纪70年代美国的几大汽车公司就是因为没有注意侧翼防御，遭到日本小型汽车的无情进攻，失去了大片阵地。

（3）先发防御。这是一种“先发制人”式的防御，即在竞争者尚未进攻之前，先主动攻击它。具体做法是，向市场的所有竞争者全面攻击，使人人自危。如日本精工表把它的2000多个款式的手表分销到世界各地，造成全方位的威胁。

当然，企业如果对自己的技术或品牌声誉有充分信心，自信足以随时攻击的话，也可沉着应战，不轻易发动进攻。如美国郭氏公司对汉斯公司在番茄酱市场上的进攻就置之不理，结果是后者得不偿失，以败阵告终。

（4）反攻防御。当市场主导者遭到对手发动降价或促销假攻势，或改进产品、占领市场阵地等进攻时，不能只是被动应战，应主动反攻，即可实行正面反攻、侧翼反攻，或发动钳形攻势以切断进攻者的后路。例如，当美国西北航空公司最有利的航线之一——明尼波里期至亚特兰大航线受另一家航空公司的降价进攻时，西北航空公司不在这条航线上采取应变措施，而在明尼波里期到芝加哥的航线上实行降价作为报复，因为该航线是那家进攻者的主要市场阵地，结果迫使该进攻者不得不恢复原价，停止进攻。

（5）运动防御。这种策略是，不仅防御目前的阵地，而且还要扩展到新的市场阵地，作为未来防御和进攻的中心。市场扩展可通过两种方式实行：市场扩大化和市场多角化。

市场扩大化就是企业将其注意力从目前的产品上转到有关该产品的基本需要上，并全面研究与开发有关该项需要的科学技术。例如，把石油公司变成能源公司意味着市场范围扩大了，不限于一种能源——石油，而是要覆盖整个能源市场。但是市场扩大必须有一个适当的限度，否则将发生“营销远视症”。

市场多角化即向无关的其他市场扩展，实行多角化经营。例如，美国烟草公司由于社会对吸烟的限制日益增多，纷纷转向其他产业，如酒类、软饮料和冷冻食品等。

（6）收缩防御。在所有市场阵地上全面防御有时会得不偿失，在这种情况下最好是实行战略收缩——收缩防御，即放弃某些疲软的市场阵地，把力量集中用到主要的市场阵地上去。例如，美国西屋电器公司将其电冰箱的品种由40个减少到30个，撤销了10个品种，竞争力反而增强。

3. 提高市场占有率。市场主导者设法提高市场占有率也是增加收益、保持主导地位的一个重要途径。美国的一项研究表明，市场占有率是与投资收益率有关的最重要的变数之一，市场占有率越高，投资收益率也越大。市场占有率高于40%的企业，其平均投资收益率相当于市场占有率低于10%者的3倍。因此，许多企业以提高市场占有率为目标。例如，美国通用电器公司要求它的产品在每个市场都占据第一或第二位，否则便撤出该市场。

但是，也有些研究对上述观点提出不同意见。对某些产业的研究发现，除了市场主导者以外，有些市场占有率低的厂商，依靠物美价廉和专业化经营，也能获得很高的收益。只有那些规模不大不小的厂商收益最低，因为它们既不能获得规模经济效益，也不能获得专业化竞争的优势。按另一项研究，各企业的销售利润率与销售额的关系呈V型曲线，即不是在任何情况下市场占有率的提高意味着收益率的增长，这还要取决于为提高市场占有率所采取的营销策略是什么。为提高市场占有率所付出的代价有时会高于它所获得的收益，因此，企业提高市场占有率时应考虑以下三个因素：

（1）引起反垄断活动的可能性。许多国家有反垄断法，当企业的市场占有率超过一定限度时，就有可能受到指控和制裁。

（2）为提高市场占有率所付出的成本。当市场占有率已达到一定水平时，再要求进一步地提高就要付出很大代价，结果可能得不偿失。美国的另一项研究表明，厂商的最合适市场占有率是50%。因此，有时为了保持市场主导地位，甚至要在较疲软的市场上主动放弃一些份额。

（3）争夺市场占有率时所采用的营销组合策略。有些营销手段对提高市场占有率很有效，却不一定能增加收益，只有在以下两种情况下，市场占有率同收益率成正比：一是单位成本随市场占有率的提高而下降，如20世纪20年代初福特公司的T型车；二是在提供优质产品时，销售价格的提高大大超过为提高质量所投入的成本。美国管理学家克劳期贝提出，质量是免费的，因为质量好的产品可减少废品损失和售后服务的开支，所以保持产品的高质量并不会花费太多的成本。而且，高质量的产品会受到顾客的欢迎，使顾客愿付出较高的价格。

总之，市场主导者必须善于扩大市场需求总量，保卫自己的市场阵地，防御挑战者的进攻，并在保证收益增加的前提下，提高市场占有率，这样才能持久地占据市场主导地位。

（二）市场挑战者策略

在市场上居于次要地位的企业——市场挑战者，如果要向市场主导者和其他竞争者挑战，首先必须确定自己的战略目标和挑战对象；然后还要选择适当的进攻策略。

1. 确定战略目标和挑战对象。战略目标同进攻对象密切相关，对不同的对象有不同的目标和策略。一般说来，挑战者可在下列三种情况中进行选择：

（1）攻击市场主导者。这种进攻风险很大，然而吸引力也很大。挑战者需要仔细调查研究主导企业的弱点和失误：有哪些未满足的需要，有哪些使顾客不满意的地方。找到主导者的弱点和失误，就可作为自己进攻的目标。此外，还可开发出超过主导企业的新产品，以更好的产品来夺取市场的主导地位。

(2) 攻击与自己实力相当者。挑战者对一些与自己势均力敌的企业，可选择其中经营不善、发生亏损者作为进攻对象，设法夺取它们的市场阵地。

(3) 攻击地方性小企业。对一些地方性小企业中经营不善、财务困难者，可夺取它们的顾客，甚至这些小企业本身。例如，美国几家主要的啤酒公司能成长到目前的规模，就是靠夺取一些小企业的顾客而达到的。

总之，战略目标决定于进攻对象。如果以主导者为进攻对象，其目标可能是夺取某些市场份额；如果以小企业为对象，其目标可能是将它们逐出市场。但无论在何种情况下，如果要发动攻势，进行挑战，就必须遵守一条军事上的原则：每一项军事行动都必须指向一个明确的、肯定的和可能达到的目标。

2. 选择进攻策略。在确定了战略目标和进攻对象之后，挑战者还需要考虑采取什么进攻策略。这里有五种策略可供选择：

(1) 正面进攻。正面进攻就是集中全力向对手的主要市场阵地发动进攻，即进攻对手的强项而不是弱点。在这种情况下，进攻者必须在产品、广告、价格等主要方面大大超过对手，才有可能成功，否则不可采取这种进入策略。正面进攻的胜负取决于双方力量的对比。

正面进攻的另一种措施是投入大量研究与开发经费，使产品成本降低，从而以降低价格的手段向对手发动进攻，这是持续实行正面进攻策略最可靠的基础之一。

(2) 侧翼进攻。侧翼进攻就是集中优势力量攻击对手的弱点，有时可采取“声东击西”的策略，佯攻正面，实际攻击侧面或背面。这又可分为两种情况：一种是地理性的侧翼进攻，即在全国或全世界寻找对手力量薄弱的地区，在这些地区发动进攻。例如，IBM 公司的挑战者就是在一些被 IBM 公司忽视的中小城市建立强大的分支机构，取得比大城市更好的战果。另一种是细分性侧翼进攻，即寻找主导企业尚未为之服务的细分市场，在这些小市场上迅速填空补缺。

侧翼进攻符合现代营销观念——发现需要并设法满足它。侧翼进攻也是一种最有效和最经济的策略形式，较正面进攻有更多的成功机会。

(3) 围堵进攻。围堵进攻是一种全方位、大规模的进攻策略，战备者在拥有优于对手的资源，并确信围堵计划的完成足以打垮对手时，可采用这种策略。例如，日本精工表在国际市场上就是采取这种策略，它在美国市场上提供了约 400 个流行款式，占据了几乎每个重要手表商店，并采用了各种吸引消费者的促销手段，取得很大成功。

(4) 迂回进攻。这是一种最间接的进攻策略，完全避开对手的现有阵地而迂回进攻。具体办法有三种：一是发展无关的产品，实行产品多角化；二是以现有产品进入新地区的市场，实行市场多角化；三是发展新技术、新产品、取代现有产品。

(5) 游击进攻。主要适用于规模较小、力量较弱的企业。游击进攻的目的在于以小型的、间断性的进攻干扰对手的士气，以占据长久性的立足点。因为小企业无力发动正面进攻或有效的侧翼进攻，只有向较大对手市场的某些角落发动游击式的促销或价格攻势，才能逐渐削弱对手的实力。但是，也不能认为游击战只适合于财力不足的小企业，持续不断的游击进攻也是需要大量投资的。还应指出，如果要想打倒对手，光靠游击战是不可能达到目的，还需要发动更强大的攻势。

上述市场挑战者的进攻策略是多样的，一个挑战者不可能同时运用所有这些策略，但也难单靠一种策略取得成功，通常是设计出一套策略组合，即整体策略，借以改善自己的市场地位。例如，美国百事可乐对可口可乐是一个举世瞩目的典型挑战者，它在1950—1960年10年间发动了多样的巨大攻势，取得很大成就，销售量增长了4倍。但是，并非所有居次要地位的企业都可充当挑战者，如果没有充分把握，不应贸然进攻主导者，最好是跟随而不是挑战。

（三）市场跟随者策略

美国管理学业专家李维特曾著文认为，产品模仿有时像产品创新一样有利。因为一种新产品的开发者要花费大量投资才能取得成功，并获得市场主导地位，而其他厂商（市场跟随者）从事仿造或改良这种产品，虽然不能取代市场主导者，但因不需大量投资，也可获得很高的利润，其获利率甚至可超过全行业的平均水平。市场跟随者与挑战者不同，它不是向市场主导者主动进攻并图谋取而代之，而是跟随在主导者之后自觉地维持共处局面。这种“自觉共处”状态在资本密集且产品同质的行业（钢铁、化工等）中是很普遍的现象。在这些行业中，产品差异性很小，而价格敏感度甚高，随时都可能发生价格竞争，结果导致两败俱伤。因此，这些行业中的厂商通常彼此自觉地不互相争夺客户，不以短期的市场占有率为目标，以避免引起对手的报复行为。它们通常采取市场跟随策略，即效法主导者为市场提供类似的产品，因而市场占有率相当稳定。

但是，这不等于说市场跟随者就无所谓策略。每个市场跟随者必须懂得如何保持现有顾客，并争取一定数量的新顾客；必须设法给自己的目标市场带来某些特有的利益，如地点、服务、融资等；还必须尽力降低成本并保持较高的产品质量和服务质量。市场跟随者也不是被动地单纯追随主导者，它必须找到一条不致引起竞争性报复的成长途径。以下是三种可供选择的跟随策略：

1. 紧密跟随。这种策略是在各个细分市场和营销组合方面，尽可能仿效主导者。这种跟随者有时好像是挑战者，但只要它不从根本上侵犯到主导的地位，就不会发生直接冲突。

2. 有距离地跟随。这种跟随者在主要方面，如目标市场、产品创新、价格水平和分销渠道等方面都追随主导者，但仍与主导者保持若干差异。这种跟随者可通过兼并小企业而使自己发展壮大。

3. 有选择地跟随。这种跟随者在某些方面紧跟主导者，而在另一些方面又自行其是，也就是说，它不是盲目跟随，而是择优跟随；在跟随的同时还要发挥自己的独创性，但不进行直接的竞争。这类跟随者中间有些可能发展成为挑战者。

（四）市场补缺者策略

市场补缺者服务于市场某些细小部分，通过专业化经营来占据有利的市场位置。这些细小市场应具有以下特征：有足够的市场潜量和购买力；利润有增长的潜力；对主要竞争者不具有吸引力；企业具备占有此市场所必需的资源和能力。

市场补缺者的主要策略是专业化经营，包括市场、顾客、产品或渠道等方面的专业化。下面是几种可供选择的专业化方案：

1. 按最终使用者专业化，专门致力于为某类最终使用者服务，如计算机行业有些小企业专门针对某一类用户（如诊疗所、银行等）进行营销。

2. 按垂直层面专业化，专门致力于生产和分销渠道中的某些层面，如制铝厂可专门生产铝锭、铝制品或铝质零部件。

3. 按顾客规模专业化，专门为某一种规模（大、中、小）的客户服务，如有些小企业专门为那些被大企业忽略的小客户服务。

4. 按特定顾客专业化，即只对一个或几个主要客户服务，如美国有些厂商专门为西尔斯百货公司或通用汽车公司供货。

5. 按地理区域专业化，专为国内外某一地区或地点服务。

6. 按产品或产品线专业化，只生产一大类产品，如美国的 Wrigley 公司专门生产口香糖一种产品，现已发展成为一家世界著名的跨国公司。

7. 按客户订单专业化，专门按客户订单生产预订的产品。

8. 按质量和价格专业化，专门生产经营某种质量和价格的产品。

9. 按服务项目专业化，专门提供某一种或几种其他企业没有的服务项目，如美国有一家银行专门承办电话贷款业务，并为客户送款上门。

10. 按分销渠道专业化，专门服务于某一类分销渠道，如专门生产适于超级市场销售的产品或专门为航空公司的旅客提供食品。

市场补缺者可选择一个细小市场，也可选择两个或两个以上的细小市场，以减少风险。

三、面对封闭市场的竞争战略——大市场营销战略

（一）大市场营销战略的提出与涵义

1. 大市场营销战略的提出。大市场营销战略是由美国著名市场营销学家菲力浦·科特勒于 1984 年在西北大学凯洛格管理学院提出的。

随着营销实践的发展，营销者发现，近年来，在国际、国内市场营销中，面临着许多国家贸易保护主义的威胁，及国内地方保护主义的制约，形成了许多壁垒较高的市场，即受到保护的市场或封闭市场。企业如何打开封闭市场？传统营销观念认为，只要企业设计最佳的营销策略，企业产品不愁销路。然而在贸易保护主义日益盛行的今天，仅采用四大营销组合策略，面对被动的企业外部环境，已不足以打开封闭的市场，还必须采取一些特殊技巧去积极影响外部环境。这些技巧即广义市场营销的技巧，这些技巧不仅包括产品、价格、分销及促销四大营销策略，还包括政治权力和公共关系。

2. 封闭市场的形成及其涵义。一般而言，当市场达到成熟阶段时，它会有一批固定的供应者、竞争者、经销商和顾客。这批人形成了一个既得利益集团，他们力图使市场成为一个封闭系统，这个既得利益集团往往可以得到政府立法部门、劳工组织、银行及其他组织机构的支持。他们会设立各种有形的和无形的壁垒来阻止他人进入，如赋税、关税、进口限额和其他限制条件等，从而构建起一个封闭型市场。所谓封闭型市场是指在这种市场上，现有的参与者和批准者设置了种种障碍，使得那些能够提供类似的甚至更好的产品

和劳务的公司难以进入，无法经营。一般的封闭手段包括歧视性的法律规定、政治上的偏袒、卡特尔的垄断协定、社会偏见或文化偏见、不友好的分销渠道以及拒绝合作的态度等。

（二）运用大市场营销战略打破封闭市场

前面我们讲过，大市场营销和常规市场营销一个重要区别在于前者除了4PS外，还须具备另两个P，即政治权力和公共关系方面的技巧和经验。公共关系作为促销沟通组合中的一个手段，已为一般营销人员所熟悉。与此相反，营销人员却很少受到政治方面的训练，不习惯运用权力来达成有利的交易，但针对封闭型市场的营销实践往往又告诉他们，市场营销正日益成为一种对权力的运用，营销者在制订战略时必须把权力这一因素考虑进去。因此，在这里我们着重讲述大市场营销者如何运用权力策略来实现其目标。

1. 什么是权力。所谓权力就是A方能使B方去做他原来不想做的事情的能力。B完成这件事的可能性，取决于A权力大小。A至少可采用以下五种方式来运用权力对B施加影响：报酬；胁迫；专业知识或信息；合法性；声望。

2. 如何运用权力策略。权力对大市场营销者来说是至关重要的。公司在制订打入封闭型市场的战略时，必须采取三个步骤：探测权力结构、设计总体战略和制订战术性实施方案。

复习思考

1. 市场竞争的基本类型有哪些？
2. 市场竞争的三大基本策略是什么？
3. 企业选择竞争策略应考虑哪些因素？掌握哪些原则？
4. 按不同的竞争地位，市场竞争者主要分为哪些类型？
5. 不同地位的竞争者在竞争中应采取什么策略？

案例分析

联想与戴尔——全球化的竞争格局与定位

从最近的数据来看，在全球PC市场中，DELL以16.8%的市场占率居于第一位，惠普以15.2%的市场占有率居于第二位，而联想以7.4%的份额居于第三位。尽管还存在着较大的差距，但联想通过收购IBM的PC业务后，终于在个人电脑这个“科技含量”味很浓的行业的前三名中，看到了中国的企业。

关于联想与戴尔之争由来已久，为什么联想和戴尔会引起关注，而不是惠普呢，恐怕这其中谈论最多的就是联想的渠道与戴尔的直销的对比与较量了。尽管有分析认为，联想的渠道增值模式不足以和戴尔供应链优势相抗衡，但现实的业绩却不足以支持这种结论。联想依然以其良好的发展势头在进入到全球的竞争之中。

很多关于联想与戴尔模式评价，往往忽略了两个关键问题，第一，我们必须站在全球化竞争的高度来看待联想与戴尔之争，“不谋全局者，不足谋一域”，否则，任何偏安于局部市场的战略最终会被对手击败。第二，必须对全球的消费者购买习惯有个清醒的认识，这才是评价联想渠道模式与戴尔渠道模式的基础，如果总有消费者更愿意直接在销售终端抱台电脑回家的话，那么戴尔的直销是不可能通吃的。

1. 联想与戴尔的全球市场定位。从目前全球市场来看，戴尔是领导者，而联想是第三名。正因为如此，联想更应该清楚地看到自己在全球市场上的危机，从而作出正确的战略选择。当行业的竞争更趋激烈时，最有可能的就是第三名的企业被推向亏损，特别是当面对具有成本优势的戴尔公司时，这种危险更大。因此，对于联想这类通才型 PC 业务的厂商而言，最现实的战略选择不是退缩，而是全球市场份额的提升。不能清楚地认识到这一点的话，那么联想就有可能在并购 IBM PC 业务后，自己也成为被并购的对象。

戴尔是排名第一的公司，显然它试图通过向全球有潜力的市场进行渗透以提升其全球市场份额。而在中国等国家渗透时，它遇到了营销模式的挑战。戴尔成功之本在于直销，但当把直销作为目的而不是手段时，注定了戴尔电脑在中国市场上受阻。中国的本土文化不会成为其主要的阻碍，因为，像摩托罗拉、肯德基、宝洁、沃尔玛等美国公司在中国都很成功，如果说要真有文化的因素，那就是戴尔没有充分了解中国人购买电脑的习惯。但为了实现其战略目标，显然，戴尔不会把直销作为其经营的终极目标，而只会是建立优势的方式之一而已，在中国为代表的市场上建立销售渠道也是戴尔公司的必然选择。认为联想不要做直销，和认为戴尔不能做渠道一样是对企业目标与手段的颠倒，是没有从全球市场的战略眼光来看待的错误的判断。

2. 联想与戴尔营销模式。联想和戴尔看似对立，但其实他们有最大的共同点：那就是都是通过贸、工、技的道路发展起来的。联想在中国以销售渠道的建设和管理而成功，而戴尔以开创直销模式取得成功，他们的核心能力都体现在销售领域。从这一点来讲，戴尔并不先天就比联想具备所谓的成本优势。

选择什么样的渠道模式，是由消费者的购买习惯来决定的，戴尔在美国之所以成功，最重要的原因在于美国消费者购买习惯的转变。当消费者习惯于从网上或电话中购买电脑时，戴尔才会成功。而在中国，大多数人更愿意到商店中一个一个的挑选自己喜欢的电脑。因为对于中国人，购买过程本身就是一种生活方式，试图对这种方式的改变是很难的。联想对渠道的偏好，戴尔对直销的偏好，其实都是局部市场留下的烙印。这个局部市场一个是中国，一个是美国。谁能率先走出局部市场消费习惯的思维定势，谁就可以掌握发展的机遇。

（资料来源：中国营销传播网，2006 年 1 月 9 日。）

讨论：联想和戴尔是如何展开竞争的？联想和戴尔的核心能力都体现的销售领域在什么地方？

技能训练

1. 初步认识市场及市场竞争。

2. 结合周边经济情况，选择某一行业或者企业进行市场调查，分析其市场类型及竞争状况，撰写竞争情况分析报告。

第五章 目标市场战略

学习目标

- □ 理解市场细分、目标市场的选择和市场定位的含义
- □ 熟悉市场细分的标准和原则
- □ 了解影响目标市场策略选择的因素
- □ 掌握目标市场营销策略
- □ 熟悉目标市场定位的方法及策略

案例导入

天美时公司的市场细分策略

美国天美时钟表公司在二战前还是一个不大起眼的公司，因此，公司极力想在美国市场上撕开一条口子，大干一番。当时，著名的钟表公司几乎都是以生产名贵手表为目标，而且主要通过大百货商店、珠宝商店推销。但是，天美时公司通过市场营销研究发现，实际上市场可进行划分，把市场上的购买者分为三类：第一类消费者希望能以尽量低的价格购买能计时的手表，他们追求的是低价位的实用品，这类消费者占23%。第二类消费者希望能以较高的价格购买计时准确、更耐用或式样好的手表，他们既重实用，又重美观，这类消费者占46%。第三类消费者想买名贵的手表，主要是以它作为礼物，他们占整个市场的31%。

由此企业发现，以往提供的产品仅是以第三类消费者为对象的。天美时公司高兴地意识到，一个潜在的充满生机的大市场即在眼前。于是根据第一、二类消费者的需要，制造了一种叫做“天美时”的物美价廉的手表，一年内保修，而且利用新的销售渠道，广泛通过商店、超级市场、廉价商店、药房等各种类型的商店大力推销，结果很快提高了市场占有率，成为世界上最大的钟表公司之一。

（资料来源：本案例根据新浪博客资料整理。）

思考：什么样的措施帮助美国天美时钟表公司获取了市场。

企业所面对任何一种产品的市场，都有为数众多、分布广泛的购买者，并且由于各种因素的影响，他们都有不同的需要和欲望，对此，任何一个企业都不可能全面予以满足，不可能为所有购买者提供有效的服务。企业有必要对自己为之服务的目标市场进行有效评估及选择，即实行目标营销，才能避免盲目竞争。

第一节 市场细分

市场细分理论是企业市场营销战略的重要组成部分，市场细分对企业来说是非常有力的竞争手段。现代市场营销实践已经证明并将继续证明，科学合理地运用市场细分理论，对于企业市场营销活动成败有着至关重要的作用。

一、市场细分及其理论依据

（一）市场细分的概念

市场细分的观点是由美国市场营销学家温德尔·史密斯总结了一些企业的市场营销经验，在1956年提出来的，它一问世即被企业家所认可，是市场营销理论的新发展，是企业贯彻市场营销观念的必然产物。

市场细分是企业通过市场调查研究，根据消费者需求的差异性，把某一产品的整体市场划分为若干个在需求上具有某种相似特征的消费者群，从而形成各种不同细分市场的过程。每一个消费者群就是一个细分市场，亦称“子市场”或“亚市场”，从这一概念我们可以得出以下四点认识：

1. 市场细分的依据是消费者需求的差异性，这些差异是客观存在的，企业要针对不同消费者的不同需求进行市场营销，就必须先分析和研究消费者的需求。

2. 市场细分的实质是细分消费者的需求，而不是细分商品。企业进行市场细分，就是要发现不同消费者需求的差异性，然后把需求基本相同的消费者归为一类，这样就可以把某种产品的整体市场划分为若干个细分市场。

3. 市场细分的特点是各个不同的细分市场之间，消费者的需求存在着明显的区别，而在每个细分市场内消费者的需求却具有类似性。如儿童市场和老年人市场。

4. 市场细分的最终目的是为了选择和确定目标市场，并在此基础上，企业运用各种可控因素，实现最优化组合，以达到企业市场营销战略目标。从市场细分的最终目的来看，市场细分是目标市场营销的起点和基础，是企业市场营销战略的平台，企业的一切市场营销战略，都必须从市场细分出发，没有市场细分，就无法确定企业的目标市场，企业也就无法在市场竞争中找到企业的市场定位。

（二）市场细分的理论依据

市场细分的理论依据是消费者需求的绝对差异性和相对同质性。主要表现为：

1. 消费者需求客观存在绝对差异性。消费者需求的差异性以及由此决定的购买者动机和行为的差异性是市场细分的内在依据。从消费者需求状况看，整体市场可分为同质市场和异质市场。同质市场是指消费者对某一产品的需求、购买行为、对企业市场营销组合策略的反应等基本相同或相似的市场。只有少数产品的市场属于同质市场。异质市场是指消费者对某一产品的需求、购买行为、对企业市场营销组合策略的反应等存在差异的市场。绝大多数产品的市场是异质市场。正是大量异质市场的存在，使市场细分成为可能。从这个意义上说，市场细分就是把异质市场划分为同质市场的过程。

2. 消费者需求的相似性。从整体来看，消费者需求具有差异性是绝对的，因为世界上不存在两个完全相同的消费者，但在同一细分市场内部，消费者需求具有差异性又是相对的，同一细分市场内部消费者需求又具有相似性，形成相似性的消费者群。从这个意义上来说，市场细分并不仅仅意味着把同一产品的整体市场加以分解。

3. 企业资源的有限性和为了进行有效市场竞争，迫使企业进行市场细分。在现代市场经济条件下，企业受到资源有限性的限制，不可能向整体市场提供满足所有消费者所有需求的一切产品和服务，只能满足一个或几个细分市场的消费者需求。为了进行有效的市场竞争，企业必须选择与之相适应的有利可图的细分市场，放弃那些与之不相适应的细分市场，集中企业资源，实现企业市场营销战略目标。

总之，消费者需求的差异性以及由此决定的消费者购买动机和行为的差异性，消费者需求的相似性，企业资源的有限性和为了进行有效市场竞争，使企业进行市场细分成为合乎逻辑的必然产物，是企业进行市场细分的理论依据。

二、市场细分的标准

（一）消费者市场细分的标准

消费者市场细分的标准很多，影响消费者需求差异性的所有因素，几乎都可视为市场细分的标准，称为细分变量。一般认为消费者市场细分标准主要有地理因素、人口统计因素、心理因素、行为因素等四大类。

1. 地理因素。根据消费者所处的地理位置、自然环境等地理变量来细分市场，这是一种传统的市场细分方式，地理因素相对于其他因素表现比较稳定，属于静态因素，容易划分和辨别。地理因素细分变量包括国家、地区、城市、农村、城市规模、人口密度、气候、地形、地貌、生产力布局、交通运输和通讯条件等。处在不同地理环境的消费者，他们对企业的产品有不同的需求和爱好，正如俗话所说的“一方水土养一方人”，生活在草原和山区、内陆和沿海、温带和寒带、城市和乡村的人们有各自不同的需求和偏好，他们对企业所采取的市场营销组合策略会有不同的反应。例如，对同一种产品的广告宣传，城市消费者讲究时代感，乡村消费者看中的是实在、朴实。表 5 - 1 是根据我国地理因素进行典型市场细分的代表因素。

2. 人口统计因素。根据人口统计因素来细分市场称为“人口状况细分”。人口状况细分的变量包括性别、年龄、职业、家庭规模、家庭收入、民族、宗教、文化程度、国籍、家庭生命周期等。人口状况细分变量与消费者需求之间存在着密切的因果关系，不同人口状况的消费者需求必然是不同的。例如，性别细分一直运用于服装、理发、化妆品和杂志等领域；以收入水平细分市场是汽车、服装、旅游行业的长期做法；按年龄将消费者分为儿童、青年、中年、老年等不同的消费者群体在食品、娱乐等企业很普遍，但是，越来越多的情况是，采用多种人口统计变量来进行综合市场细分，尤其是当单一变量无法准确划分时。例如，某服装公司以性别、年龄和收入三个变量将市场划分为多个细分层面，每个层面有更细致的描述，如企业可为收入较高的年轻女性市场提供高档职业女装。

表 5－1　　我国地理环境因素细分标准

划分标准	典型细分
地理区域	东北、华北、西北、华南、东南等
气候	南方、北方、亚热带、热带、温带等
人口密度	城市、郊区、乡村、边远地区等
城市规模（人口）	特大城市、大城市、中等城市、小城市等；或 0.5 万人以下，0.5 万～10 万人，10 万～50 万人，50 万～100 万人，100 万人以上

人口状况细分是市场细分的一个重要标准。人口状况细分变量更容易测量和获取。但消费者需求和购买行为并不仅仅取决于人口状况变量，所以，市场细分还要依据消费者心理、消费者行为、消费者受益等细分标准。表 5－2 列举了比较常用的人口统计因素的具体细分标准。

表 5－2　　人口统计因素细分标准

划分标准	典型细分
年龄	婴儿、幼儿、儿童、少年、青年、中年、老年等
性别	男、女
民族	汉、满、蒙、回、维、藏、瑶、土家、白族等
职业	职员、教师、科研人员、文艺工作者、企业管理人员、工人、学生、家庭主妇、自由职业者、离退休人员等
家庭收入（年）	5 000 元以下、5 000～1 万元、1 万～3 万元、3 万～5 万元、5 万～10 万元、10 万元以上
家庭人口	1～2 人、3～4 人、5 人以上等
家庭生命周期	年轻单身、年轻已婚无子女，年轻已婚有 6 岁以下子女、年轻已婚有 6 岁以上子女、已婚无 18 岁以下子女、老年夫妇、老年单身等
教育程度	小学或小学以下、中学毕业、大学毕业、研究生以上等
宗教	天主教、伊斯兰教、佛教、道教、犹太教等
种族	白色人种、黑色人种、黄色人种、棕色人种等
国籍	中国人、美国人、日本人、英国人、法国人、德国人、意大利人等

3. 消费心理因素。根据消费者心理特征细分市场称为“消费心理细分”。消费者各自的心理因素会直接影响消费者的购买趋向，尤其是在解决了温饱问题的社会状态中，顾客

购买商品已不限于满足基本生活需要，心理因素左右购买者的行为更为突出。消费者心理细分变量包括消费者的社会阶层、生活方式、个性、购买动机、消费态度等。

社会阶层是指一个社会的相对稳定和有序的分类，每类成员都有类似的价值观、兴趣及行为。社会阶层会直接影响人们对汽车、服装、家具、娱乐、读书习惯和零售商的偏好，许多企业为特定的阶层设计产品或服务，普遍适合这些阶层的特色。

生活方式是指个体在成长过程中，在与社会诸要素相互作用下，表现出来的活动兴趣和态度模式。来自不同文化、社会阶层、职业的人有不同的生活方式。生活方式不同的消费者对产品有不同的需求。在现代市场营销实践中，有越来越多的企业根据消费者的不同生活方式来细分市场，并且为其设计不同的产品和市场营销组合策略。

有的企业使用个性因素来细分市场，设计出产品的品牌个性，以吸引那些相应个性的消费者。当企业的产品和其他竞争品牌的产品显而易见的相似，而其他因素又不能细分市场时，消费者个性细分市场便非常有效。

购买动机是引起消费者购买行为的内在推动力。消费者购买动机不同，便产生不同的消费者购买行为。购买动机主要有：求美动机、求廉动机、求实动机、求新动机、求名动机、求便动机、炫耀动机、好胜动机、嗜好动机、惠顾动机等。企业针对不同购买动机的消费者，在产品中突出能满足他们购买动机的特征或特性，并设计不同的市场营销组合策略，往往能取得良好的经营效果。

企业可以按照消费者对产品的购买态度来细分消费者市场，消费者对企业产品的态度有五种：热爱、肯定、不感兴趣、否定和敌对。企业对持不同态度的消费者群，应当酌情分别采取不同的市场营销组合策略。对那些不感兴趣的消费者，企业要通过适当的广告媒体，大力宣传介绍企业的产品，使他们转变为感兴趣的消费者。表 5－3 列举了比较常用的消费心理因素细分标准。

表 5－3　消费心理因素细分标准

划分标准	典型细分
社会阶层	上上层、次上层、中上层、中间层、中下层、上底层、下底层等
生活方式	平淡型、时髦型、知识型、名士型等
个　性	外向型或内向型、理智型或冲动型、积极型或保守型、独立型或依赖型等
购买动机	求美动机、求廉动机、求实动机、求新动机、求名动机、求便动机、炫耀动机、好胜动机、嗜好动机、惠顾动机等
购买态度	热爱、肯定、不感兴趣、否定、敌对等

4. 消费行为细分。根据消费者不同的消费行为细分市场称为“消费行为细分”。所谓的行为因素细分是指企业根据消费者对产品的认识与态度、使用与反映等行为来细分市场。在消费者的收入水平不断提高、新产品层出不穷的现代市场，这一细分市场的标准越来越重要。而且由于行为因素是与产品最直接相关的市场细分因素，所以一般来说，它是细分市场的最佳起点，主要包括消费者的购买时机和频率、消费者追求的利益、使用者情况与使用率、消费者对品牌的忠诚度、消费者对产品的态度以及对价格的敏感度等。如牙

膏市场，由于消费者的购买动机不同，追求的效益也就不同。有的是为了防过敏、有的是为了洁齿、有的是为了防口臭、有的讲究牙膏的味道和名牌、有的注重它的医疗效果，也有的是强调经济实惠等。对于企业来说越是清楚地了解消费者的行为因素的特点，越有利于在消费者心目中确定本企业产品的地位。

（1）购买时机与频率。企业可根据购买者需要和购买（或使用）产品的时机作为市场细分的基础。同时，它也常常被企业用于刺激某种产品的使用频率的增长。例如，原来仅在早餐上饮用的鲜奶，通过公司的补钙宣传，人们开始在晚餐后和休闲时饮用，从而扩大了鲜奶的销量。时机细分可以帮助企业拓展产品的使用范围，如鲜花、贺卡、糖果之类的礼品在教师节、母亲节、父亲节的大量销售，就是企业大力提倡以刺激消费的结果。

（2）消费者追求的利益。消费者对产品和品牌的选择出于不同的利益动机，根据消费者追求的利益不同细分为不同的消费者群，又叫做“受益细分”。厂商利用此细分市场，针对产品可以给消费者提供的特殊效用或是带来的特定利益，设计开发不同的产品和品牌，研究制定不同的宣传手段。

（3）使用者情况。使用者的情况可分为从未使用者、曾经使用者、潜在使用者、首次使用者和经常使用者几种。不同的情况需要区别对待，企业对于以上几种使用者的沟通及营销方式是有所不同的，一般来说一个拥有较大市场份额的企业，会比较注重将潜在的使用者变为实际使用者，而中小企业则设法吸收经常使用者。如家用小汽车的潜在使用者是有经济能力而目前由于种种原因尚未购买者。如果企业的目标是使潜在购买者成为现实使用者，就必须了解购买者未购买的原因，加强与消费者的沟通。

（4）使用率。根据消费者使用率及消费者赢利能力，可将某种产品的整体市场细分为非使用用户、大量用户、中量用户、少量用户等细分市场。按消费者赢利能力进行市场细分是“80/20原则”在市场细分上的应用，即赢利收入的80%是由20%的客户带来的，这20%的客户就是企业的最佳客户，企业应让他们对企业的产品或服务更满意。

（5）品牌忠诚度。企业可根据消费者对品牌的忠诚度来细分市场。品牌忠诚是指由于价格、质量等诸多因素的吸引，使消费者对某一品牌的产品情有独钟，形成偏好并长期地购买这一品牌产品的行为。根据消费者对品牌的忠诚度可将某种产品的整体市场分为单一品牌忠诚者、几种品牌忠诚者、无品牌忠诚者。如果单一品牌忠诚者和几种品牌忠诚者占较大或很大比重的市场，其他企业则难以进入；如果情况相反，则有利于其他企业进入，并逐步扩大市场份额；对于非品牌偏好者，企业应在促销方面吸引该细分市场的消费者。表5-4列举了比较常用的消费行为因素细分标准。

表5-4　消费行为因素细分标准

划分标准	典型细分
购买时机与频率	日常购买、特别购买、节日购买、规则购买、不规则购买等
追求的利益	廉价、时髦、安全、刺激、新奇、豪华、健康等
使用者情况	从未使用者、曾经使用者、潜在使用者、首次使用者和经常使用者等
使用率细分	非使用者、大量使用者、中量使用者、少量使用者等
品牌忠诚度	完全忠诚者、适度忠诚者、低度忠诚者、无品牌忠诚者等

（二）产业市场细分的标准

产业市场细分的标准相对于消费者市场细分的标准而言，产业市场的购买对象是企业，一般的消费者市场细分标准同样也适用于产业市场的细分，但是，由于产业市场的消费者数量较大而独特，购买的目的不是为了最终消费而是为了企业再生产的需要，因此还要根据最终用户行业、用户规模、用户地理位置等其他变量等对产业市场进行细分。

1. 最终用户行业。最终用户行业就是最终使用生产资料的使用者所属的行业。最终用户行业是产业市场细分最通用的标准。最终用户行业可分为工业机械、汽车制造、交通运输、电力、采掘、冶金、建筑、电讯、家电、食品、医药等。

在产业市场上，不同最终用户行业对同一类产品的使用往往不尽相同，对同类产品的需求也就不同。一种最终用户行业的要求便可成为企业的一个细分市场。企业应该应用最终用户行业的细分标准，不断寻找市场机会。如同是橡胶轮胎，飞机制造商和汽车制造商相比，飞机制造商对其安全性能要求要高得多；同一汽车制造商，制造赛车与一般汽车所用轮胎在耐磨性方面也有明显不同的需求，从而可以形成不同的细分市场。企业对不同的最终用户行业要相应采取不同的市场营销组合策略，从而满足不同最终用户行业的需要。

2. 用户规模。用户规模也是产业市场细分的主要标准。在产业市场上，按用户规模可细分为大量用户、中量用户、少量用户、非用户。企业应根据用户规模不同，采取不同的市场营销组合策略。对于个体数量较少的大量用户，宜由销售经理负责，采取直接联系、直接销售的渠道；对于个体数量众多的少量用户，宜由指定推销员负责，通过上门推广、展销、广告等手段推销其产品。

3. 用户地理位置。由于产业市场的用户地理位置受一个国家的资源分布、地形气候分布、产业布局、社会经济环境、历史传承等因素的影响，所以，产业市场一般会形成若干个产业区。企业可以根据用户地理位置细分市场、选择用户较为集中的地区作为目标市场，企业才能集中销售力量，便于产品运输，节省运输费用，降低生产成本。

4. 其他变量。最终用户行业、用户规模、用户地理位置是产业市场细分的三个最主要的标准。此外，在产业市场，企业还可以根据用户能力（需要很多服务、需要一些服务、需要很少服务）、用户采购标准类型（追求价格型、追求服务型、追求质量型）等变量细分市场。

三、市场细分的原则

企业在实施市场细分时，必须关注市场细分的实用性和有效性，应当遵循市场细分的一般原则。

（一）可衡量性原则

可衡量性原则是指细分市场必须是可以识别和可以衡量的，即细分市场不仅范围明确，并且对其容量大小也能做出大致判断。如细分市场中消费者的年龄、性别、文化、职业、收入水平等都是可以衡量的，而要测量细分市场中有多少具有“依赖心理”的消费者，则相当困难，以此为依据细分市场，将会因此无法识别、衡量而难以描述，市场细分也就失去了操作实际意义。可衡量性原则，在于确保清晰地区分细分市场的消费者群。

（二）可进入性原则

可进入性原则是指细分市场应该是企业市场营销活动能够到达的市场，即企业通过市场营销活动能够使产品进入并对消费者施加影响的市场，这主要表现在三个方面：首先，企业具有进入某个细分市场的资源条件和竞争实力；其次，企业有关产品的信息能够通过一定传播途径顺利传递给细分市场的大多数消费者；最后，企业在一定时期内能将产品通过一定的分销渠道送达细分市场。否则，细分市场的价值就不大。

（三）可赢利性原则

可赢利性原则是指细分市场消费者需求的容量和规模必须大到足以使企业实现其利润目标。进行市场细分时，企业必须考虑细分市场上消费者的数量，消费者购买产品的频率，消费者购买力，并且细分市场能使企业获得预期利润。如果细分市场的规模过小，市场容量太小，获利小，就不值得进行市场细分。

第二节 目标市场选择

目标市场是指企业决定要进入或占领的市场。企业的一切市场营销活动，都是围绕目标市场进行的。确定目标市场，实施目标市场策略是目标市场选择的重要内容。

一、细分市场的评价

确定目标市场，就是对企业有吸引力的、有可能成为企业目标市场的细分市场进行分析和评估，然后根据企业的市场营销战略目标和资源条件，选择企业最佳的细分市场。确定目标市场，应从下列几个方面来分析和评估细分市场：

（一）细分市场的规模及成长潜力

企业必须考虑的第一个问题是潜在的细分市场是否具有适度规模和成长潜力。“适度规模”是个相对的概念，大企业往往重视销售量大的细分市场，而小企业往往也避免进入大的细分市场，转而重视销售量小的细分市场。细分市场的规模衡量指标是细分市场上某一时期内现实消费者购买某种产品的数量总额。细分市场成长潜力的衡量指标是细分市场上在某一时期内，全部潜在消费者对某种产品的需求总量。这就要求企业首先要调查细分市场的现实消费者数量及购买力水平，其次要调查细分市场潜在消费者数量及购买力水平。

（二）细分市场的吸引力

细分市场可能具有适度规模和成长潜力，然而从长期赢利的观点来看，细分市场未必具有长期吸引力。细分市场吸引力的衡量指标是成本和利润。美国市场营销学家迈克尔·波特认为，有五种群体力量影响整个市场或其中的细分市场。企业应对这五种群体力量对长期赢利能力的影响做出评价。这五种群体力量是：同行业竞争者、潜在的新参加的竞争者、替代产品、购买者和供应商议价能力。它们都有可能对细分市场造成威胁，失去吸引力。

（三）企业的市场营销战略目标和资源

细分市场可能具有适度规模和成长潜力，而且细分市场也具有长期的吸引力，然而，企业必须结合其市场营销战略目标和资源来综合评估。某些细分市场虽然有较大的吸引力，但不符合企业长远的市场营销战略目标，不能推动企业实现市场营销战略目标，甚至会分散企业的精力，阻止企业实现市场营销战略目标。因此，企业不得不放弃。细分市场可能也符合企业长远的市场营销战略目标，但企业也必须对企业资源条件进行评估，必须考虑企业是否具备在细分市场所必需的资源条件。如果企业在细分市场缺乏必要的资源，并且无获得必要资源的能力，企业就要放弃这个细分市场。如果企业确实能在该细分市场取得成功，它也需要发挥其经营优势，以压倒竞争者。如果企业无法在细分市场创造某种形势的优势地位，它就不应贸然进入。

二、目标市场策略的种类

（一）目标市场范围选择

企业在评估不同的细分市场以后，可以根据自己的具体情况，决定为多少个子市场服务，通常可以采用五种目标市场范围模式：

1. 产品——市场集中化。这是指企业从消费者（或从产品）的角度选择一个目标市场的顾客群，集中力量为之服务（图5－1（a））。这意味着企业只生产某一种或提供某一服务，优点是企业可以集中力量了解这个细分市场的特点，但由于转换余地不大，相对经营风险较大，比较适宜企业实力弱小时使用。

2. 产品专业化。即企业选择几个细分市场，对其顾客群同时供应某种产品。面对不同的子市场，产品的式样、档次有所不同（图5－1（b））。这种模式的优点是能分散企业经营风险，投资也不大。即使其中某个细分市场失去了吸引力，企业还能在其他细分市场赢利。

3. 市场专业化。即企业以所有产品，供应给某一顾客群，产品的性能有所区别（图5－1（c））。如某电视机厂商以高档换代家用电视机市场为目标，为不同的顾客提供不同的型号数字化电视机产品和服务，而不提供其他电视机产品，以满足此类市场的需要。这样，企业在数字电视产品方面就抢占了先机。这种模式有利于与顾客建立稳固的联系。

4. 选择性专业化。即企业有选择性地专门服务于几个不同的细分市场的顾客群体，提供各种性能的、生命力较强的同类产品，尽力满足不同的消费者群体的各种需求（图5－1（d））。这是一种市场机会增长型模式。采用这种策略要注意的是，选择的细分市场必须以可以实现利润为前提，否则风险较大。

5. 全方位进入。即企业决定全面进入各细分市场，用各种产品满足各种顾客群体的需求（图5－1（e））。这是实力强大的企业为了占据市场领先者地位采用的战略，一般企业很少使用。

以上可供企业选择市场的目标市场范围类型如图5－1所示。

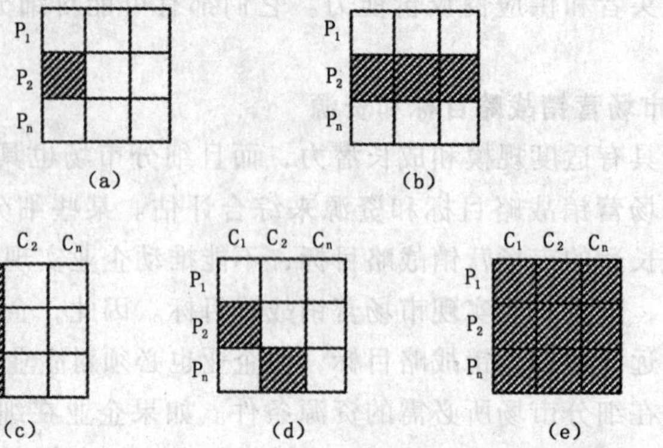

P代表产品，C代表消费者

图5－1　目标市场范围选择类型

（二）目标市场营销策略

企业为了有效地选择目标市场，必须决定如何为自己确定的目标市场设计营销组合，即采取怎样的方式，使自己的营销力量影响目标市场。通常有三种不同的目标市场策略供企业选择：无差异性市场营销策略、差异性市场营销策略、集中性市场营销策略。

1. 无差异市场营销策略。就是企业不考虑细分市场的差异性，把整体市场作为目标市场，企业只提供一种产品，采用一种市场营销组合，试图在整体市场上满足尽可能多的消费者的需要，集中力量为之服务的目标市场策略。

无差异性市场营销策略适用于少数消费者需求同质的产品，如棉花、粮食、油料、煤炭、工业用品等，即消费者需求广泛，能够大量生产、大量销售的产品，经营的企业不多，竞争性不强的产品，如石油等。

采用无差异性市场营销策略的企业一般具有大规模、单一、连续的生产线，拥有广泛或大众化的分销渠道，并能开展强有力的促销活动，投放大量的广告和进行统一的宣传。无差异性市场营销策略的优点是有利于标准化和大规模生产，有利于降低单位产品的成本费用，获得较好的规模效益。因为只设计一种产品，产品容易标准化，能够大批量生产和储运，可以节省产品生产、储存、运输、广告宣传等费用；不进行市场细分，也相应减少了市场调研、制定多种市场营销组合策略所要消耗的费用。无差异性市场营销策略的缺点是不能满足消费者需求的多样性，不能满足其他较小的细分市场的消费者需求，不能适应多变的市场形势，尤其是当同类企业都采用这种策略时，市场竞争将十分激烈。因此，在现代市场营销实践中，无差异性市场营销策略只有少数企业才采用，而且对于一个企业来说，一般也不宜长期采用（见图5－2）。

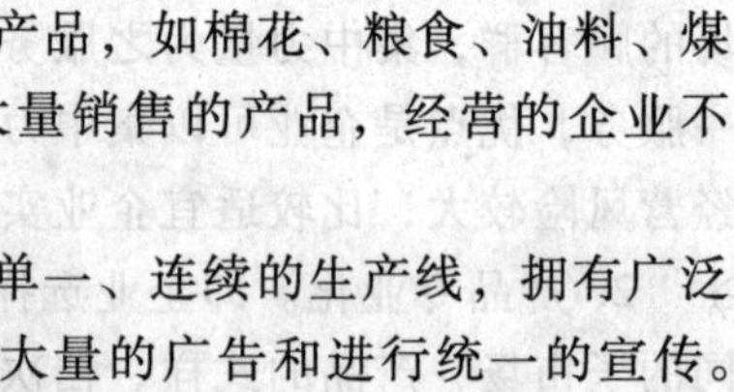

图5－2　无差异性市场营销策略示意图

［阅读材料］

20世纪70年代以前，美国三大汽车公司都坚信美国人喜欢大型豪华的小汽车，共同追求这一目标市场，采用无差异性市场营销战略。但是70年代能源危机发生之后，美国小轿车消费需求已经变化，消费者越来越喜欢小型、轻便、省油的轿车，而美国三大汽车公司都没有意识到这种变化，更没有适当地调整他们的无差异性营销战略，致使大轿车市场竞争白热化而小型轿车市场却被忽略。日本汽车公司正是在这种情况下乘虚而入的。

2. 差异性市场营销策略。差异性市场营销策略是在市场细分的基础上，针对各个不同的细分市场，设计不同产品，采取不同的市场营销组合，满足不同消费者需求的目标市场策略。

差异性市场营销策略适用于大多数异质的产品。采用差异性市场营销策略的企业一般是大企业。较为雄厚的财力、较强的技术力量和素质较高的管理人员，是实行差异市场营销策略的必要条件，而且随着产品品种的增加，分销渠道的多样化，以及市场调研和广告宣传活动的扩大与复杂化，生产成本和各种费用必然大幅度增加，需大量资源作为依托。同时，经营的产品多，企业的分销费用、广告费用、储存费用、推销费用等均会大幅度增加，销售成本也会大幅度增加，产品的总成本自然高，消费者是否可以接受，是企业应慎重考虑的。

差异性市场营销策略优点是能扩大销售，减少经营风险，提高市场占有率。因为多品种的生产能分别满足不同消费者群的需要，扩大产品销售。由于某一两种产品经营不善的风险可以由其他产品经营所弥补，如果企业在数个细分市场都能取得较好的经营效果，就能树立企业良好的市场形象，提高市场占有率。但是，企业采用差异性市场营销策略，还应根据企业自身的人力、物力、财力来考虑，如果实力不足，则不宜使用（见图5－3）。

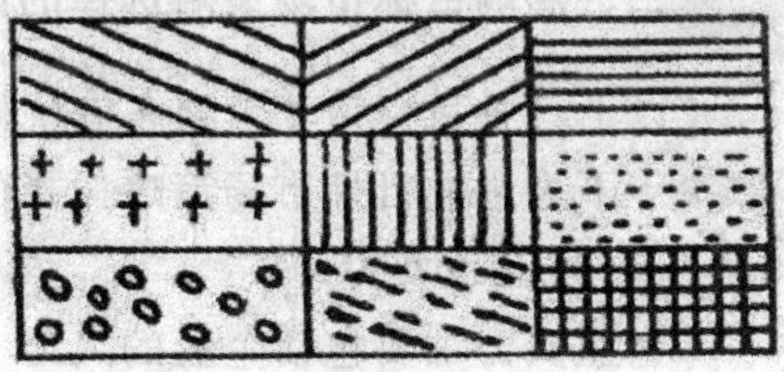
图5－3　差异性市场营销策略示意图

[阅读材料]

农夫果园的成功也是差异化战术的体现，首先在果汁的内容物上，“喝前摇一摇”的混合果汁饮料是卖点。除了产品的内容物的强烈差异之外，其在外包装上也是动足了脑筋，瓶口比一般的果汁饮料大出了10毫米。这个差异尤其吸引年轻的消费者。最后一点，也是最重要的一点，是果汁的浓度，也就是口味，农夫的≥30%浓度的诉求点正是符合了现今的潮流——追求健康和天然美容的潮流。也因为这个浓度要比一般的果汁饮料浓度高出10%。

3. 集中性市场营销策略。集中性市场营销策略是企业在市场细分过程中，集中所有力量以一个细分市场为目标市场，运用全部市场营销组合，实行专业化生产和经营的目标市场策略。

集中性市场营销策略主要适用于资源有限的中小企业或是初次进入新市场的大企业。中小企业由于资源有限，无力在整体市场或多个细分市场上与大企业展开竞争，而在大企业未予注意或不愿顾及而自己又力所能及的某个细分市场上全力以赴，目的是求得在小市场上占有较大的份额，则往往容易取得成功。实行集中性市场营销策略是中小企业变劣势为优势的最佳选择。

集中性市场营销策略的优点是目标市场集中，有助于企业更深入地注意、了解目标市场的消费者需求，生产适销对路的产品，有助于提高企业和产品在市场上的知名度和市场占有率；集中性市场营销策略可以准确地了解顾客的不同需要，生产专业化程度高；集中市场营销策略还有利于企业集中资源，节约生产成本和各种费用，增加赢利，取得良好的经济效益。因此，对于生产周期短、数量波动大的产品以及资金薄弱、规模较小、活动范围不大但应变能力强的中小企业，采用此种策略较好。集中性市场营销策略的缺点是企业潜伏着较大的经营风险。由于目标市场集中，一旦市场出现诸如较强大的竞争者加入、消费者需求的突然变化等，企业就有可能因承受不了短时间的竞争压力，而立即陷入困境。因此，采用集中市场营销策略的企业，要随时密切关注市场动向，充分考虑各种对策和应急措施（见图5－4）。

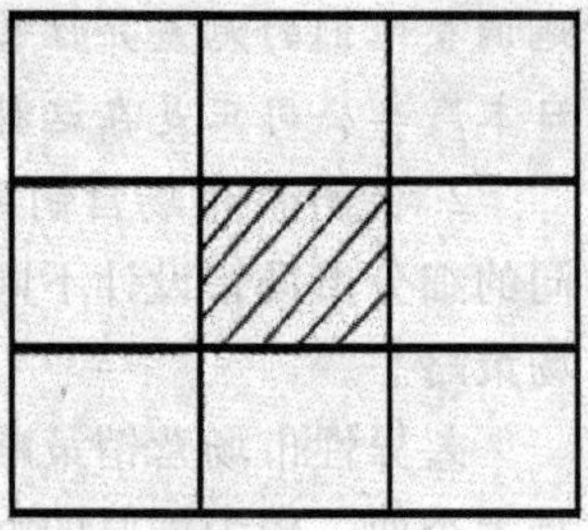

图5－4　集中性市场营销策略示意图

三、影响目标市场策略选择的因素

以上三种目标市场策略各有优缺点，企业在确定了目标市场后，究竟采取哪种策略，取决于下列影响目标市场策略选择的各种因素。

（一）企业实力

企业实力主要包括企业的人力、物力、财力以及生产、技术、营销力量等。如果企业实力较强，可根据产品的不同特性选择差异性市场营销策略或无差异性市场营销策略；如果企业实力较弱，无力顾及整体市场或多个细分市场，则可选择集中市场营销策略。如果这种企业不注重提高市场占有率，而一味强调扩大市场面，则对企业竞争力的提高影响很大。

（二）产品性质

这里的产品性质是指产品是否同质，即产品在性能、特点等方面差异性的大小。产品的性质不同，应分别采用不同的策略，选择不同的目标市场。如果企业生产同质产品，可选择采用无差异性市场营销策略，如营销米、面、盐、食油等日常消费品，虽然由于原材料和加工不同，使产品质量上存在差别，但是这种差别不十分明显，消费者一般都很熟悉，不需要特殊的宣传介绍，只要价格相当，消费者一般没有特殊的选择和要求，因此可采用无差异性市场营销策略。如果企业生产异质产品，则可选择采用差异性市场营销策略或集中性市场营销策略，如家用电器、照相机、家具等耐用消费品的选购。

（三）市场性质

这里的市场性质是指市场是否同质，即市场上消费者需求差异性的大小。如果市场是同质的，即消费者对某些产品的需求欲望、兴趣爱好大致相同，需求差异性不大，消费者购买行为基本相同，企业则可选择采用无差异市场营销策略；反之，市场需求差别大，消费者挑选性又强，企业则可选择采用差异性市场营销策略或集中性市场营销策略。

（四）产品市场生命周期

产品市场生命周期分为投入期、成长期、成熟期、衰退期四个阶段，产品处于不同的生命周期阶段，企业应分别采取不同的市场策略。一般来说，处在投入期和成长期初期的新产品，由于竞争者少，品种比较单一，市场营销的重点主要是探求市场需求和潜在消费者，企业可选择采用无差异性市场营销策略；当产品进入成长期后期和成熟期时，由于市场竞争激烈，消费者需求差异性日益增大，为了开拓新的市场，扩大销售，企业可选择采用差异性市场营销策略或集中性市场营销策略，保持原有市场，延长产品市场生命周期；对进入衰退期的产品，应采用集中性市场营销策略，以维持和延长产品的生命周期，避免和减少企业的损失。

（五）市场竞争状况

企业采用何种市场营销策略，还要看市场竞争状况，尤其是主要竞争对手所采取的策略。企业的目标市场策略应当与竞争对手的目标市场策略不同。如果竞争对手强大并采取无差异性市场营销策略，企业则应选择采用差异性市场营销策略或集中性市场营销策略，以提高产品的市场竞争能力；如果竞争对手与自身实力相当或较弱，企业则可选择采用与之相同的目标市场策略；如果竞争对手都采用差异性市场营销策略，企业则应进一步细分市场，实行更有效、更深入的差异性市场营销策略或集中性市场营销策略。

企业选择目标市场营销策略时，应综合考虑以上影响目标市场营销策略选择的因素，权衡利弊，综合决策。目标市场策略应保持相对稳定，但当市场营销环境发生重大改变时，企业应当及时改变目标市场策略。竞争对手之间没有完全相同的目标市场策略，企业也没有一成不变的目标市场策略。

第三节

市　场　定　位

企业选定目标市场之后，就要在该市场进行企业与产品的市场定位。但是通常的情况是市场已经有竞争者占领，企业为了能在市场上战胜竞争者，必须了解竞争者，使自己的战略计划与众不同，以优质的产品与服务作为进入目标市场的市场定位。这是企业市场营销战略体系中的重要组成部分，关系到企业与产品在消费者心目中的地位。

一、市场定位的概念

（一）市场定位的概念

所谓市场定位，即确定产品与企业在目标消费者中的地位。现代市场营销理论认为，市场定位是指针对消费者对企业或产品属性的重视程度，确定企业相对于竞争者在目标市场上所处的市场位置，通过一定的信息传播途径，在消费者心目中树立企业与众不同的市场形象的过程。所以，市场定位的依据一是消费者的需求特征；二是该产品的主要竞争者的产品主要特征。

（二）市场定位的实质

市场定位的实质是使企业与其他企业严格区分开来，突出企业及其产品的特色，使消费者明显感觉和认识到这种差别，在消费者心目中占有特殊的位置，给消费者留下良好的印象，从而取得目标市场的竞争优势。市场定位，关键的不是对产品本身做些什么，而是在消费者心目中做些什么，单凭产品质量上乘或价格的低廉已难以获得竞争优势。

（三）市场定位的作用

市场定位在现代市场营销实践中具有极其重要的作用。市场定位通过向消费者传播信息，使产品的差异性清楚地凸显于消费者面前，从而有利于赋予产品个性，树立产品独特形象。市场定位由于是针对消费者对企业或产品不同属性的重视程度，这样就能适应细分市场的特定要求，又因为与消费者实现了有效的信息沟通，强有力地塑造了企业或产品的独特市场形象，所以使得企业与市场竞争对手与众不同，从而有效增强了企业的市场竞争力。市场定位可以避免企业恶性竞争，有利于促进企业良性发展。市场定位是制定市场营销组合策略的基础，企业市场营销组合策略要受到企业市场定位的制约。

二、目标市场定位的方法

目标市场定位的方法可分为四个具体的操作步骤：

（一）建立市场结构图

任何一种产品都有许多属性或特征，如价格的高低、质量的优劣、规格的大小、功能的多少等。其中任何两个不同的属性变量就能组成一个坐标，从而构建起一个目标市场的平面图。

以产品的价格和质量分别作为坐标变量建立一个坐标来分析目标市场是非常普遍的做法，因为任何产品的这两个属性特点都是消费者最关心的。当然根据不同的产品，企业也可选择消费者关心的其他属性，如规格——速度组合用于分析旅游用客车市场；品位——重量组合用于分析咖啡市场等。图 5 - 5 是以价格和质量对电脑市场的一个分析。

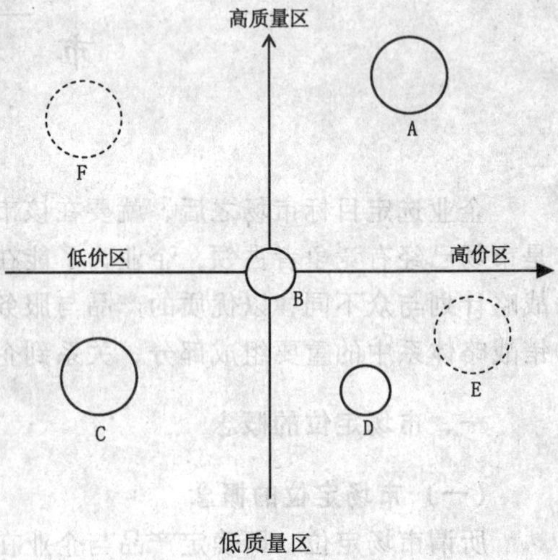

图 5 - 5　目标市场定位

（二）在市场结构图上大致描绘出竞争状况

目标市场定位的第二步就是在市场结构图上标明现有竞争者的位置（坐标平面上的点）及其市场份额大小（圆圈的面积）。以图 5 - 5 为例，A、B、C、D 四个圆圈分别代表目标市场上已有的四个竞争者，圆心的坐标反映其在目标市场中的实际定位，圆圈的面积大小则说明各个竞争者的销售大小。我们可以看到，A 是电脑市场中颇有声望的企业，它生产的是优质优价的产品；B 企业生产的是质量中等的中档产品；C 企业占据着低档产品市场部分，以低价提供低质的产品；D 企业以高价提供着质量低劣的产品。这四个企业中 A 企业的销售情况最好，市场份额最大。

完成第二步工作，企业得到一张详细的“作战图”，“对手”的分布和实力都一目了然。

（三）初步确定定位方案

试着将代表本企业的小旗插到“作战图”的不同位置，每一种位置意味着一种定位方案。分析、评价各种可能的方案后，选出最理想的作为初步的定位，经有关部门详细论证后，由企业决策当局确定。

（四）修正定位方案和再定位

企业的定位是否准确是关系到企业成败的关键，所以在初步定位完成后，还应做一些调查和试销工作，及时找到偏差并立即纠正。

即使初步定位正确，还应看到市场环境的动态变化，随时准备对产品进行再定位。一般来说，三种变化是促使企业考虑再定位的力量：一是消费者需求的萎缩或消费者偏好的转移；二是竞争者定位策略和实力的改变，威胁到企业在目标市场的发展；三是企业自身的变化，如掌握一种尖端生产技术，使生产成本大幅度下降或能生产原先不能开发的产品。再定位就是重新定位，可以视为企业的战略转移。企业的重新定位，是企业适应环境做出的重大决策，但战略转移的成本和新定位的收益问题必须要加以注意，其定位前提是确保企业有一定的赢利。

三、目标市场定位的策略

企业目标市场定位的最终确定，必须对企业自身、竞争对手做出客观评价和对消费者的需求有个充分分析。从理论上讲，企业可选择的目标市场定位策略主要有三种。

（一）填补策略

填补策略即企业将自己的产品定位在目标市场目前的空缺部分，市场的空缺部分指的是市场上尚未被竞争者发觉或占领的那部分需求。企业选择填补策略，大都因为该策略能避开竞争，获得进入某一市场的先机，先入为主地建立对自己有利的市场地位。如图5－5中 F 所在的位置。

但在决定采取填补策略之前必须仔细分析“空缺”的性质和大小，以及企业自身的实力特点。首先，这一空缺为什么存在，是因为竞争对手没有发觉、无暇顾及或是因为这里根本没有潜在的需求，不要低估了你的竞争者，轻易地以为空缺的存在是前两种原因；其次，如果确实存在潜在的需求，那么要考虑这一空缺是否有足够大的空间，也就是说，这些潜在需求是否具有一定规模足以使企业有利可图。在得到肯定答案后，企业要思考的第三个问题是自己是否有足够的技术开发能力去为这一市场的空白区域提供恰当的产品。如果企业不具备应有的技术开发和生产能力，而一意孤行，只可能造成失败和大量资源浪费。此外，企业的营销管理能力是否能胜任对空白区域的开发也很重要。最后，企业还要判断填补这一空位在经济上是否合算。企业是追求利润的经济组织，因此，即使前面几个问题都有令人满意的答案，但获利情况不佳，例如因开发产品和启动市场的成本太高，企业收益无法弥补或弥补后只有微利时，是不应选择填补策略的。

（二）并存策略

所谓的并存策略，是指企业将自己的产品定位在现有的竞争者的产品附近，力争与竞争者满足同一个目标市场部分，即服务与相近的顾客群，如图 5－5 中 E 所在的位置。并存策略不是取代策略，因此它并不是向竞争对手发动猛烈进攻，而是一些势力不强的中小企业在产品定位时，跟随先有大企业的行动，力求与对手和平共处的一种策略。

采用这种策略，企业无须开发新产品（可仿制现有的产品），免去了大量的研究开发费用；由于现有的产品已经畅销于市场，企业也不必承担产品不为市场接受的风险。这样企业可在树立自己的品牌上多投入精力。

不过企业施行并存策略，必须有两个前提条件：第一，在企业意欲进入的目标市场区域还有未得到满足的需求，即该区域现有的供给外还有吸纳更多商品的能力；第二，企业推出自己品牌的产品时，应注意在各方面既能与竞争产品媲美，又有自己的品牌特色，这样才能拥有自己的顾客。

（三）取代策略

取代策略，顾名思义就是要将竞争对手赶出原来的位置，自己取而代之。这是一种竞争性最强的目标市场定位策略。企业这样定位是准备挑战现有的竞争者，力图从他们手中抢夺市场份额。选用这一策略的企业一般实力都比较雄厚，为扩大自己的市场份额，决心并且有能力和信心击败竞争者。但也可能是企业选择的目标市场区域已经被竞争者占领，而且不存在与之并存的可能，企业只好勇敢地出击。有时候，小企业也有可能将大企业从某些市场区域中挤走。

除对竞争者的优点和弱点有清晰的了解外，采取取代策略的企业需要具备三个条件：第一，企业推出的产品在质量、功能或其他方面有明显优于现有产品的特点；第二，企业能借助自己强有力的营销力量使消费者认同这些优越之处；第三，企业拥有足够的实力，其资源足以支持这种较量。

复习思考

1. 什么是市场细分？它对企业营销活动的意义何在？
2. 消费者市场细分的主要标准是什么？产业市场细分的主要标准有哪些？
3. 企业可以选择的目标市场范围模式有哪些？
4. 三种目标市场营销策略各有何特点？企业如何选择？
5. 什么是市场定位？如何进行目标市场定位？

案例分析

红桃 K 的目标市场营销

红桃 K 集团是武汉著名的企业，红桃 K 生血剂的年销售额达数十亿元。总销售额中有 70% 的份额在农村市场。

公司根据消费者市场细分中地理因素进行细分，在对农村市场进行大量调查的基础上，了解到农村存在着高比率的贫血人口，对生血剂有着巨大的潜在需求，而且，农村市场对产品功效要求更为迫切，见效快的产品容易占领市场。因此，公司决定以农村市场为目标市场，并为其设计了一整套的营销策略。

农村消费者的求廉心理比城市消费者更重，这是因为其经济条件决定了其购买力水平。红桃K集团经过对农村市场的研究后制定了正确的价格策略：30元/盒是农村可以接受的价格。在深入调查后发现，农村中经济条件好的消费者，较多地将红桃K生血剂作为保健品购买；经济条件一般的消费者中部分作为保健品购买，部分作为药品购买；经济条件差的消费者较多地作为药品购买。红桃K生血剂在农村巨大的市场，也说明它的定价是合理的。

"红桃K"作为生血剂的命名，不仅含义吉利，寓意着补血增寿的特点，还寓意产品和企业追求第一的定位。红桃K在农村市场有特殊的亲切感，因此，它提高了生血剂的知名度和传播性。

广告促销对红桃K市场开拓有着巨大的作用。农村市场开拓之初的广告语"呼儿嗨哟，中国出了红桃K"，让农村市场产生一种探求欲望，红桃K到底是什么？此后，红桃K又推出"红桃K补血快，疗效客观可测"这一功效性的广告语，及时消除农村消费者心中的疑虑。在农村制作墙标，处处可见，宣传效果好。这样持久地、反复地将产品功效的信息向农村消费者传递。

红桃K开拓农村市场，组建了深入县乡村的营销队伍，不论是地域辽阔，还是人居分散，只要有县城、乡镇、村庄，红桃K的营销队伍都会深入下去，进行宣传工作。红桃K还十分重视售后服务，赢得了广大农村消费者的信任。

问题：红桃K选择农村作为自己的目标市场是否恰当？它采取了哪种目标市场策略？该策略的优缺点有哪些？

（资料来源：本案例根据网络资料整理，http：//chinaxxm. blogcn. com/diary，11515087. shtml。）

技能训练

将学生分组，每个小组5~8人为宜。

1. 选择一个熟悉的产品，运用市场细分标准进行细分。
2. 在市场细分的基础上，对目前的目标市场及营销策略进行评估。
3. 对该产品的定位进行评估和改进。

第六章
产品策略

学习目标

- □ 正确理解产品、整体产品的概念
- □ 熟悉产品组合策略
- □ 了解品牌及包装策略
- □ 掌握产品的市场寿命周期的含义、特点以及营销策略
- □ 熟悉新产品的开发策略

案例导入

诺基亚的产品策略

1998 年，人们惊闻：北欧小国芬兰有一家名叫诺基亚的公司，其手机销售量超过了全球通讯巨无霸摩托罗拉，一跃成为移动电话制造业中的世界冠军！

1981 年，在总裁凯雷莫的率领下，诺基亚成功地把简陋的无线通讯器，发展为一种成熟的移动通讯系统，也就是我们今天说的手机。诺基亚开发出来的手机，尽管不是世界上的第一个，但它具有许多实用性的优点，所以受到了市场的欢迎，成为诺基亚的一个赢利点。

随后，奥利拉进入了诺基亚。在手机研发部的项目档案中，他发现诺基亚有一个没被注意的为 GSM 标准开发相应手机产品的项目。当时，GSM 远未是一个成熟的数字化手机通讯标准，奥利拉凭直觉顿时预见到，它很可能成为继模拟方式之后的第二代手机标准。

奥利拉一边拟定详细计划呈报董事会，一边组织科研人员，全力向 GSM 手机进攻。

和伙伴们密谋数月，得出两个结论：(1) 诺基亚将只以手机和手机网络设备为发展方向，其中以 GSM 手机为重点，全力以赴，做全球市场，做增值产品，做增值服务；(2) 如果他们思虑周密，保证自己的每一步都不出错，就能够打败强敌，成为行业领导者。

他们决定，诺基亚的传统产品将一个不留。最先是造纸和橡胶制品被扫地出门，然后

是电线电缆停产。至于牵涉重大的电视机和电脑产品，虽不能立即停产，但已不再作为发展方向，而是逐步淡出。数年以后，诺基亚果然完全和电视机与电脑生产脱钩。

与 GSM 技术标准同样重要的是，它设计上有两点突破性创新：（1）借鉴了电视机的外形设计，首次采用了大比例显示屏面，显得豪华而气派；（2）巧取了电脑上的用户界面设计思路，首次采用可翻滚文字菜单，使原本复杂的操作变得简单。

拿着诺基亚的这款新型手机，全球用户们赞不绝口，欣喜不已，并把他们的深刻印象和诺基亚的名字牢牢地绑在一起。这就是消费心理学上所说的“用户首次认同”。

诺基亚原定的 2100 机型销售目标是 4 万只，没想到一下就卖出了 2000 万只！巨大的成功使诺基亚声名大振。

（资料来源：本案例根据网络资源整理，http：//www.docin.com/p－24227576.html。）

分析：诺基亚如何依靠产品策略赢得了市场？

产品因素是市场营销活动中最基本的部分，若企业不能生产出让消费者满意的产品，其他的策略、战术就无从谈起。所以产品策略也是企业在市场营销组合中最重要的因素。

第一节 产品和产品组合

产品是企业市场营销组合的首要因素。一个企业要实现自己的目标，必须拥有适销对路的产品。价格、渠道、促销等组合因素是因产品的存在而存在，也会因产品变化而随之变化。既然产品如此重要，那么究竟什么是产品？

一、产品的概念

从市场营销学的角度来看，对产品概念的诠释要广泛得多，它是指向市场提供的能满足人们某种需要的物品和服务。它包括实物、劳务、场所、组织和思想等所有的有形和无形的东西。

菲利普·科特勒用五个基本层次来描述产品整体概念：即核心产品、基础产品、期望产品、附加产品、潜在产品，而国内大多数学者一般将产品分为三个层次，即核心产品、形式产品和附加产品。本书拟采用三分法加以阐述（图 6－1）。

（一）核心产品——内在质量

核心产品也叫实质产品，是指顾客在购买某种产品时所追求的效用和利益，这是顾客购买时真正要获得的东西。

因此，企业的产品生产或营销经营活动，首先考虑能为消费者提供哪些效用和功能，并且着眼于产品的这些基本效用和性能上。营销人员的任务就是要揭示隐藏在每一产品内的各种需要，并出售利益，而并不是出售产品的特点。例如，女士购买口红并不是为了获得口红本身，而是要满足爱美的需求；人们购买电视机是为了满足其“信息和娱乐”的需要，而购买牙膏就是要获得“洁齿、防龋”的效用。

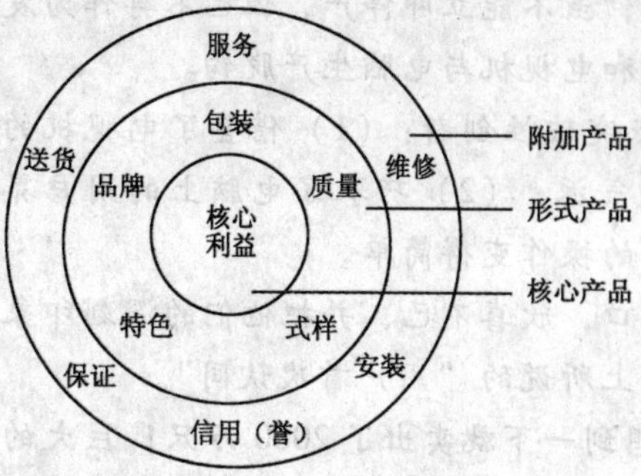

图 6-1　产品整体概念

（二）形式产品——外在质量

形式产品也称产品形态，是指企业向市场提供的产品形状和外观。有形产品是顾客需求的不同满足形式，是核心产品的载体。形式产品一般表现为产品的形状、特点、包装、品牌等。由于同类产品的基本效用都是相同的，因此，企业要获得竞争优势，吸引消费者购买自己的产品，必须在形式产品上多动脑筋，在产品设计时，应着眼于消费者所追求的基本利益，同时市场营销人员也要重视如何以独特的形式将这种利益呈现给消费者。如通过改良外观，在满足消费者基本需要的同时，满足审美需要；通过提高质量，延长使用生命来满足经济性需要。例如，对于洗衣机，其形式产品就是其产品质量、外观式样、品牌名称和包装。服务也应该有产品形态，人们旅游时，不但需要观光、购物，还需要旅行社提供到位的导游服务。

（三）附加产品——服务质量

附加产品也叫延伸产品，它是指消费者购买产品时随同产品所获得的全部附加服务与利益，从而把一个公司的产品与其他公司区别开来。包括产品的品质保证、送货上门、安装调试、维修、技术培训、融通资金等服务带来的附加价值以及由产品的品牌与文化、企业的形象与员工技能与形象带来的价值等。

在商品竞争激烈的现代社会里，附加产品也成为企业竞争的重要手段。正如美国著名营销专家李维特所言：“未来竞争的关键不在于工厂能生产什么产品，而在于该产品提供的附加价值：安装、维修、用户咨询、购买信贷、及时交货和人们以价值来衡量的一切东西”。

二、产品整体概念对市场营销活动的意义

产品整体概念集中反映了以消费者需求为核心的市场营销观念，证明了企业及其产品的竞争力，主要取决于对消费者需求的满足程度。因此，企业要在激烈的市场竞争中保持自己的优势地位，就必须从整体上来认识产品，使产品整体概念不断完善。

1. 产品整体概念说明了产品是有形产品和无形产品的统一。企业在产品设计、开发过程中，要有针对性地赋予产品不同的功能，以满足消费者的不同需要，企业要在激烈的竞争中取胜，就必须创造自身产品的特色。同时保证产品的经济性和安全可靠性；另一方面，对于产品的无形性更应充分重视。对于消费者来说如果形式产品的质量性能相同，而随形式产品所提供的服务不同，用户在购买使用时得不到安装、运输、维修等方面的服务，就可能改变购买意向，去购买那些有保障的产品。

2. 对产品整体概念的理解必须以消费者的基本需求为中心。产品整体概念的几个层次，清楚地展现了一切以市场需求为中心的现代市场营销观念。衡量一个产品价值的大

小，是要由消费者来决定的，而不是由生产者决定的。企业市场营销管理的根本目的就是保证消费者的基本利益。产品营销概念明确地向生产经营者提出，要竭尽全力地通过形式产品和附加产品去满足核心产品所包含的一切功能和非功能的要求，充分满足消费者的需求。

3. 产品整体概念是一个动态概念。随着人们生活水平的不断提高和消费需求的变化，市场竞争的焦点在不断转移，对企业产品也提出了越来越高的要求，为适应这样的竞争态势，产品整体概念延伸也进一步扩大。当产品整体概念的外延再延伸一个层次，市场竞争又将在一个新的领域展开。

4. 根据不同顾客的需要设计不同的附加产品，是提高产品竞争力的重要途径。按照产品整体概念，企业可提供的附加产品同形式产品一样，必须针对顾客的需要，并增加其实际利益。例如，对生产企业来说，在销售过程中，可能会出现两类顾客，因而附加产品也就有所不同。第一类是中间商，第二类是最终使用者。对于最终使用者来说，购买产品的目的在于使用，因此，企业提供给他们的服务是以保证用户的正常使用为中心，如技术咨询、推销服务和各种保证（保修、保退、保换等）；中间商购买产品的目的在于重新出售以获取利润。此种情况，生产企业所提供的服务应有完全不同的内容，如培训推销员、代作广告、延期付款等。中间商虽不是产品的最终使用者，但他们在营销过程中有着非常重要的作用，如果忽视这类顾客的需要，不能提供不同类型的服务，就会直接影响到产品的销售。

三、产品组合

（一）产品组合的含义

1. 产品组合的概念。企业为扩大销售、分散风险、增加利润，往往生产经营多种产品。在整体产品的概念的指导下，企业必然会对其产品进行开发、改进来满足消费者的多样需求。因此企业生产经营的产品不是单一的，而是由多个品种构成的。对于企业生产经营的所有产品在品种、规格上的构成，称其为产品组合。但企业所生产经营的产品并非多多益善，这就需要对产品组合进行认真研究和选择。所谓产品组合，是指一个企业生产经营的全部产品线、产品项目的组合方式。定义中的产品线是指具有相同的使用功能，但规格、型号不同的一组类似产品项目；产品项目是指产品线中按规格、外形、价格等区分的具体产品。

2. 产品组合包括的因素。任何企业的产品组合一般都有其广度、深度及关联性。

（1）产品组合的宽度（又称产品组合的广度），是指一个企业所拥有的产品线的多少。产品线越多，说明产品组合的广度越宽。例如，彩虹集团显像管股份有限公司仅生产显像管，其产品组合就很窄。相反，像宝洁集团除了生产护发品外，还生产保健品、饮料、食品等等，其产品组合广度就大。

（2）产品组合的深度，是指产品线中的每一产品有多少品种。例如，佳洁士牙膏有三种规格和两种配方，那么佳洁士牙膏的深度就是6。通过计算每一品牌产品品种数目，我们就可以计算出宝洁公司产品组合的平均深度。

（3）产品的关联度，产品关联度是指各产品线之间在最终用途、生产条件、销售渠道等方面的相互关联的程度。

产品组合的宽度、深度和关联度的不同就构成不同的产品组合。因此，企业的产品组合也是由这三个因素来描述的，如图6-2所示。

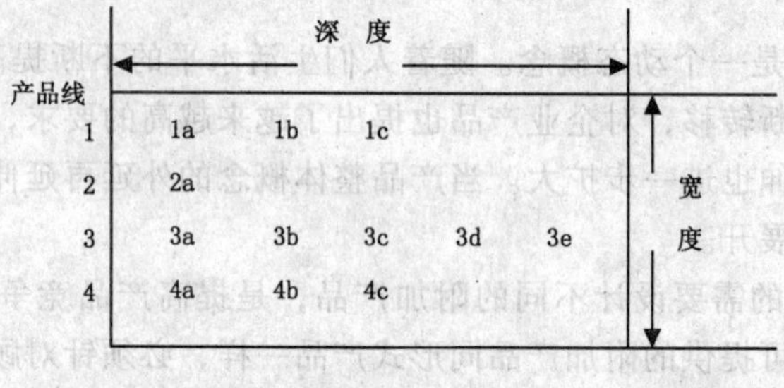

图6-2 产品组合

在图6-2中，产品项目共有12个，产品线有4条，产品组合平均深度为3（12/4）。

3. 产品组合的意义。产品组合的宽度、深度和关联度，在企业的市场营销中，有着十分重要的意义。

（1）增加企业产品组合的宽度，即增加产品线，能够充分发挥企业的优势和特长，使企业的设备、技术、人力等资源得到充分发挥，扩大企业的经营范围，提高销售额，提高经济效益。如一些电冰箱厂利用自己的制冷技术设备开发空调产品，既适应了市场的需要，又增加了企业的效益。

（2）减少企业经营风险，实行多样化经营。随着市场的变化，单一的产品生产的销售风险可能会增大，扩大产品组合的深度，增加产品的品种，使各产品线具有更多规格齐全、花色丰富的产品，既可以吸引顾客，适应更广泛的消费需求，又可降低企业的经营风险。

（3）提高产品的关联度，可增强企业的市场地位，充分发挥企业的技术，生产和销售能力。

（二）产品组合的策略

1. 产品组合策略。产品组合策略，就是企业根据其经营目标和市场竞争环境，对产品组合的宽度、深度和关联度进行抉择，使之形成最佳的产品组合。通常情况下，企业采用的产品组合策略有以下几种：

（1）扩大产品组合策略。扩大产品组合策略着眼于向顾客提供所需要的所有产品。它包括三个方面的内容：一是扩大产品组合的宽度，即在原产品组合中增加一条或几条产品线，扩大产品经营范围；二是扩大产品组合的深度，即在原有产品线内增加新的产品项目，发展系列产品，增加产品的花色品种；三是增加产品组合的关联度。这三个方面，企业可根据自己的情况，只采取一种，或者是多种。

扩大产品组合策略，能够充分利用生产设备、原材料、销售渠道的利用率，避免企业生产能力与资源的浪费，从而达到提高企业经营效果的目的；能减少风险；能适应用户多方面的需要，从而提高市场占有率，增强企业的市场竞争能力。当企业预测到现有产品线的销售额和利润率在未来要下降时，往往会考虑采用这一策略。

扩大产品组合策略也往往会分散经营者的精力，增加管理困难。因此，企业必须从自己的实际能力出发，根据企业生产实力的大小确定自己的经营范围。

（2）缩减产品组合策略。缩减产品组合策略是企业从产品组合中剔除那些获利小的产品线或产品项目，就是缩小产品组合的宽度和深度，集中经营那些获利最多的产品线和产品项目。这种策略通常是在经营状况不景气，或者市场环境不佳时使用。

企业采用这种策略时，可以使企业避免战线过长，造成精力分散，可使企业集中精力对少数产品改进品质，使企业生产经营专业化，减少资源占用，降低成本，便于提高劳动生产率和加强售后服务。

（3）产品延伸策略。产品延伸策略是企业把产品线延长，指全部或部分地改变公司原有产品的市场定位，增加经营档次或经营范围。具体做法有向下延伸、向上延伸及双向延伸。

• 向下延伸。又称低档产品策略，是指企业原来生产高档产品，后来决定增加低档产品。企业采取向下延伸策略的主要原因是：原有的高档产品在市场上受到竞争者的威胁，本企业产品在该市场的销售增长缓慢，企业向下延伸，以寻找新的经济增长点。

• 向上延伸。向上延伸又称高档产品策略，企业原来生产低档产品，后来决定增加高档产品。采取向上延伸策略的原因有几个方面：一是市场上对高档产品的需求增加，高档产品销路好，利润率提高；二是企业追求高、中、低档齐备的产品线，使自己生产的产品品种更丰富，更全面，以占领更多的市场；三是利用高档产品来提高产品的形象。

向上延伸也存在风险：一是可能引起原来生产高档产品的竞争者采取向下延伸的策略，从而增加企业的竞争压力；二是市场上消费者对本企业生产高档产品的能力不了解，产品的销路可能受影响；三是原来生产、销售等环节没有这方面足够的技能和经验。

• 双向延伸。双向延伸是指企业原来生产中档产品，现在同时向高档和低档产品延伸。扩大市场阵容，丰富产品类型。

（4）产品差异化策略和产品细分化策略。产品差异化策略就是在同质市场上，使本企业的产品同竞争者的产品有明显不同的特点。这些不同，可以表现在物理、化学性能上，也可以表现在产品的外观设计和包装上，还可以表现在产品的附加利益上。采用什么方法显示差别，要根据不同的产品决定。

产品细分化策略是在市场细分化策略的基础上产生的产品策略。它假定市场上总是存在着未能满足的需求，企业可以把同种产品的未能满足的需求分割出来，自己去生产这一独特的产品以满足消费者的需要。

实行产品差异化策略和产品细分化策略，对于进行市场竞争，扩大市场占有率有很大的好处。它可避免由于价格竞争形成的直接对抗，因而容易取得成功。在这当中，产品细分化策略比产品差异化策略有更大的优势。因为产品差异化是从卖方出发，采用不同的方式吸引买方购买其产品；而产品细分化是从买方的需要出发，去努力满足这种需求，所以它更体现了现代市场营销观念的要求。

产品组合应该遵循的原则是有利于促进销售和增加企业的总利润。企业在选择产品组合策略时，必须从企业自身和市场的实际情况出发，保证产品组合的最优化。在此，企业要考虑三个方面的因素：一是企业的生产条件，包括资金、技术、设备、原材料供应等；二是市场的需求量及其需求增长量；三是市场竞争的状况。由于上述条件不同，产品组合策略也应不同。

2. 产品组合矩阵图。企业在对产品组合作决策时，可以考虑利用美国波士顿咨询公司创立的“市场增长率—市场占有率矩阵”来协助进行（见图6-3）。

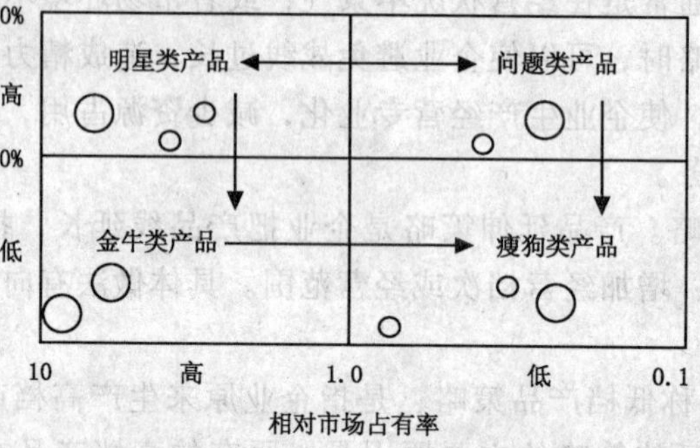

图6-3

该矩阵图中的纵坐标表示市场增长率，一般以10%为分界线，即10%以上为高市场增长率，10%以下为低市场增长率。

矩阵图中的横坐标表示相对市场占有率，以对数尺度表示。所谓相对市场占有率是指企业各个产品的市场占有率与同行业中最大竞争对手的市场占有率之比。例如：企业某产品的相对市场占有率为0.1，则表示企业该产品的市场占有率为最大竞争对手产品市场占有率的10%；如果产品相对市场占有率为10，则表示企业该项产品已成为行业中的领袖且其市场占有率为次强者的10倍。

该矩阵图的纵轴以10%为分界线，横轴以1.0为分界线，可将所有产品的市场地位分为四种类型：

（1）问题类产品：这是市场增长率高而相对市场占有率低的产品类型。企业的产品大多是从问题类开始，因为企业都想进入到高速增长的市场。该类产品的特点是需要投入大量的资金给予支持，因为企业须添置厂房、设备及投入人力才能跟上迅速增长的市场需求。

（2）明星类产品：这是处于高市场增长率与高相对市场占有率的产品。明星类产品往往是市场中的领先者。一般问题类产品经营成功就会变为明星类产品。但是，这并不等于明星类产品能给企业带来大量现金。该类产品的特色是必须投入大量现金来维持相对市场占有率来击退竞争对手，所以，明星类产品是现金消耗者而非现金生产者。但明星类产品有可能成为未来的金牛类产品。

（3）金牛类产品：产品的市场增长率下降到10%以下，同时保持较高的相对市场占有率，就成为金牛类产品。这类产品能为企业带来大量的现金收入，就像奶牛不断挤出牛奶一样，这是因为市场增长率低，企业不必大量投资，又因为是市场领先者，所以能取得规模经济效益，取得较高的利润率。企业可用金牛类产品的收入来支持明星类、问题类产品。

（4）瘦狗类产品：这是处在市场增长率低，相对市场占有率低的位置的产品。其特点是利润很低，但对企业带来的损失也不会很大。

第二节 产品市场生命周期

一、产品市场生命周期理论

（一）产品市场生命周期的概念

任何一种产品在市场上的销售情况和获利能力都不是固定不变的，而是随着时间的推移发生变化。如同人一样，也有一个出生、成长、成熟、衰退的过程，随着这种周期性的变化过程，企业的营销策略也应该做相应的改变，以维持并伺机延长产品在市场上的寿命。由此可知，产品市场寿命周期（PLC）是指产品从投入市场到最后退出市场所经历的市场生命循环过程，也就是产品的市场生命周期。

产品市场生命周期一般以产品的销售量和所获的利润额来衡量。典型的产品市场生命周期曲线是S形。根据销售增长率的变化情况，可以把它分为四个阶段：即投入期、成长期、成熟期和衰退期（见图6－4）。

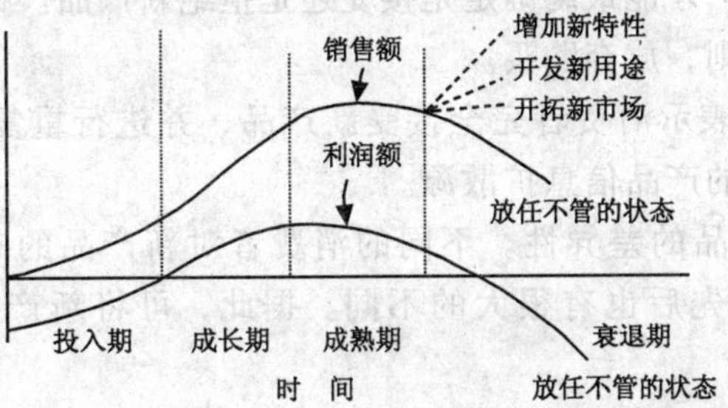

图6－4　产品市场寿命周期

1. 投入期：销售增长率小于10%。新产品刚刚投入市场，人们对新产品缺乏了解，销售量少，销售增长缓慢。产品还有待于进一步完善，产品生产成本和营销费用较高，一般没有利润或只有极少利润。竞争者很少或没有。

2. 成长期：销售增长率大于10%。新产品逐渐被广大消费者了解和接受，销售量迅速增长。利润也相应增加，但也因此引得新的竞争者纷纷入。

3. 成熟期：销售增长率大于0.1%，小于10%。大部分消费者已购买了此产品，销售增长趋缓，市场趋向饱和，利润在达到顶点后开始下降。由于要应付激烈的竞争，企业需要投入大量的营销费用。

4. 衰退期：销售增长率小于0.1%或为负值。销售量显著减少，利润大幅度下降，竞争者纷纷退出，原产品被更新的产品所取代。

（二）产品市场生命周期创新扩散理论的内容

产品市场生命周期的四个阶段，表明了消费者对一种新产品推出后的接受过程。这一接受过程可以通过创新扩散理论来解释。创新扩散理论包括了以下几个内容：

1. 消费者接受创新（新产品）的模式。消费者在接受新产品的过程中，往往需要经过以下五个阶段（图6－5）。

图6－5　消费者接受创新模式

（1）认识阶段。消费者从不同的渠道得知市场上有新产品存在。在此阶段，消费者既使知道了新产品的存在也并不意味着会立刻产生购买欲望。因为还缺乏对新产品的全面认识，所以不会冒然作出购买决策。

（2）兴趣阶段。消费者继续不断地受到刺激，逐渐对新产品产生兴趣。此时，消费者会努力寻找有关新产品的资料，希望进一步了解它，购买新产品的欲望随着兴趣的逐步增强而产生起来。

（3）评价阶段。购买欲望产生后，并不一定立刻去购买，消费者要对值不值得购买进行评价。这个阶段对消费来说是一个关键阶段，他会对新产品进行反复比较，从产品的质量、价格一直到满足需求的程度进行慎重的考虑。在这个阶段，如果对新产品的评价是否定的，那么消费者接受新产品的过程就此中止；反之，则进入实际购买阶段。

（4）试用阶段。消费者决定购买以后，为了验证对新产品的效益的评价，在可能的情况下，先要体验一下，才能最终确定是接受还是拒绝新产品。试用的结果是肯定的，就会进行第二次购买；否则，放弃购买。

（5）常用阶段。这表示消费者完全接受新产品，并进行重复购买。完全接受新产品的消费者，可能成为新的产品信息扩散源。

2. 消费者接受新产品的差异性。不同的消费者对新产品的态度存在着很大的差别，因而接受新产品的时间先后也有很大的不同。据此，可将新产品的接受者划分为五种类型。

（1）创新者。这是一些喜欢冒险，敢于接受新事物的人，因而是新产品的最早接受者。但这一类型的人为数很少，只占到2.5%。

（2）早期接受者。这一类型人的最重要的特征是受自尊所支配，富于自豪感。这部分人在社会中会被同一阶层的人尊重，所以往往可以成为意见领导者，他们能经过考虑较快地接受新产品。

（3）早期多数接受者（早期大众）。这类人比一般人要早接受新产品，因为这部分人既慎重又不想落伍。他们要占全部人数的1/3强。

（4）晚期多数接受者（晚期大众）。这是一些既慎重又固执的人，他们需要大部分人接受后，才会尝试，这些人也要占到1/3强。

（5）落后者。这部分人传统思想严重，对新事物疑心重，反应迟钝，因而是最后接受新产品的人，他们往往在创新已经变成传统后才开始接受。

二、产品市场生命周期各阶段的特点及市场营销策略

产品不同的市场生命周期阶段，企业所面临的情况也各不相同。因此，企业应该根据

产品在市场生命周期各阶段的特点，以及消费者的不同类型，有针对性地制定各个不同阶段的市场营销策略。

（一）投入期的营销策略

投入期，也就是产品首次投入市场后的最初销售阶段。

1. 投入期的主要特点。

（1）产品技术、性能还不够完善。因为这时常常只有一个或少数几个企业生产这种产品，企业对市场的反应还在进行测试，产品的设计还在变动中，以求改进。同时，该产品的生产方法也还没有最后确定，还不具备大批量生产的条件，因而也提高了制造成本。

（2）销售量小。新产品刚进入市场，消费者对产品十分陌生，大部分顾客不愿放弃或改变自己以往的消费行为，销售量小，相应地增加了单位产品成本。

（3）尚未建立理想的营销渠道和高效率的分配模式。

（4）价格决策难以确立，高价可能限制了购买，低价可能难以收回成本。

（5）广告费用和其他营销费用开支较大。作为新产品，市场上人们对它还不了解、不熟悉。为了向市场推荐这种产品，宣传其优点，使顾客乐于采用，必须通过各种途径进行广告宣传。广告及其他推销费用的支出，常常在介绍期达到最高点。

（6）利润较少，甚至出现经营亏损，企业承担的市场风险最大。由于生产批量小，宣传费用高，所以导致产品成本高，企业利润一般较低，甚至亏本，产品的价格也相对较高。

（7）市场竞争者较少。因此，企业应该注重产品的扩散率，降低成本，尽量缩短投入期。就价格和促销水平来看，企业可以有四种策略选择。

2. 投入期的营销策略。

（1）快速撇脂策略。是指采用高价格，同时进行大量促销活动。高价格可以使企业迅速回收成本和获取利润，高促销则可以尽快提高产品知名度，吸引消费者，采用这种策略的市场条件是：大部分消费者还不了解这种新产品，已经了解这种产品的人则急于求购，并且愿意按企业所订价格购买；企业面临潜在竞争者威胁，急需建立消费者对产品的偏好，树立名牌。

（2）缓慢撇脂策略。是指在采用高价格的同时，进行很少的促销活动，高价格可以使企业获取利润，而低促销则降低了促销费用，使企业获得更多的利润。采用这种策略的市场条件是：大多数消费者已经知道了这种产品；同时需要购买者愿意出高价；而且潜在的竞争者威胁不大。

（3）快速渗透策略。指采用低价格和低水平的促销活动来推销新产品，以使产品迅速进入市场，取得尽可能多的市场份额。采取这种策略，目的是在导入期以最快的速度提高市场占有率，以便在以后的时期获得较多的利润。实施这一策略的条件：一是该产品市场容量很大；二是潜在顾客对该产品不了解，且对价格十分敏感；三是市场的潜在竞争较为激烈；四是产品的单位生产成本会随生产规模和销量的扩大而迅速下降。

（4）缓慢渗透策略。是指采用低价格和低水平的促销活动来推销某种新产品。低价格是鼓励消费者迅速接受新产品，促销水平低则可以节省促销费用，增加企业盈利。采用这种策略的市场条件是：市场容量很大；大多数消费者已了解了这种产品，但对价格反应敏感；存在着相当的潜在竞争者。

（二）成长期的营销策略

新产品经过市场介绍期以后，消费者对该产品已经熟悉，消费习惯业已形成，销售量迅速增长，这种新产品就进入了成长期。

1. 成长期的市场特点。

（1）销售量迅速增加。在这一阶段，消费者已了解了这种产品，有越来越多的消费者购买和使用这种产品，销售量和利润迅速上升；另一方面，产品的供应量也由于设计和制造方法已经定型，具备了大批量生产的条件。

（2）市场竞争加剧。利润的上升也使竞争者看到了有利可图，吸引大批竞争者加入，竞争逐渐激烈。

（3）建立了比较理想的营销渠道。

（4）市场价格趋于下降。大批量生产降低了制造成本，而且也使分摊到每件产品上的广告费用降低。产品价格下降。

（5）为了适应竞争和市场扩张的需要，企业的促销费用水平基本稳定或略有提高，但占销售额的比率下降。

（6）由于促销费用分摊到更多销量上，单位生产成本的下降快于价格下降，由此，企业利润将逐步抵达最高峰。

2. 成长期的营销策略。

（1）提高产品质量。从质量、性能、式样、包装等方面努力加以改进，产品的改进可以提高产品在市场上的竞争力，满足顾客更新、更高的需求，从而促成顾客更多的购买。

（2）寻找新的市场。通过细分，找出新的、尚未得到满足的细分市场，结合企业的实际情况，组织生产和销售。方便消费者购买。

（3）扩展企业的分销网络。重新评价渠道，巩固原有渠道，增加新的销售渠道，努力开辟新的销售渠道，使产品更迅速地、更方便地到达更多的购买者手里。

（4）改变广告宣传重点。前一阶段主要是要扩大产品的知名度，让更多的消费者了解产品。进入成长期后，广告宣传重点转向如何劝说消费者购买。主要目标是建立品牌偏好，争取新的顾客，以加强消费者的品牌忠诚度，树立产品的品牌形象。

（5）充分利用价格手段。应选择适当的时机调整价格，以争取更多顾客。由于生产成本开始下降，企业可以适当地降低产品的价格。初期采用高价格者，更可以大幅度地降价，以吸引更多的购买者，排挤竞争者，牺牲目前的短期利润来争取市场占有率的扩大，从而为长期获利打下基础。

（三）成熟期的营销策略

成熟期是市场已经达到饱和的阶段，其销售量最大，利润最高。

1. 成熟期的市场特点。

（1）产品销售增长缓慢，逐步达到最高峰，然后缓慢下降。产品的销售量继续增加，但增长的速度趋于缓慢，这是由于市场需求量趋于饱和，大部分销售额属于替换购买所致。成熟期所经历的时间一般比以前各阶段要长。

（2）产品销售增长率减缓的结果使企业生产能力发生过剩，导致激烈的价格竞争，而迅速压低价格水平。

（3）产量大。成熟期产量达到最高点，此时需要改进产品，调整策略。

（4）竞争激烈。这一阶段竞争达到最激烈的程度，但到后期有些能力不足的竞争者开始退出。

为了维持企业的市场地位，企业应该采取进攻性的策略，积极增加具有新竞争力的因素。

2. 成熟期的营销策略。

（1）市场扩张。一是通过发掘现有的产品的新用途，促使消费者增加消费量，如把节日用品推广到日常使用，或为了取得更佳的使用效果，提倡加倍使用或多量使用某种产品；二是开发产品的新市场，把现有产品扩大到其他细分市场上。如强生公司就曾把婴儿使用的洗发精和爽身粉推广到成年人市场，美国的众多饮料公司则把饮料从国内市场推广到国际市场。

（2）产品改进。通过提高产品质量，增加新的功能，改进产品款式，提供新的服务等，以吸引新的用户使用和使现有用户提高使用率。如电视机，除室内使用的外，现在又推出了可以室外使用的手提式电视机。

（3）调整市场组合。企业的营销组合不是一成不变的，它可随着企业内外部环境的变化而作出相应的调整。产品市场寿命周期到了成熟阶段后，各种内、外部条件发生了重大的变化，因而营销组合也要进行调整。企业可以通过降低价格、增加广告、改善销售渠道及提供更加完善的售后服务等方式，延长产品的成熟期，避免衰退期的早日到来。

（四）衰退期的营销策略

衰退期，即市场衰退期，是产品逐渐被新产品取代而退出市场的阶段。

1. 衰退期的市场策略。

（1）进入衰退期的产品销售开始急剧下降，利润很少或根本没有，产品失去吸引力或被代替，大部分竞争者退出市场。

（2）市场上剩余的消费者会变得更忠诚。

（3）成本上升。由于销售量低，价格低，固定费用却不变，因而成本上升，利润迅速下降。竞争者数量大大减少，该产品的寿命周期陆续结束。

2. 衰退期的营销策略。企业根据具体情况，可以采取以下的策略：

（1）保留策略。是指企业继续把该产品留在市场内。由于其他企业先后退出了市场，它们留在市场内的顾客将由留在市场内的企业接收，因此，企业仍然有一定的销量和利润。这种策略又有几种选择：一是逐渐收缩，二是维持现状。

（2）淘汰策略。指企业决定放弃本产品，停止生产和销售处于衰退期的老产品，把企业的资源转到新产品的开发和推广上去，以新产品取代老产品，有计划地把原有的消费者转到企业的新产品或其他产品上去。

第三节
品牌和包装策略

一、品牌策略

（一）品牌的概念

品牌，也就是产品的牌子，通常由文字、符号、图案、颜色等要素或这些要素的组合构成，用作一个销售集团的标识，以便同竞争者的产品相区别。根据这种解释，组成品牌的有关因素有以下几个方面：

1. 品牌名称。它是指品牌可以用语言称呼，即能发出声音的那一部分，如“五粮液”、“可口可乐”、“Haier 海尔”、“索尼”等。

2. 品牌标记。是指品牌中可以被认知，但不能用言语称呼的部分。品牌标志常常为某种符号、象征、图案或其他特殊的设计。如太阳神中以红太阳三角形所组成的标记。

3. 商标。商标是一个专门的法律术语，品牌或品牌的一部分在政府有关部门依法注册登记后，获得专用权，受到法律保护的，称为商标。经注册登记的商标有“R”标记，或“注册商标”的字样。登记注册之后，便取得了使用整个品牌或品牌中一部分的专用权，其他单位或个人要使用，则要征得商标权所有人的同意，否则就构成了侵权。所以商标是一种法律名词。

4. 厂牌。这是我国的习惯用法，包括厂牌名称和厂牌标志。如“永久牌”自行车既是厂牌标志，又是品牌品质象征。

（二）品牌的作用

1. 有利于消费者识别、购买产品。品牌代表着商品的质量、特色，消费者可以根据品牌，方便地认出他所需要的商品。同时，品牌还可以使消费者明确哪个厂家该对产品负责，便于监督产品质量，保护消费者自身的利益。

2. 有利于企业进行广告宣传和促销活动。这是由于品牌是商品的代表，品牌为广告宣传提供了明确具体的对象。它是塑造产品形象、提高产品知名度的基础。良好的品牌更有利于广告宣传和商品销售。通过反复的向顾客强调品牌，容易让消费者对企业产品产生深刻的识别。同时增强了消费者的品牌意识，使消费者在购买过程中能够迅速辨别出偏爱的品牌，达到促进销售的目的。

3. 有利于对产品质量的监督管理。中华人民共和国商标法规定：使用注册商标，其商品粗制滥造，以次充好，欺骗消费者的由各级工商行政管理部门分别不同情况，责令限期改正，并可予以通报或者处以罚款，或者由商标局撤销其注册商标。经济迅速发展的今天，企业要创立一个品牌，必须经过长期的努力。在这过程中，企业及其产品都必须接受来自消费者、相关管理部门的监督。为了赢得更多的顾客，所以企业需要不断地提高产品质量。

（三）品牌设计

一个读起来琅琅上口、特色鲜明的品牌，无疑会更容易地被消费者认知、记忆，进而获取消费者信赖和激发消费者的购买欲望，促进企业产品的销售。因此，很多企业在为确定一个品牌的名牌，设计一个与众不同的品牌标记而煞费苦心，并不惜巨资。

1. 品牌设计的原则。

（1）容易识别，便于记忆。品牌的重要作用是有助于消费者识别商品。要使人们见到后能留下深刻的印象，起到广告宣传的作用。因此，品牌设计既要简洁明了，通俗易懂，又要新颖别致，能传递给消费者明确的信息，以利消费者准确理解。

（2）表达产品特色与效益。品牌设计不是凭空创造的，既要与产品实体相结合，又能反映产品的基本用途和它给消费者带来的效益。好的品牌设计要能充分显示企业或产品的特色，使消费者一接触到产品的品牌，便能知道这是一种什么样的商品。

（3）品牌设计要构思新颖、特色鲜明。只有在构思上勇于创新，才能够推出美观大方、风格独特的品牌设计，给消费者以美的享受。一个构思独特、造型新颖的品牌又往往能够启发消费者的联想，引起消费者的兴趣，从而激发消费者的购买欲望。

（4）适合国际市场文化。随着国际间经济交往的增加，企业产品营销的范围不断拓展，品牌的设计要符合不同的民族文化。

2. 品牌命名策略。品牌命名的策略多种多样，大致可以分为以下几种：

（1）以商品的主要效用命名。这种方法就是用产品功效为品牌命名，其特点是直接反映商品的主要性能和用途，突出商品的本质特征，使消费者能望文生义，一目了然地迅速了解商品的功效，加快对商品的认知过程。

（2）以数字命名。就是用数字来为品牌命名，借用人们对数字的联想效应，促进品牌的特色。如“001 天线”、“555 香烟”、“505 神功元气袋”，运用数字命名法，可以使消费者对品牌增强差异化识别效果。

（3）以商品的外形命名。这种命名方法具有形象化的特点。能突出商品优美、新奇的造型，引起消费者的注意和兴趣，多用于食品、工艺类商品命名。例如：“佛手酥”、“糖耳朵”等。采取这种命名方法，使名称与形象相统一，可以让消费者从名称联想到商品实体，从而加深对商品的印象和记忆。

（4）以商品的制作工艺或制造过程命名。这也是一种被经常采用的命名方法，多用于具有独特制作工艺或有纪念意义研制过程的商品。例如：“二锅头”酒在制作过程中要经过两次换水蒸酒，且只取第二锅酒液的中段，酒质纯正，醇厚，以此命名能使消费者了解本酒不寻常的酿制工艺，而提高商品声望。

（5）以人名命名。这是以发明者、制造者或历史人物等的名字来给商品命名的办法。这种方法借助名称使特定的人与特定的商品联系起来，使商品在消费者心目中留下深刻的印象。这种命名方法可以给以商品历史悠久、工艺精良、正宗独特、质量上乘的印象。

这种命名具体又分为两种：以历史名人命名。例如“中山装”、“东坡肘子”；以产品首创者名字命名“陈麻婆豆腐”、“赖汤元”等。

（6）以地名命名。就是企业产品品牌与地名联系起来，使消费者从对地域的信任，进而产生对产品的信任。“宁夏红”酒，就是以宁夏特产枸杞为原料酿制的滋补酒，其品牌就是以突出产地来证实这种酒的正宗。

(7) 以外来词命名。这种方法多用于进口商品的命名上，既可克服某些外语翻译上的困难，又能满足消费者求新、求奇、求异的心理要求。在以外来词命名时，无论直译还意译，都要注意使译音琅琅上口，又要寓意良好。如“COCA—COLA”被译成“可口可乐”，既谐音，又使人产生一种愉悦舒畅的感受，从而迅速得到中国消费者的认同。

(8) 以美好形象替代原有名称的命名方法。这在中药的命名中极为常见。中国中药常以一些动物、植物为原料，而原来的名称会令病人产生畏惧心理。为避免产生不良的心理作用，中医常以另外的名称来代替原有名称。如：“地龙”原指蚯蚓；“天龙”原指壁虎等。这种巧妙的掩饰也不妨运用到一般商品的命名上，以拉近消费者与商品的距离。

(9) 以色彩命名。这种方法多用于食品类。例如“黑五类”，原指黑芝麻、黑豆等五种原料。黑字突出表现原料的颜色，强调黑色制品对人体的营养功效。

需要指出的是：无论采取何种命名策略和方法，都要注意使商品名称与商品实体保持某种内在联系。唯有如此，才能达到以名称吸引、诱导消费者的目的。

(10) 自创命名。有些品牌名是词典里没有的，它是经过创造后为品牌量身定做的新词。这些新词一方面具备了独特性，使得品牌容易识别，也比较容易注册；另一方面也具备了较强的转换性，可以包容更多的产品种类。自创命名体现了品牌命名的发展方向，是今后最常用的品牌命名方式。

(四) 品牌策略

1. 品牌化策略。就是企业为其产品规定品牌名称、品牌标志，并向政府有关主管部门注册登记的一切业务活动，叫做品牌化战略。

企业是否一定要给产品标上品牌？历史上，许多产品都是不用品牌的，但商品经济发达的今天，绝大多数产品都确定了品牌，这是因为品牌化虽然会使企业增加部分成本，但却能给企业带来好处：

(1) 企业采用品牌化策略有助于树立良好的企业形象，有利于促进企业产品信息的迅速传播，以吸引众多的品牌忠诚者；

(2) 声誉良好的品牌能给企业带来较好的利益，名牌产品的销售价格往往较一般产品为高，且名牌本身就具有价值；

(3) 注册商标可以使企业的产品得到法律保护，防止产品被模仿和抄袭，以保持企业产品的差异性；

(4) 品牌化有助于企业细分市场。

虽然品牌策略可以起到积极的作用，但是，由于品牌的使用特别是名牌的创立需要花费不少费用，有些企业出于产品自身的特征和生产者降低成本的考虑，就不使用品牌。这主要是节约品牌包装等的费用，使产品以较低价格出售。

2. 品牌所有权策略。生产企业如果决定给一个产品加上品牌，通常会面临三种品牌所有权选择：一是生产商自己的品牌；二是销售商的品牌；三是租用第三者的品牌。

一般地说，生产商都用自己的品牌，他们在生产经营过程中确立了自己的品牌，有的更被培育成为名牌。但是近些年来，国外一些大型的零售商和批发商也在致力于开发他们自己的品牌。这主要是因为这些销售商希望借此取得在产品销售上的自主权，摆脱生产商的控制。压缩进货成本，自主定价，以获取较高的利润。另外，也有一些生产商利用现有著名品牌对消费者的吸引力，采取租用著名品牌形式来销售自己的产品，特别是在企业推新产品，或打入新市场时，这种策略更具成效。

3. 品牌统分策略。决定使用自己的品牌的企业，还面临着进一步的品牌策略选择。

（1）统一品牌策略。统一品牌策略即企业对其全部产品使用同一个品牌。采用这种策略，便于全部产品使用共同的销售渠道来推销，有利于降低新产品的推广成本，也有利于消费者接受新产品。但统一品牌策略具有一定的风险性，如果其中某一种产品营销失败，可能会影响整个企业的声誉，波及其他产品的营销。

因此采用这种策略应注意以下几点：这种品牌在市场上已有较好的声誉；各种产品应具有相同的质量水平；产品属于同一细分市场，否则会造成损害企业的信誉和品牌的错位。

（2）个别品牌策略。个别品牌，即对各种产品分别采用不同的品牌，即企业的产品类型较多，产品线之间的关联程度较小，企业生产产品有较大差别。

这种策略的优点是可以分散经营风险，避免某种产品失败给其他产品带来影响；同时也有利于消费者从品牌上判明产品的档次和价格差异，方便购买；

其缺点是：个别品牌策略企业要增加品牌设计和品牌销售方面的投入，因此营销费用很高。只有当产品的单位价值比较高时，才值得企业采用。

（3）统一品牌和个别品牌相结合。这种策略是指企业在各种产品的商标名称之前冠以企业名称。这种方法既可以减少对每个产品促销的费用，又可以有效地防止因某个品牌出了问题而对其他产品项目产生连带影响。因为这样可以利用企业已有的声誉来对产品进行促销。如通用公司生产的各种小轿车，在每个品牌前都加上企业的名称，以表明是通用汽车公司的产品。

（4）品牌延伸策略。品牌延伸策略是指企业利用已成功品牌的声誉来推出改良产品或新产品。那些著名的品牌可以使新产品容易被识别，得到消费者的认可，企业则可以节省下有关的新产品促销费用。如金利来从领带开始，然后扩展到衬衣、皮具等领域，但这种策略也有一定的风险，容易因新产品的失败而损害原有品牌在消费者心目中的形象。

（5）多品牌策略。是指企业决定对同一类产品使用两个或两个以上的品牌名称。采用这种策略可以给企业带来几方面的利益：可以抢占更多的货架，扩大产品的销售，增加零售商对产品的依赖性；同时也能占领更多的细分市场，为提高总销售量创造条件。如与宝洁公司合资的广州宝洁公司就是运用这种策略的典型。它拥有海飞丝、飘柔、潘婷等品牌。多品牌还可以加强企业内部的竞争机制，提高经济效益。

其存在的风险：使用的品牌量过多，导致每种产品的市场份额很小，使企业资源分散，而不能集中到少数几个获利水平较高的品牌。

4. 品牌更新策略。有人认为，商品的牌子越老越好，并由此误认为品牌也是越老越好。实际上企业培育一个品牌，特别是著名品牌，需要花费不少费用。因此，一个品牌一旦确定，不宜轻易更改。但有时，企业也不得不对其产品进行修改，导致这种情况的原因有：原品牌出现了问题，倒了牌子；原品牌市场遇到更强有力的竞争，市场占有率下降；消费者的品牌偏好转移，原品牌陈旧过时，与产品的新特点或市场的变化不相符合。

（五）商标

1. 商标的含义。商标是一个法律名词，是经过注册登记受到法律保护的品牌，或品牌的一个部分。在市场经济条件下，商标依其知名度的高低和信誉的好坏，具有不同的价值，是企业的一项无形资产，产权可以买卖。

商标法规定，只有经商标局核准注册的商标，才受法律保护，商标注册是确定商标专用权的重要程序和依据。

2. 商标的作用。

（1）商标使企业的产品特色得到法律保护，防止别人模仿、抄袭或假冒，保护了企业的正当权益。

（2）使用商标，产品的特色和质量特征被简明地由所使用的商标加以代表，既便利卖主管理订货，也方便购买者与同类产品相区别，以便顾客购买。

（3）商标起着监督企业产品，以保证其质量特征的作用。企业创造出一个受广大消费者欢迎的名牌产品，需要经过日积月累的努力。长期保证其产品质量，才能在顾客中建立良好的声誉。名牌产品并不是自封的，只能由消费者公认。因此，企业为了创名牌，或保持名牌已有的市场地位，必须兢兢业业，始终如一地保证产品具有商标所代表的质量水平和特色。因此，商标又是公众监督企业产品质量的一个重要手段，从而起到保护消费者利益的作用。

（4）商标有促进销售的作用。名牌产品的销路总比一般产品要好得多，这是商标促进销售最明显的例子。由于商标是产品质量特征的标志，因此在功能类似、价格类似的同类产品中，商标就成为识别商品的唯一标志。由于购买习惯或购买兴趣方面的原因，消费者常常偏爱产品的某些质量特点，从而形成对某种商标的偏爱，认牌购买，在这种条件下，商标就成为促进销售的因素了。

3. 商标设计的基本要求。商标一般由文字、图案、符号等组合设计而成。商标的设计是变化无穷的。从市场营销的角度来看，商标的设计应该符合如下原则：

（1）商标设计要构思新颖、美观大方。这样的商标不仅能给人以美的享受，给消费者留下美好的印象和深刻的记忆，还能使消费者产生信任感，从而引发强烈的兴趣，诱发购买动机。

（2）商标要能表现企业或产品的特色。对于一个具体的企业或产品，并不是任何造型美观的商标都能适用。商标设计要考虑到能显示企业或产品的特色。例如化工企业的产品商标常常采用原子结构或分子链的图案；机械制造业常用齿轮、锤子或其主要产品的图案作为商标。

（3）商标设计要简单明了。即要求商标所使用的文字、符号、图案都不应该冗长、繁复，应力求简洁，给人以集中的印象。

（4）出口产品的商标设计，除了要讲究美观大方、新颖诱人外，更要适应出口国的宗教信仰、风俗习惯的要求，避免使用当地忌讳的发音和图案。

4. 商标策略。商标是企业保证产品质量，扩大销售的一个重要工具。企业的商标策略就是企业如何合理地使用商标，发挥商标的积极作用的方法问题。企业在如何使用商标问题上，有如下几种选择：

(1) 使用还是不使用商标。使用商标对大部分产品来说，可以起到积极的作用，但并非所有商品都必须采用商标。有些商品由于产品自身的特征和生产者降低成本的考虑，就不使用商标，如棉花、煤炭、电力等，或者日常用品中那些临时性、一次性商品。

(2) 采用制造者商标还是销售者商标。从历史传统来看，商标是商品制造者的标记，因为产品的质量特性总是由制造者确定的。但现代商业的发展使商业企业也形成了自己的声誉。由于消费者对所要购买的商品并不都是内行，不具有充分的选购知识，因而在购买时除了以产品制造者的商标作为选择的根据外，另一个根据就是销售者的商标，即在什么商店出售的。消费者总是愿意购买具有良好信誉的商业企业出售的商品。因此，生产企业就要考虑自己的商标在市场上的信誉，在采用谁的商标上作出选择。一般说，如果企业要在一个对本企业的产品不熟悉的新市场上推销产品，或者在市场上本企业的信誉还不及销售者的信誉，则适宜采用销售者的商标。

(3) 统一商标策略。统一商标策略即企业对其全部产品使用同一个商标。采用这种策略，便于全部产品使用共同的销售渠道来推销，有利于降低新产品的推广成本，也有利于消费者接受新产品，但企业要从统一商标策略中得到利益是有条件的：第一，这种商标在市场上已获得一定的信誉；第二，采用统一商标的各种产品具有相同的质量水平。如果各类产品的质量水平不同，使用统一商标就会影响商标的信誉，从而损害具有较高质量水平的产品的声誉。

(4) 个别商标策略。个别商标策略即企业对不同的产品品种，采用不同的商标。采用个别商标策略，是为了适应不同地区、不同市场的不同偏好，以扩大销售。

(5) 企业名称与个别商标名称并用策略。这种策略是指企业在各种产品的商标名称之前冠以企业名称。这种方法既可以减少对每个产品促销的费用，又可以有效地防止因某个品牌出了问题而对其他产品项目产生连带影响。

(6) 创新商标策略。有人认为，商品的牌子越老越好，并由此误认为商标也是越老越好。实际上，现代商标如同商品一样，应随时注意创新，使商标设计达到造型美观，简洁明了，富有时代特色。

二、包装策略

（一）包装的概念与作用

1. 包装的概念。包装是指产品的容器和外部包扎。

包装一般分为三个层次。一是内包装。内包装也称初始包装，这是产品的直接容器。内包装的特点是比较简单，许多情况下是产品使用价值组成部分，在产品的整个消费过程阶段，都需要使用，如牙膏的软管、啤酒的瓶子、化妆品所使用的小瓶等。没有这类包装，产品就无法使用或消费；二是中层包装。中层包装也称次包装，它有两个方面的作用：一是保护内包装，使之在营销过程中不会被损坏；二是美化产品外观，或便于品牌化。因为许多产品的标识物，是不能直接安放在产品的实体上的，只能印刷在包装物上；三是运输包装。运输包装也称外包装，是产品在运输、储存、交易中所需要的包装。其作用是便于搬动、储存和辨认产品。

2. 包装的作用。产品之所以需要包装，是因为包装具有重要作用：

(1) 保护产品。这是包装的最初功能。它可保证产品在生产过程结束后，转移到消费者手中，直至被消费掉以前，使用价值不受影响，产品实体不被损坏、散失和变质。在现代市场营销活动中，包装虽然有越来越复杂的倾向，但保护产品仍是包装最基本的作用。人们通过现代科技手段，增加包装制作难度，以对付市场上假冒伪劣的商业行为。

(2) 方便使用。适当的包装可便于使用和指导消费。如铁制的饼干筒，可防止产品受潮和污染；将药品按服用剂量包装，便于顾客正确使用。

(3) 美化产品，促进销售。设计和制作精美的包装，可以使产品具有令人赏心悦目的外观，比之不加包装的产品可更令消费者喜爱或激起购买欲望。在商品陈列中，包装是货架上的广告，是“沉默的推销员”，包装材料的色彩和包装图案，具有介绍商品的广告作用。

(4) 增加产品的价值。这不仅表现在好的包装，能有效地保护或延长产品的生命，从而提高产品的价值，也表现为能用更高的价格销售产品；而且，好的包装能激发消费者更为强烈的购买欲，使之愿意支付较高的价格购买。

3. 包装的设计要求。包装要有利于保护和销售产品，要体现出企业的营销思想。为此，包装的设计应符合下列要求：

(1) 有效地保护产品。这是包装设计首先要解决的问题。对易腐、易碎、易受潮的产品，包装应该使用能起防护作用的材料。另外，在商品的包装物上采用防伪技术，也是有效保护产品的手段。

(2) 造型美观大方，图案形象生动，具有强烈的美学效果。销售包装具有美化、宣传产品的作用，应使消费者看后有美的感受，有艺术吸引力。特别是礼品的包装，要求外形新颖，美观大方，有较强的艺术性，能增加产品的名贵感。

(3) 包装应与商品的质量和价值水平相配合。包装并非越昂贵、越高档越好，应根据产品的品位和单位产品的价值及顾客购买要求来决定包装的档次。对贵重商品和艺术品、化妆品等，包装应衬托出商品的高贵、典雅和艺术性；而对一些日常生活用品，应该用朴实一些的包装，尽量降低产品的包装成本，体现消费者购买的经济性要求。在此，还要特别注意防止那种“金玉其外，败絮其中”的包装。

(4) 包装要能显示商品的特点或独特风格。对于以外形和色彩表现其特点或风格的商品，如服装、装饰品、食物等的包装，要考虑到能够直接向消费者展示商品的本身，以便于选购。因此，在包装材料的选择和使用上，要选择透明的包装材料，或者开天窗包装，或者是在包装上印有彩色图片。

(5) 包装上的文字设计要能增加顾客的信任感并能指导消费。产品的性能、使用方法和使用效果常常不是能直观显示出来的，需要用文字来表达。包装上的文字设计应根据顾客的心理对不同的商品突出不同的重点。同时，还要考虑到消费者可能会产生的疑虑，在包装上要有针对性的说明以增加顾客对产品的了解和信任。

(6) 包装要尊重民族风俗习惯和文化背景。包装上所使用的文字、图案、色彩等，要符合消费者的心理并且还要符合民族习惯、宗教信仰、价值观念等。不同国家或地区的消费者对图像、色彩有着不同的爱好和习惯。有些甚至截然相反。如中国人喜庆节日都喜欢用红色，而日本人却喜欢互赠白色毛巾；不同年龄段的人对颜色也有不同的爱好。所有这些，企业在设计包装时都应予以充分地重视。

（7）包装的造型和结构应该考虑使用、保管和携带的方便。包装的造型结构，除外型美观、新颖大方等艺术性方面的要求外，还应该考虑销售和使用的方便。包装所起的促销作用，在相当程度上取决于包装便于使用、携带和贮存的功能。

4. 包装的策略。产品的包装对于促进销售有着重要的作用，在确定产品的包装时必须选择适当的包装策略。常用的包装策略有如下几种：

（1）类似包装策略。类似包装亦称系列包装或统一包装，就是一个企业将其所生产的各种不同产品，在包装外形上采用相同的图案，近似的色彩或其他共同的特征，使顾客容易发现是同一家企业的产品。类似包装有利于节约包装设计成本；特别是在新产品上市时，能利用企业的信誉消除消费者对新产品的不信任感，增加企业的声誉。类似包装适宜于品质接近的产品，如果产品质量过分悬殊，就会对优质产品带来不利影响。

（2）组合包装策略。组合包装是指企业将几种有关联的产品组合在一起，置于同一个包装容器内。例如，把盆、碗、杯、碟、勺等餐具组合在一起，放在一个包装物内出售。组合包装的优点是有利于新产品和其他产品放在一起销售，使消费者在不知不觉中接受新观念、新设想，逐渐习惯使用新产品；便于消费者购买和使用。

（3）等级包装策略。等级包装就是企业把产品按价值、质量的不同而分成若干等级，优质高档的产品采用优等包装，一般产品采用普通包装。等级包装使包装的价值和质量相称，表里一致，方便购买力不同的消费者按需选购。

（4）再使用包装策略。再使用包装亦称为双重用途包装策略。即原包装的商品用完后，空的包装容器可以有其他用途。这种做法虽增加了成本，提高了售价，但顾客感到值得。如杯状的玻璃容器，可以用作酒杯、茶杯等。再使用包装策略的优点是：使消费者产生好感，产生购买的兴趣；使刻有商标的容器，发挥广告作用，引起重复购买。但要防止成本过高，增加消费者负担。

（5）附赠品包装策略。附赠品包装即在包装容器内附上赠品，以引起消费者的兴趣。如儿童市场上玩具、糖果等商品附赠连环画、认字图；化妆品包装中附有赠券，积满若干后可得不同的赠品。现在更多的商品包装内常附有奖券，中奖后可得不同的奖品。

（6）更新包装策略。更新包装即商品包装的改进。正如商品本身的改进对销售有重大影响一样，包装的改进，也有利于促进销售。当企业的某种产品在同类产品中内在质量近似而打不开销路时，就应该注意改进包装；当一种产品的包装已采用较长时间时也应该考虑推出新包装。采用这种策略的条件是商品的内在质量达到使用要求。如果不具备这个条件，商品的内在质量不好，那么即使在包装上作了显著改进也无助于销售的扩大。

第四节

新产品开发策略

一、新产品的概念

（一）新产品的概念

市场营销学中的“新产品”与科技开发意义上的新产品在含义上并不相同，其内容要广泛得多。一般来说，所谓新产品要具备以下三个条件：

1. 和老产品相比较，在产品结构、性能、材质、技术特征等某些方面有显著改进、提高或有独创的。

2. 具有先进性、实用性，能提高经济效益、有推广价值的。

3. 在一个省、市、自治区范围内第一次试制成功的产品。

从市场营销的角度来看，所谓“新”是相对的，新的发明创造固然是新产品，而对市场上现有的产品有所改进也是新产品。从企业的角度来说，我们可以这样来定义新产品：凡是相对于老产品或原有产品而言，在结构、功能、性能、材质、技术基础或原理、生产制造工艺等方面有显著的或重大改进，并由某个或某群营销者初次在市场上进行营销的产品，都可以称为新产品。

（二）新产品的分类

根据产品新颖的程度，市场营销学一般把新产品分为以下四类：

1. 全新新产品。这同科学技术开发意义上的新产品完全一致，是指应用新原理、新结构、新技术和新材料制造的前所未有的产品。全新新产品常常表示科技发展史上的新突破。例如，电话、飞机、电视机、电脑等就是19世纪60年代到20世纪60年代之间世界公认的最重要的新产品。

2. 换代新产品。这是指使用新材料、新技术对产品的性能有重大突破性改进的新产品。如电子计算机问世以来，从最初的电子管发展到晶体管，又从晶体管发展到现在大规模的集成电路，目前已开始研制具有人工智能的新产品。

3. 改进新产品。这是指在产品的材料、结构、性能、造型、花色品种等方面做出改进的产品。改进新产品一般对产品的基本功能并无本质上的改进，例如手表从圆形到方形，又发展到各种艺术造型，都属于改进新产品。

4. 仿制新产品。是指企业仿制市场上已有的新产品，有时在仿制时又可能有局部的改进和创新，但基本原理和结构是仿制的。如数字化彩色电视机国外较早就已上市，目前我国不少企业也开始生产，就属于仿制新产品。仿制新产品的开发有积极意义，它能在一定程度上满足消费者尚未满足的消费需求，也有利于企业技术水平的提高。

二、开发新产品的意义

产品市场生命周期理论告诉我们，企业得以生存和成长的关键，在于不断地开发新产品和改造旧产品。持续不断的开发新产品，是企业稳定其利润水平、满足社会需要的重要前提。因此，开发新产品，对企业有着十分重要的意义。

1. 开发新产品是企业生存和发展的根本保证。由于产品市场寿命周期客观存在，任何企业要靠一成不变的老产品在市场中生存和发展下去都是不可能的。特别是知识经济时代的来临，将经济发展的重点从对有形资源大量占有和使用，转移到对于新技术和知识的占有与使用上。知识和技术作为“第一生产力”的作用越来越明显。据有关的市场研究统计资料来看，现在绝大部分产品平均只能在市场上维持 3 年左右的时间，而在高新技术行业，产品的生命周期平均只有 6 个月。所以，开发新产品，是企业生存和发展的根本保证。

2. 开发新产品，能够更好地满足人们日益增长的物质和文化生活的要求。随着人民生活水平的不断提高，消费者对消费品的需要越来越复杂，且不断变化。消费需求的变化一方面给企业带来威胁，不得不淘汰难以适应消费需求的老产品；另一方面也给企业提供了开发新产品适应市场变化的机会。企业只有不断开发出物美价廉的新产品，为人们提供日益丰富多彩的消费品，才能满足市场上不断发展着的需要。

3. 开发新产品是提高企业竞争能力的重要手段。企业的市场竞争力往往体现在其产品满足消费需求的程度和领先性上。消费需求的发展与变化要求不断有新的产品给予满足，企业若不能不断地对自己的产品进行开发和更新，就有可能失去现有的市场，更难以去开发新的市场。

4. 开发新产品是提高企业经济效益的重要途径。如果从企业的短期利益来看，新产品的开发和研制，纯粹是一项耗费巨大的支出，降低了企业的利润收入。但是从长期来看，新产品的推出和企业的总销售量以及利润量的增加成正相关的关系。因为较高的研究和发展费用会使企业取得较巩固的市场地位。经常性的新产品开发工作使企业在某些产品面临衰退之前，另一些新产品已经进入快速成长期；当某些产品处于成熟期时，有若干新产品已开始向市场推出，此起彼伏，使企业的总销售量和总利润率能始终保持上升的势头，或者至少保持平衡，避免大起大落。

三、新产品开发的方式和应遵循的原则

（一）新产品的开发方式

新产品的开发，一般有三种方式：

1. 独立开发式。即由本企业独立进行新产品开发的全部工作。这种方式一般适用于技术力量雄厚的大型企业。一些中小企业也可用这种方式开发不太复杂的产品。

2. 科技协作式。由企业、科研机构或高等院校相互协作进行新产品的开发，这种方式应用十分广泛。由于许多新产品的开发工作涉及广泛的学科领域，需要各种加工、检测和实验设备，因而只有通过相互协作，取长补短，发挥群体优势。

3. 技术引进式。通过引进国外技术，购买专利来开发新产品，这是使企业产品迅速

赶上国际先进水平，进入国际市场的一种行之有效的方式。但引进技术必须事先充分掌握市场及科技情报，进行可行性论证，以免造成不必要的损失。

（二）新产品开发的原则

1. 根据市场需要开发适销对路的产品。开发什么样的新产品，首先要考虑市场需要，而不能盲目轻率地采取行动。为了开发出适销对路的产品，企业需要不断地派市场调研人员深入市场调查研究，充分了解市场需求及其变化趋势，进行系统的市场调研工作。

2. 从企业实际出发确定开发方向。开发新产品既要考虑市场需求，也要从企业的实际出发，有些产品可能市场需求非常旺盛，但企业自身缺乏这方面的能力，就不能冒然行事。只有那些既符合市场需要，又符合企业本身能力的项目，才是新产品开发的方向。

3. 注意新产品开发的动向。当前新产品开发已朝着多功能化、微型化、多样化、节能化及环保化等方向发展。特别在当前科学技术迅速发展，新材料、新技术不断涌现，为新产品的开发不断开辟新的途径，这些都是企业应当密切注视的动向。

复习思考

1. 什么是产品整体概念？产品整体概念对市场营销活动有什么意义？
2. 什么是产品组合？企业为何要经常进行产品组合的调整？
3. 产品市场生命周期各阶段的主要特征是什么？企业可以采取哪些营销策略？
4. 什么是品牌？品牌的策略有哪些？

案例分析

“动感地带”的品牌战略

中国移动作为国内专注于移动通信发展的通信运营公司，曾成功推出了“全球通”、“神州行”两大子品牌，成为中国移动通信领域的市场霸主。但市场的进一步饱和、联通的反击、小灵通的搅局，使中国移动通信市场弥漫着价格战的狼烟，如何吸引更多的客户资源、提升客户品牌忠诚度、充分挖掘客户的价值，成为运营商成功突围的关键。

2003 年 3 月，中国移动推出子品牌“动感地带”，宣布正式为年龄在 15 岁 ~25 岁的年轻人提供一种特制的电信服务和区别性的资费套餐；

2003 年 4 月，中国移动举行“动感地带”（M－ZONE）形象代言人新闻发布会暨媒体推广会，台湾新锐歌星周杰伦携手“动感地带”；

2003 年 5 月 ~8 月，中国移动各地市场利用报纸、电视、网络、户外、杂志、公关活动等开始了对新品牌的精彩演绎；

2003 年 11 月，中国移动旗下“动感地带”（M－ZONE）与麦当劳宣布结成合作联盟，此前由动感地带客户投票自主选择的本季度“动感套餐”也同时揭晓。

“动感地带”目标客户群体定位于 15 岁到 25 岁的年轻一族，从心理特征来讲，他们追求时尚、对新鲜事物感兴趣、好奇心强、渴望沟通、崇尚个性、思维活跃、有强烈的品牌意识，是容易互相影响的消费群落；从对移动业务的需求来看，他们对数据业务的应用较多，这主要是可以满足他们通过移动通信实现娱乐、休闲、社交的需求。

中国移动根据目标消费群体的特征实施了以下品牌策略：

1. 动感的品牌名称："动感地带"突破了传统品牌名称，充满现代的冲击感、亲和力，同时整套 VI 系统简洁有力，易传播，易记忆，富有冲击力；

2. 独特的品牌个性："动感地带"被赋予了"时尚、好玩、探索"的品牌个性，同时提供消费群以娱乐、休闲、交流为主的内容及灵活多变的资费形式；

3. 炫酷的品牌语言：富有叛逆的广告标语"我的地盘，听我的"，及"用新奇喧泄快乐"、"动感地带（M－ZONE），年轻人的通讯自治区！"等流行时尚语言配合创意的广告形象，将追求独立、个性、更酷的目标消费群体的心理感受描绘得淋漓尽致，与目标消费群体产生情感共鸣；

4. 犀利的明星代言：周杰伦，以阳光、健康的形象，同时有点放荡不羁的行为，成为流行中的"酷"明星，在年轻一族中极具号召力和影响力，与动感地带"时尚、好玩、探索"的品牌特性非常契合。可以更好地回应和传达动感地带的品牌内涵，从而形成年轻人特有的品牌文化；

"动感地带"其独特的品牌主张不仅满足了年轻人的消费需求，吻合他们的消费特点和文化，更提出了一种独特的现代生活与文化方式，突出了"动感地带"的"价值、属性、文化、个性"。将消费群体的心理情感注入品牌内涵，是"动感地带"品牌新境界的成功所在。

（资料来源：本案例根据南方都市报相关资料整理。）

思考：

1. 试分析"动感地带"品牌的内涵。

2. "动感地带"的品牌价值包括哪些方面？

3. 试分析案例中中国移动是如何向目标消费群体传播其品牌价值的？

技能训练

把学生分组，3～4 人为宜，由教师选择 2～3 类产品作为研究样本。

1. 选择商品。

2. 通过调查确定本商品的整体概念、生命周期、产品组合。

3. 针对本产品的营销现状提出改进方案。

第七章
价格策略

学习目标

- □ 了解影响企业定价的基本因素
- □ 熟悉企业定价的目标选择
- □ 掌握企业定价主要方法
- □ 产品组合策略
- □ 能够运用各种定价策略

案例导入

联想昭阳笔记本电脑的定价方法

作为我国第一个国有品牌的笔记本电脑，联想昭阳为了扩大销售，采用了以下定价方法：

1. 用户感受价值定价法。笔记本电脑高端产品是指配置了最先进的硬件，如最快的CPU，最大容量的硬盘、内存等。在用户心目中，具有这样配置的电脑价格应在3万元左右，如果是国外名牌，即使超过3.5万元，也能接受。联想昭阳事先对消费者进行了价格调查和价格测试，摸透了用户的这种心理，把联想昭阳的高端产品83系列定价在2.8万~3.3万元之间。

2. 成本加成定价法。联想笔记本电脑的中端产品定价，是在成本加成的基础上，制定比市场上同等配置产品低1000元~3000元的价格。

3. 差别定价法。笔记本电脑往往几十台、上百台地被行业定购，联想笔记本电脑针对大行业用户的需求特点，采用了差别定价法。对不同行业、不同销售地点、不同销售时间、不同购买数量、不同用途的顾客，制定不同的价格。这一定价方法有力地促进了销售，采用差别定价的订单占联想笔记本电脑销量的20%左右。

思考：联想集团是如何根据商品的特征来确定不同的定价方法的？

（资料来源：http：//www. t577. cn/news. asp？ id = 657，温州科技职业学院市场营销课程组。）

价格是市场营销组合中十分敏感而又难以控制的因素，它直接关系着市场对产品的接受程度，影响着市场需求和企业利润的多少，涉及到生产者、经营者、消费者等各方面的利益。因此定价策略是企业市场营销组合中一个极其重要的组成部分。

第一节 影响企业产品定价的因素

企业为实现其经营目标，需要制定适当的价格，使自己的产品被消费者接受。企业在定价时，常常受多方面因素的影响。

一、需求

市场营销理论认为，产品的最高价格取决于产品的市场需求，最低价格取决于产品的成本费用。在最高价格和最低价格的幅度内，企业能把产品价格定多高，则取决于竞争者同种产品的价格水平。可见，市场需求、成本费用、竞争产品价格对企业定价有着重要影响。而需求又受价格、收入、政策、消费者预期、消费者偏好等多种因素的影响。

（一）需求的收入弹性

因收入变化引起需求相应的变动率称之为需求的收入弹性。需求收入弹性大，这意味着消费者货币收入的增加导致该产品的需求量有更大幅度的增加，一般说来，高档食品、耐用消费品、娱乐支出的情况即是如此。有些产品的需求收入弹性较小，一般说来，生活必需品的情况即是如此。也有的产品的需求收入弹性是负值，这意味着消费者货币收入的增加将导致该产品需求量下降。例如，某些低档食品、低档服装就有负的需求收入弹性，因为消费者收入增加后，对这类产品的需求量将减少，甚至不再购买这些低档产品。

（二）需求的价格弹性

因价格变化引起需求相应的变动率称之为需求的价格弹性。在正常情况下，市场需求会按照与价格相反的方向变动。价格提高，市场需求就会减少；价格降低，市场需求就会增加。所以，需求曲线是向下倾斜的。这是供求规律发生作用的表现，但是也有例外情况。显示消费者身份地位的商品的需求曲线有时是向上倾斜的。例如香水提价后，其销售量却有可能增加。当然，如果香水的价格提得很高，其需求和销售将会减少。

正因为价格会影响市场需求，所以企业所制定的价格高低会影响企业产品的销售，因而会影响企业市场营销目标的价格弹性，即了解市场需求对价格变动的反应。需求的价格弹性反映需求量对价格的敏感程度，以需求变动的百分比与价格变动的百分比之比值来计算，亦即价格变动百分之一会使需求变动百分之几。

（三）需求的交叉弹性

一项产品的价格变动往往会影响其他产品销售量的变动，两者之间存在着需求的交叉价格弹性。交叉弹性可以是正值，也可以是负值。如为正值，则此两项产品为替代品，表明一旦产品 Y 的价格上涨，则产品 X 的需求量必然增加；相反，如果交叉弹性为负值，则此两项产品为互补品，也就是说，当产品 Y 的价格上涨时，产品 X 的需求会下降。

二、竞争

企业能把产品价格定多高，则取决于竞争者同种产品的价格水平。企业必须采取适当方式，了解竞争者所提供的产品质量和价格。企业获得这方面的信息后，就可以与竞争产品比质比价，更准确地制定本企业产品价格。

为便于研究市场经济条件下的企业定价，有必要将市场结构进行划分。划分依据主要有三个：一是行业内企业数目；二是企业规模；三是产品是否同质。假定企业以追求最大利润为目标，并且管理人员了解本企业产品的成本费用与需求情况，这样，市场结构便可划分为完全竞争、垄断竞争、寡头竞争、完全垄断四种类型。

三、成本

通常情况下，成本是企业制定价格的最低经济界限。能收回成本的价格是企业能够接受的最低价格。虽然不排除企业由于特殊原因在短期内将某些商品以低于成本的价格出售，但从长远来看，价格必须能够补偿产品生产及市场营销的所有支出，并补偿商品的经营者为其所承担的风险支出。这样企业的再生产才能得以正常进行，企业才能得以维持生存。

市场营销中所涉及的成本主要有固定成本、变动成本、总成本、边际成本和机会成本。

第二节 定价目标的选择

企业商品价格的制定一般可以分为六个步骤，即确定企业定价目标、测定市场需求、估算商品成本、分析竞争状况、选择定价方法、确定最后价格。

一、确定企业定价目标

企业价格的制定是一种有计划有步骤的活动，是实现企业营销目标和总战略的具体工作。因此，必须首先明确企业的定价目标。

（一）投资收益率目标

企业定价要以达到其预期的投资收益为目标。企业在投入一定的资金后，希望得到一定比例利润。因此，企业在估算费用和期望利润的基础上，计算出毛利（或纯利）标准，加在产品的成本上作为销售价格，企业通过定价，使其投资在一定时期里能够获得一定的投资报酬。各行业中占主导地位的企业具有较高的威信和影响力，常采用此种定价目标。

（二）市场占有率目标

把保持和提高企业的市场占有率（或市场份额）作为一定时期的定价目标。市场占有率的高低，比投资收益率更能说明企业的营销状况。有时，由于市场不断扩大，一个企业可能获得可观的利润，但相对于整个市场来看，所占比例可能很小，或占有率正在下降。因此，无论大、中、小企业，都希望用较长时间的低价策略来扩充目标市场，尽量提高企业的市场占有率。

（三）稳定价格目标

以保持价格相对稳定，避免正面价格竞争（即指企业间的以竞相削价为压倒对方的手段）为目标的定价。当企业准备在一个行业中长期经营时，或某行业经常发生市场供求变化与价格波动，需要有一个稳定的价格来稳定市场时，往往该行业中的大企业或占主导地位的企业率先制定一个长期的稳定价格，其他企业的价格与之保持一定的比例。这样，对大企业是稳妥的，中小企业也避免遭受由于大企业的随意提价而带来的打击。

（四）防止竞争目标

企业有意识地通过给商品定价去应付和避免市场竞争。企业价格的制定，主要以对市场价格有影响的竞争者的价格为基础，根据具体商品的情况稍高或低于竞争者。竞争者在成本和需求变动下价格不变，实行此目标的企业也维持原价，竞争者的价格或涨或落，此类企业也相应地参照调整价格。一般情况下，中小企业的产品价格定得略低于行业中占主导地位的企业的价格。只有在企业具备特殊优越的条件下，才能把价格定得高于竞争企业的价格。

（五）近期利润最大化目标

它是指以追求企业近期目标的总利润最大化为定价目标。采取此策略必备的条件是产品有显著的优点，使消费者一见倾心，有条件采取较高的价格。事实上即使一个企业拥有专卖权已垄断了市场时，也不可能长期维持过高的价格，这将会遇到代用品的挑战、竞争者的介入、消费者的不满及政府的干预等。

（六）渠道关系目标

以保持企业与渠道成员之间的良好关系为定价的主要目标。对于那些需要各种中间商推销商品的企业，研究定价对中间商的影响，充分考虑维护中间商的利益，以保证对中间商有吸引力的利润，对调动中间商的推销积极性极其重要。如加大对中间商折扣的方法，允许一定区域的中间商提高商品的售价等等。从表面上看，企业让利中间商，而实质上是对企业产品的销售及企业的发展起着不可估量的作用。

（七）维持企业的生存目标

企业在面临严峻的局面时，以维持企业的生存为一定时期的定价目标。一般以生存为目标的企业，产品价格定得低，以促进销售，减少商品的积压或资金占用，以使企业能够继续生存和发展。

（八）塑造形象目标

新企业为塑造一定的市场形象或老企业欲改善自身的市场形象而确定的定价目标。企业的价格或为维护企业的重信誉、高质量形象而定高，或为树立企业产品物美价廉的形象而定低。总之，通过定价，维护、建立和改善企业的形象，这常常与商品策略紧密结合。

二、测定需求

商品价格与市场需求一般情况下是成反比关系的。价格会影响需求，在正常情况下，市场需求会按照和价格相反的方向变动。价格提高，市场需求会减少，价格降低，市场需求就会增加。企业商品的价格会影响需求，需求的变化会影响企业的产品销售以至企业营销目标的实现。因此，测定市场需求状况是制定价格的重要工作。

（一）测定需求的价格弹性

在对需求的测定中，首要的是了解市场需求对价格变动的反应，即需求价格弹性。

当需求价格弹性系数大于1，即价格变动率小于需求量变动率时，此产品富于需求弹性，或称为弹性大；当需求价格弹性系数等于1时，即价格变动率同需求量的变动率一致，此产品具有一般需求弹性；当需求价格弹性小于1时，即价格的变动率大于需求量的变动率时，此产品缺乏需求弹性或者非弹性需求。

（二）测定需求弹性的影响

商品需求弹性的不同对企业的定价有不同的影响。要注意以下几方面：

1. 不同产品的需求弹性不同，企业的定价不同。

当商品富于需求弹性时，商品稍微降一点价，销售量就会显著增加，企业的总收入也会增加；相反，稍微提一点价，销售量就会明显下降，企业的收入也会减少。价格变动方向同总收入的变动方向相反。对于这类商品，企业采取低价销售有利。

当商品具有一般需求弹性时，价格变动幅度与销售量变动幅度大小一致，方向相反，总收入不变。对于这类商品，企业不宜采用价格手段进行竞争。

在商品缺乏需求弹性情况下，即使商品价格下降很多，销售量也只有较少的增加，企业总收入减少；相反，价格提高很多，销售量也只有较小的减少。价格的变动趋势同总收入的变动趋势方向相同，对于这类商品采用低价达不到销售量增加和效益提高的目的，因而采用较高的定价对企业有利。

2. 同一产品在不同时期内或不同的价格区段需求弹性有所不同。当某一商品的需求弹性测出后，还要分析此商品在不同的销售时期和处于不同的价格区段上的情况。许多商品弹性不是始终如一的，企业要具体测定各区段的需求弹性，以决定正确的方向和找出理想定价点。

3. 不同的消费者对同一产品的需求弹性有所不同。有时需求强度不同的消费者对同种产品的需求弹性不一样，要认真加以区别，制定不同的方法。这正是差别定价理论的基础。

三、估算成本

企业在制定商品价格时，要进行成本估算，这对任何企业都不例外。企业商品价格的最高限度取决于市场需求及有关限制因素，而最低价格不能低于商品的经营成本费用，这是企业价格的下限（这里不包括短期的、由于某种原因个别品种的价格低于成本费用的情况），低于这个限度，企业无法维持再生产和继续经营。因此，制定价格要在企业目标已定，市场需求已摸清的情况下作产品的成本估算。

企业的成本包括两种：一种是固定成本，指在一定时期不随企业产量变化而变化的成本费用。例如，固定资产（主要指厂房、机器设备等）的折旧费、产品设计费、租金、利息、管理费用等。它不能计入某阶段的某项产品之中，而是以多种费用的方式分别计入各种产品之中。另一种是变动成本，或称可变成本、直接成本，指随着企业的产品产量和销售收入变化的成本，如原材料、辅助材料、生产用燃料、动力、销售费用、工资等。这部分成本随产品产量的变动成正比例变化，它可直接计入各种具体产品之中。

固定成本与变动成本之和即为某种具体产品的总成本。当企业不开工生产、产量为零时，可变成本就等于零，总成本等于固定成本。

四、分析竞争状况

价格的制定除取决于需求状况、成本状况之外，还受着市场竞争状况的影响。对竞争状况的分析，包括三个方面的内容。

1. 分析企业竞争地位。企业及其产品在市场上的竞争地位对最后制定价格有重要的意义，要在企业的主要市场和竞争能力方面作出基本的估计，列出企业目前处于何种状况，并在分析过程中考虑有关重要的非商品竞争能力，如服务质量、渠道状况、定价方法等。

2. 协调企业的定价方向。企业要从各种公开发表的财务资料或其他材料中，或者从以购物者身份索要的价目表中了解竞争对手的产品价格，以使本企业价格制定更主动。这方面工作要考虑到企业的定价目标及策略。如企业为了避免风险，可采用“随行就市”的方法，跟着行业中主导企业的价格、主要竞争对手的价格走；也可以在与竞争企业中的产品作全面比较后，决定高于或低于竞争企业的价格。但要注意，当企业在一个行业中单独制定较高或较低的价格，提价或降价都应意识到风险的存在，应做全面的分析，并配合以各项有力措施。

3. 估计竞争企业的地位。企业要把即将可能采用的价格及策略排列出来，进行分析，估计和预测采用某些具体价格策略可能引起的主要竞争企业的反应，如财务、技术、管理方面的优势和劣势，非价格因素的长处与缺点，现行的营销策略以及对竞争的反应的历史资料，使企业的有关决策人员知己知彼，以制定相应的策略和采用适当的方法。

第三节 定价的主要方法

影响企业定价最主要的因素是成本、市场需求和竞争，与此相联系，定价方法主要讨论成本导向定价法、需求导向定价法和竞争导向定价法三种。

一、成本导向定价法

成本导向定价法是以产品成本为主要定价依据的方法，是一种最简单、运用十分普遍的定价方法。在具体运用中，主要有以下三种方法：

1. 成本加成定价法。成本加成定价法即以单位总成本加企业的预期利润定价。售价与成本之间的差额就是“加成”，“加一成”即加10%。其计算公式为：

产品价格 = 单位产品总成本 ×（1 + 加成率）

此种方法在运用中要注意成本的核算和加成率的确定。其优点是简便易行，在正常情况下，可以使企业获得预期利润。但定价时只考虑产品成本，忽略了市场需求及竞争等因素，缺乏灵活性，难以适应激烈变化的市场竞争。

2. 损益平衡点定价法（盈亏平衡定价、收支相抵定价）。损益平衡点定价法即以企业总成本与总收入保持平衡为依据制定价格的一种方法。其计算公式为：

$$P = F/Q + V$$

式中：Q为损益平衡点的销售量；F为固定成本；P为损益平衡点的单位商品价格；V为单位商品的变动成本。

这种定价方法比较简单，单位产品的平均成本就是其价格，且能保证总成本的实现。可见此法侧重于保本经营。

3. 变动成本定价法。当市场价格低于盈亏平衡定价，企业面临亏损，如果停止生产，企业仍然损失固定成本。变动成本定价就在于市场价格必须在产品的单位平均变动成本基础之上，能够补偿变动成本（VC），还能补偿部分固定成本。

例如，某产品单位固定成本为40元，变动成本为60元，但由于市场上同类产品竞争激烈，售价只能定为90元。在这种情况下，如果以总成本为基础定价，每生产销售一件产品就要亏本10元，但如果按变动成本定价，每生产销售一件产品还可获得30元的边际收益，以补偿固定成本的亏损，帮助企业维持生产，应付竞争。

二、需求导向定价法

需求导向定价法是以消费者需求和可能接受的价格作为定价依据的定价方法。企业在定价之前先进行市场调研，了解消费者的需求、购买力水平及对价格的接受程度，在此基础上制定能为目标市场消费者接受的价格。成本导向定价法的逻辑关系是：

价格 = 成本 + 税金 + 利润

而需求导向定价法的逻辑关系是：

价格 − 税金 − 利润 = 成本

需求导向定价在具体运用中，有以下几种方法：

（一）认知价值定价法

又称“感受价值定价法”、“理解价值定价法”，即根据消费者对商品价值的理解、感受和认知定价。

消费者对商品价值的认知价值、理解价值或感受价值，是他们根据自己对产品的功能、效用、质量、档次等多方面的印象，综合购物经验、对市场行情和同类产品的了解而对价格作出的评判，即人们购买商品时常说的“值”或“不值”，其实质是商品的效用价格比，其关键是消费者对价值的理解和认可。因此，认知价值定价法的关键有两点：

1. 充分运用各种营销策略影响和提高消费者对商品的认知价值，特别是同竞争对手的同类产品相比较而言的认知价值。如某些名牌法国香水，成本不过几十法郎，售价却高达几百法郎，购买者还认为值，这是因为名牌的声誉大大提升了购买者的认知价值。

2. 尽量准确估测购买者对商品的认知价值。估测过高，会造成定价过高而使消费者感到企业漫天要价从而抑制购买；估测过低又会造成定价太低而使消费者怀疑产品的质量也不愿购买，同时定价过低还会影响企业收益。

（二）反向定价法

反向定价法指根据消费者的购买能力确定产品的销售价格，然后由此反推销售成本和生产成本，决定出厂价格。

例如，某产品的市场零售价为13元，零售商加成为15%，即13×15%=1.95（元）；批发价为13－1.95=11.05（元）；批发商加成为20%，即13×20%=2.60（元），于是出厂价为11.05－2.60=8.45（元）。

企业一般在两种情况下采用反向定价策略：

1. 应付竞争。价格是竞争的有力工具，企业为了同市场上的同类产品竞争，在生产之前，先调查产品的市场价格及消费者的反映，然后制定消费者易于接受又有利竞争的价格，并由此决定产品的设计和生产。

2. 推出新产品。企业在推出新产品之前，通过市场调查，了解消费者的购买能力，拟定市场上可以接受的价格，以保证新产品上市时能旗开得胜，销路畅通。

（三）差别定价法

差别定价法是根据同种商品因条件变化而产生的需求强度差异性定价，是一种较为灵活的定价方法。具体分为以下几种：

1. 顾客差价，即同一种产品，对不同的顾客，制定不同的价格。如对新顾客、短期顾客与长期顾客制定不同的价格；对批发商和零售商制定不同的价格等。

2. 款式差价，即对同类产品中的不同款式、型号、花色等，制定不同的价格。

3. 地点差价，即对同一商品，在不同的地点销售，制定不同的价格。

4. 时间差价，即对同一商品，在不同的季节、日期甚至时点销售，制定不同的价格。如白天长途电话比晚上贵，旅游旺季的旅馆比淡季贵等。时间差价主要由生产与消费、供应与需求在时间上的不平衡决定。

三、竞争导向定价法

竞争导向定价法是以市场上主要竞争对手的同类产品的价格为定价依据，并根据竞争态势的变化等调整价格的定价方法。主要有以下几种：

（一）随行就市定价法

即根据市场通行的价格水平或竞争对手同类产品的现行价格制定本企业产品价格。具体运用有两种：一是追随本行业中市场领先者的产品价格定价，也可稍低于领先者的产品价格；二是以本行业的平均价格水平作为企业的定价标准。

随行就市是运用最为广泛的定价方法之一，它有利于与竞争者和平相处，避免因价格竞争带来的风险，保证企业获得恰当的利润。同时，市场通行价格也易于为消费者所接受，从而保证产品销路。

（二）投标定价法

由投标竞争的方式确定商品价格的方法，其具体操作程序是在商品或劳务的交易中，由招标人发出招标公告，投标人竞争投标，招标人择优选定价格。这种方法通过预期竞争者的价格，而不是自己的成本或市场需求定价。通常用于建筑包工、大型设备制造、政府大宗采购等。

企业参加竞标是希望中标，而能否中标在很大程度上取决于企业与竞争者投标报价水平的比较。企业要根据竞争对手的公开报价或预计的可能报价提出自己的报价。其关键是掌握好中标概率与报价的关系，在报价与中标概率的大小之间确定最优报价。

第四节 定价策略

企业在制定了基本价格后，要建立一种多价位结构，以适应不同的需求特点。因此，有必要针对不同的消费心理、购买行为、地区差异、需求差异等，对基本价格进行修改。价格修改主要包括心理定价、地区定价、需求差别定价、折扣定从、新产品定价以及产品组合定价。

一、心理定价

心理定价即依据消费者的购买心理来修改价格。主要有以下几种形式：

1. 整数定价。整数定价就是将产品价格采取合零凑整的办法，把价格定在整数或整数水平上，给人以较高档次的感觉。如将价格定为 1000 元或 1050 元，而不是 990 元。消费者认为较高档次的产品能显示其身份、地位等，能得到一种心理上的满足。

2. 尾数定价。尾数定价是指保留价格尾数，采用零头标价，将价格定在整数水平以下，使价格保留在较低级档次上。尾数定价一方面给人以便宜感，另一方面因标价精确给人以信赖感。对于需求弹性较强的商品，尾数定价往往能带来需求量大幅度的增加。如将价格定为 19.80 元，而不是 20 元，就比较好销。

3. 声望定价。声望定价是指针对消费者“一分价钱一分货”的心理，对在消费者心目中享有声望，具有信誉的产品制定较高价格。价格高低时常被当作商品质量最直观的反映，特别是在消费者识别名优产品时，这种意识尤为强烈。这种声望定价技巧，不仅在零售商业中广泛应用，在饮食、服务、修理、科技、医疗、文化教育等行业中也运用广泛。

4. 习惯定价。习惯定价是指按照消费者的习惯性标准来定价。日常消费品的价格，一般采用习惯定价。因为这类商品一般易于在消费者心目中形成一种习惯标准，符合其标准的价格容易被顾客接受，否则易引起顾客的怀疑。高于习惯价格常被认为是变相涨价；低于习惯价格又会被怀疑产品质量是否有问题。因此，这类产品的价格力求稳定，在不得不涨价时，应采取改换包装或品牌等措施，减少消费者的抵触心理，并引导消费者逐步形成习惯。

5. 招来定价。招来定价是指将产品价格调整到低于价目表价格，甚至低于成本费用，以招来顾客促进其他产品的销售。如有的超级市场和百货商店大大降低少数几种商品的价格，特别设置几种低价畅销商品。顾客多了，不仅卖出了低价商品，更重要的是带动和扩大了一般商品和高价商品的销售。

二、折扣定价

企业为了鼓励顾客及早付清货款、大量购买、淡季购买，还可以酌情降低其基本价格。这种价格调整叫作价格折扣。

（一）价格折扣的主要类型

价格折扣有五种类型：

1. 现金折扣。是为敦促顾客尽早付清货款而提供的一种价格优惠。如对10天内付清货款的客户，给予2%的折扣。

2. 数量折扣。这种折扣是企业给那些大量购买某种产品的顾客的一种减价，以鼓励顾客购买更多的物品。因为大量购买能使企业降低生产、销售、储运、记账等环节的成本费用。例如，顾客购买某种商品100单位以下，每单位10元；购买100单位以上，每单位9元。这就是数量折扣。

3. 功能折扣。这种价格折扣又叫贸易折扣。功能折扣是制造商给某些批发商或零售商的一种额外折扣，促使他们执行某种市场营销功能（如推销、储存、服务）。

4. 季节折扣。这种价格折扣是企业给那些购买过季商品或服务的顾客一种减价，使企业的生产和销售在一年四季保持相对稳定。例如，滑雪橇制造商在春夏季给零售商以季节折扣以鼓励零售商提前订货；旅馆、航空公司等在营业下降时给旅客以季节折扣。

5. 价格折让。这是另一种类型的价目表价格的减价。例如，一台洗衣机标价为4000元，顾客以旧洗衣机折价500元购买，只需支付3500元，这叫做以旧换新折让。如果经营商同意参加制造商的促销活动，则制造商卖给经销商的物品可以打折，这叫做促销折让。

（二）影响折扣策略的主要因素

在运用折扣策略时，要考虑的因素有以下三个：

1. 竞争对手以及联合竞争的实力。市场中同行业竞争对手的实力强弱会威胁到折扣的成效，一旦竞相折价，要么两败俱伤，要么被迫退出竞争市场。

2. 折扣的成本均衡性。销售中的折价并不是简单地遵循单位价格随订购数量的上升而下降这一规律。对生产厂家来说有两种情况是例外的。一种是订单量大，很难看出连续订购的必然性，企业扩大再生产后，一旦下季度或来年订单陡减，投资难以收回；另一种是订单达不到企业的开工指标，开工运转与分批送货的总成本有可能无法用增加的订单补偿。

3. 市场总体价格水平下降。由于折扣策略有较稳定的长期性，当消费者利用折扣超量购买后，再转手将超量的那部分商品转卖给第三者，这样会扰乱市场，导致市场总体价格水平下降，给采用折价策略的企业带来损失。

企业实行折扣策略时，除考虑以上因素外，还应考虑企业流动资金的成本、金融市场汇率变化、消费者对折扣的疑虑等因素。

三、地区定价

一般地说，把产品从产地运到顾客所在地，需要花一些装运费。所谓地区性定价策略，就是企业要决定：对于卖给不同地区（包括当地和外地不同地区）顾客的某种产品，是分别制定不同的价格，还是制定相同的价格。也就是说，企业要决定是否制定地区差价。地区性定价的形式有：

（一）FOB 原产地定价

所谓 FOB 原产地定价，就是顾客（买方）按照厂价购买某种产品，企业（卖方）只负责将这种产品运到产地某种运输工具（如卡车、火车、船舶、飞机等）上交货。交货后，从产地到目的地的一切风险和费用概由顾客承担。如果按产地某种运输工具上交货定价，那么每一个顾客都各自负担从产地到目的地的运费，这是很合理的。但是这样定价对企业也有不利之处，即远地的顾客有可能不愿购买这个企业的产品，而购买其附近企业的产品。

（二）统一交货定价

这种形式和前者正好相反。所谓统一交货定价，就是企业对于卖给不同地区顾客的某种产品，都按照相同的厂价加相同的运费（按平均费计算）定价。也就是说，对全国不同地区的顾客，不论远近，都实行一个价。因此，这种定价又叫邮资定价。

（三）分区定价

这种形式介于前两者之间。所谓分区定价，就是企业把全国（或某地区）分为若干价格区，对于卖给不同价格区顾客的某种产品，分别制定不同的地区价格。距离企业远的价格区，价格定得较高；距离企业近的价格区，价格定得较低。在各个价格区范围内执行一个价。企业采用分区定价也存在问题：

1. 在同一价格区内，有些顾客距离企业较近，有些顾客距离企业较远，前者就不合算。

2. 处在两个相邻价格区界两边的顾客相距不远，但是要按高低不同的价格购买同一种产品。

（四）基点定价

所谓基点定价，是指企业选定某些城市作为基点，然后按一定的出厂价加上从基点城市到顾客所在地的运费来定价，而不管货物实际上是从哪个城市起运的。有些企业为了提高灵活性，选定许多个基点城市，按照顾客最近的基点计算运费。

（五）运费免收定价

有些企业因为急于和某些地区做生意，负担全部或部分实际运费。这些卖主认为，如果生意扩大，其平均成本就会降低，因此足以抵偿这些费用开支。采取运费免收定价，可以使企业加深市场渗透，产品能在竞争日益激烈的市场上站住脚。

四、需求差别定价

所谓需求差别定价是指企业按照两种或两种以上不反映成本费用的比例差异的价格销售某种产品或服务。

（一）需求差别定价的主要形式

1. 顾客差别定价，即企业按照不同的价格把同一种产品或服务卖给不同的顾客。例如，某汽车经销商按照价目表价格把某种型号的汽车卖给顾客 A，同时按照较低价格把同一种型号汽车卖给顾客 B。这种价格歧视表明，顾客的需求强度和商品知识有所不同，但在实际操作中要注意反不正当竞争法的限制。

2. 产品形式差别定价，即企业对不同型号或形式的产品分别制定不同的价格，但是，不同型号或形式产品的价格之间的差额和成本费用之间的差额并不成比例。

3. 产品部位差别定价，即企业对于处在不同位置的产品或服务分别制定不同的价格，即使这些产品或服务的成本费用没有任何差异。例如剧院，虽然不同座位的成本费用都一样，但是不同座位的票价有所不同，这是因为人们对剧院的不同座位的偏好有所不同。

4. 销售时间差别定价，即企业对于不同季节、不同时期甚至不同钟点的产品或服务分别制定不同的价格。

（二）需求差别定价的适用条件

1. 市场必须是可以细分的，而且各个市场必须表现不同的需求程度。

2. 以较低价格购买某种产品的顾客没有可能以较高价格把这种产品倒卖给别人。

3. 竞争者没有可能在企业以较高价格销售产品的市场上以低价竞销。

4. 细分市场的成本费用不能超过因实行价格歧视而得到的额外收入，这就是说，不能得不偿失。

5. 价格歧视不会引起顾客反感，放弃购买，影响销售。

6. 采取的价格歧视形式不能违法。

五、新产品定价

（一）撇脂定价

所谓撇脂定价，是指在产品生命周期的最初阶段，把产品的价格定得很高，以攫取最大利润，犹如从鲜奶中撇取奶油。企业所以能这样做，是因为有些购买者主观认为某些商品具有很高的价值。从市场营销实践看，在以下条件下企业可以采取撇脂定价。

1. 市场有足够的购买者，他们的需求缺乏弹性，即使把价格定得很高，市场需求也不会大量减少。

2. 高价使需求减少一些，因而产量减少一些，单位成本增加一些，但这不致抵消高价所带来的利益。

3. 在高价情况下，仍然独家经营，别无竞争者。有专利保护的产品即是如此。

4. 某种产品的价格定得高，使人们产生这种产品是高档产品的印象。

（二）渗透定价

所谓渗透定价，是指企业将其创新产品的价格定得相对较低，以吸引大量顾客，提高市场占有率。从市场营销实践看，企业采取渗透定价需具备以下条件。

1. 市场需求对价格极为敏感，因此，低价会刺激市场需求迅速增长。

2. 企业的平均成本和经营费用会随着生产经营数量的增加而下降。

3. 低价不会引起实际和潜在的竞争。

六、产品组合定价

当产品只是某一种产品组合的一部分时，企业必须对定价方法进行调整。这时候，企业要研究出一系列价格，使整个产品组合的利润实现最大化。因为各种产品之间存在需求和成本的相互联系，而且会带来不同程度的竞争，所以定价十分困难。

（一）产品大类定价

通常企业开发出来的是产品大类，而不是单一产品。当企业生产的系列产品存在需求和成本的内在关联性时，为了充分发挥这种内在关联性的积极效应，需要采用产品大类定价战略。在定价时，首先，确定某种产品的最低价格，它在产品大类中充当领袖价格，以吸引消费者购买产品大类中的其他产品；其次，确定产品大类中某种商品的最高价格，它在产品大类中充当品牌质量和收回投资的角色；再者，产品大类中的其他产品也分别依据其在产品大类中的角色不同而制定不同的价格。例如，松下公司设计出五种不同的彩色立体声摄像机。简单型的只有4.6磅，复杂型的有12.3磅，功能包括自动聚焦、明暗控制、双速移动目标镜头等。产品大类上的摄像机依次增加新功能，以获取高价。管理部门要确定各种摄像机之间的价格差距。制定价格差距时要考虑摄像机之间的成本差额、顾客对不同特征的评价以及竞争对手的价格。如果价格相差很大，顾客就会购买价格低的摄像机。在许多行业，经营者都为产品大类中的某一种产品事先确定好价格点。例如，男士服装店可能经营三种价格档次的男士服装：150元、250元和350元。顾客会从三个价格点上联系到低、中、高三种质量水平的服装。即使这三种价格同时提高，男士们仍然会按照自己偏爱的价格点来购买服装。经营者的任务就是确立认知质量差别，来使价格差别合理化。

（二）选择品定价

许多企业在提供主要产品的同时，还会附带一些可供选择的产品或特征。如购买汽车者可以订购电子开窗控制器、扫雾器等。但是对选择品定价却是一件棘手的事。汽车公司必须确定价格中应包括哪些产品，又有哪些产品可作为选择对象。汽车制造商只希望对简便型汽车做广告来吸引人们，汽车展示厅的大部分空间用于展示昂贵的、特征齐全的汽车。

（三）补充产品定价

有些产品需要附属或补充产品，例如剃须刀片和胶卷。制造商经常为主要产品（剃须刀和照机）制定较低的价格，而为附属产品制定较高的价格。例如，柯达照相机的价格很低，原因是它从销售胶卷上赢利。而那些不生产胶卷的照相机生产商为了获取同样的总利润，不得不对照相机制定高价。但如果补充产品的定价过高，也会出现危机。

（四）分部定价

服务性企业经常收取一笔固定费用，再加上可变的使用费。例如，电话用户每月都要支付一笔最少的使用费，如果使用次数超过规定，还要再交费。游乐园一般先收门票费，如果游玩的地方超过规定，就再交费。在新加坡，新车的价格包括两个部分：第一部分是包括进口税在内的汽车成本；第二部分是获取驾驶执照的价格——拥有新车的权利。成功的驾车执照投标人要为享有买车的权利支付应收基本服务费和可变使用费。因此，固定成本应较低，以推动人们购买服务，利润可以从使用费中获取。

（五）副产品定价

在生产加工肉类、石油产品和其他化工产品的过程中，经常有副产品。如果副产品价值很低，处理费用昂贵，就会影响到主产品的定价。制造商确定的价格必须能够弥补副产品的处理费用。如果副产品对某一顾客群有价值，就应该按其价值定价。副产品如果能带来收入，将有助于公司对主产品制定较低的价格。

（六）产品系列定价

企业经常以某一价格出售一组产品，例如化妆品、计算机、假期旅游公司为顾客提供的一系列活动方案。这一组产品的价格低于单独购买其中每一产品的费用总和。因为顾客可能并不打算购买其中所有的产品，所以这一组合的价格必须有较大的降幅，以此来推动顾客购买。有些顾客不需要整个产品系列，假设一家医疗设备公司免费提供送货上门和培训服务，顾客就可能要求免去送货和培训服务，以获取较低的价格。有时，顾客要求将产品系列拆开。在这种情况下，如果企业节约的成本大于满足顾客的要求的价格损失，则公司的利润会上升。

复习思考

1. 影响企业定价的主要因素有哪些？
2. 企业定价的目标有哪些？
3. 如何运用成本导向定价法？
4. 如何运用需求导向定价法？
5. 如何运用竞争导向定价法？

案例分析

商业折扣战

距今年春节还有半个月，地处N市繁华商业区的X百货商店突然宣布：从2月3日至2月17日，4万多种商品中的80%以5~9折优惠价格出售。

消息一传出，立即引起N市各大中型商店的重视。当天，N市其他商场也纷纷宣布降价销售。S百货商店、T商场、H商厦等三大商场迅速决定：与X百货商店同步，也从2月3日起开展5~9折的酬宾销售，并把时间延长至2月29日。S百货商店准备了2000万元的商品，T商场优惠面在70%以上，H商厦的1~4层的所有商品，除了10元以下的商品之外，均在降价销售之列。N市H商厦原准备在2月10日左右才推出类似的促销活动，现决定将时间提前。在部分大型商场减价的同时，一些中型商场也不甘示弱，纷纷“加盟”商战，如G大厦商场也从2月4日起，向顾客推出5~9折的酬宾活动，有的商场还利用总经销的优势，推出一批特价商品。

据不完全统计，2月3日以来，N市市区共有200多家大中型国有商场和个体商场加入“降价大战”的行列。N市商界以往的常规做法是把让利较多的酬宾活动安排在春节后的销售淡季，而今年却在人们公认的节前旺季展开，且势头之猛超过往年，这是为什么？“市场旺季不旺，只好降价促销”。这是商家的普遍回答，而某研究员人为，各家商场在这段时间搞这么大动作，主要是由于元旦与春节两大节日之间拉长，商业网点不断增多，而且消费者观念也发生了某些变化，销售比往年显得平淡，商家不得已把节后的降价促销改在节前。一些经济界的人士认为，眼下市场表明，居民的消费点与市场的销售已出现错位情况，在大多数家庭耐用品差不多齐备的时候，日常消费品如服装、食品等商品的销售量相对增加，而各大商场的柜台里，家庭耐用品仍占多数，以致出现供过于求，只有采取降价促销手段。

思考：

1. 在这次降价销售中，H商厦对价格10元以下的商品不给予折扣，你认为主要原因是什么？

2. 其他大中型商场跟随X百货商场在节前降价销售，如果以后其他条件不变且X商场没有采取其他措施，则会出现什么情况？

技能训练

选定某一行业、某一类产品作为调查对象。

1. 记录企业定价决策的各个环节，判定其定价方法。

2. 结合调研资料，专业某类产品定价设计方案。

第八章
分销渠道策略

学习目标

- ☐ 了解分销渠道的概念、特点
- ☐ 能够进行分销渠道管理
- ☐ 掌握实体分配的意义及现代化
- ☐ 能够根据市场状况进行分销渠道策略的制订

案例导入

国内GPS市场分销渠道模式

目前，国内GPS市场分销渠道有以下几种：

1. 通过各地汽车用品经销店快速将产品分散到终端用户那里。这些综合性的“汽车用品经销店”分布在全国各地，且数量众多，通过它们可以让GPS厂家的产品在短时间内分散到各地的市场第一线，这些经销商的服务水平近两年来也一直在不断提高，因此厂家比较看重这种渠道。

2. 利用经销商城市代理（片商）的方式。国内GPS生产企业目前很看重在各主要城市选择一到两家有实力的片商（地区总代理）进行产品分销。国内现在大多数企业都采取这种方式，对业务推广作用还是比较好的。分销在全国范围都有，主要以经济比较发达的北京、长三角和珠三角为主。

3. 部分企业采取以自己运营为主、代理商为辅的经营模式。现在有企业采用直接营运，辅助部分代理商的方式进行产品市场的拓展。

4. OEM市场拓展。对于GPS这种独特的产品，厂家比较看重OEM渠道。一些企业正在进行这方面的运作，一些企业正在改善自己的经营情况，力求拓展成功。

（资料来源：http：//www. cmwin. com。）

思考：你认为采取什么方式最佳？

在商品经济条件下，多数企业都是通过一系列的营销中介配合，将产品分销给消费者。由于生产者与消费者之间存在时间、空间、所有权和供求数量等方面的差异和矛盾，要实现企业产品的顺利销售，就必须克服这些问题，以解决生产与消费之间的时空差异、供求差异和所有权交换，这就必须通过市场营销渠道来实现。

第一节 分销渠道的作用与类型

一、分销渠道的概念

分销渠道，也称为销售渠道、配售通道，是指商品和服务从生产者转移至消费者的过程中，取得这种商品和服务的所有权或帮助所有权转移的所有企业和个人；或者说，分销渠道就是在商品营销活动中履行商品流通职能的组织或个人。这里所说的渠道，就是指商品和服务从生产者手中转移到消费者手中所经过的各个环节，也就是连接生产者（起点）和消费者（终点）的中间商，具体包括各种代理商、物流商、媒体中介（帮助所有权转移）、批发商、零售商（这两者取得商品所有权）、金融机构和其他商业服务机构。

中间商是社会分工的产物，其存在的必要性是为了解决商品生产和商品消费之间的时空矛盾，通过其贴近市场、了解生产和消费信息的优势，减少生产者和消费者之间的交易次数，提高交易效率，节约社会劳动。

二、分销渠道的流程与作用

（一）分销渠道的流程

从分销渠道的含义上不难看出，产品由生产者手中转移到消费者手中所经历的一系列分销活动至少形成四个流程，即商流、物流、货币流和信息流。

1. 商流（所有权流）。商流就是指商品从生产领域向消费领域转移的过程中，所形成的一系列买卖交易活动，其实质是商品的所有权不断地从生产者手中转移至消费者手中的过程；或者说，是商品的所有权由一个渠道成员转移给另一个渠道成员。注意，“商流”是指商品交换的一系列运动过程，不是仅指一次商品交换活动。例如，格力电器生产者将空调器的所有权连续不断地（直到企业停止生产时为止）转移给中间商（包括经销商、代理商、批发商、分销商），中间商再不断地转移给顾客。要说明的是，如果中间商以寄售方式接受格力电器的委托（即空调的所有权仍然是格力公司的，中间商并未取得所有权，仅仅是代为销售），就不能纳入到商流之中。

2. 物流（实体流）。物流即产品实体由生产领域向消费领域转移的运动过程，包括产品实体的储存、包装或分装、加工、装卸、运输等过程。物流过程实质上是解决了商品供求之间的空间矛盾，保证了企业生产的合理库存和消费者需求满足的及时性，也保证了产品实体从生产领域向消费领域转移过程中的安全。

3. 货币流（资金流）。货币流是指在商品交换过程中所发生的货币运动。它实际上是实现了消费者的货币所有权与中间商商品所有权的交换。与物流运动方向相反，货币运动是由消费者通过银行等金融中介机构将货款支付给中间商，中间商扣除销售佣金或者商品进销差价后，再支付给商品生产者。生产者能否顺利实现货币回笼，关系到再生产能否顺利实现，甚至直接关系到企业的生存。

4. 信息流。信息流是商品从生产领域向流通领域转移的过程中，所发生的一系列信息数据的交换、搜集、传递和整理的活动过程。信息流动是双向的，既有生产者向市场传递的商品供应信息，也有中间商、消费者向生产者传递的商品需求信息。

（二）分销渠道的作用

分销渠道的存在，节约了企业为销售商品所必须大量耗费的人力、财力和物力，使企业能够集中精力认真搞好生产，同时也便利了广大消费者对众多商品的消费需求。具体地说，分销渠道的作用主要有以下几点：

1. 沟通产销信息。分销渠道扮演了生产者与消费者之间的交易媒介，既为生产者开辟了销售市场，利用其地域优势和市场信息灵通优势为生产者寻找潜在的顾客，又为消费者提供了商品供应信息，在信息传递过程中实现了产销交易活动。

2. 缩短时空距离。即使在知识经济时代，商品生产仍然存在着生产与消费之间的时间、空间矛盾。通过分销渠道中的物流渠道，就可以及时地将生产者的产品运送到消费者身边的销售市场，缩短时空距离，还可以根据消费者的需要，对产品进行分类、再包装、储存和保护，在适当的时间再投放到市场上。

3. 加速资金周转。资金是商品经济时代的润滑剂。能否加速资金在社会再生产各环节之间的周转，直接关系到社会再生产能否进行。通过分销渠道的中介，能使资金在各环节间顺利流通，减少资金占用和积压，提高资金的使用效益。

4. 分散经营风险。分销渠道作为联系生产和消费的中间环节（除代理商外），实际上是接受了生产者的产权转让后，再次将商品产权转让给最终消费者，这就实际上将原来由生产者独立承担的生产经营风险，分散到各个中间环节，并通过中间环节之间的经济利益联系和调整，使经营风险降到最低。

三、分销渠道的类型

（一）直接渠道与间接渠道

直接渠道与间接渠道，是根据生产者与最终消费者之间的商品传递是否经过中间商来划分的。如果企业不经过中间商而直接将商品销售给消费者，这种分销方式称为直接渠道；如果企业通过中间商来销售商品，就叫做间接渠道。

1. 直接渠道的特点。直接渠道又叫做零层渠道。由于没有中间商的介入，实行的是产销直接见面的分销方式，因而其优点就在于：（1）产销直接见面，便于供求信息沟通；（2）交易方便快捷，流通费用低廉；（3）便于订单加工，减少库存成本。直接渠道也存在诸多缺点，主要是：（1）增设销售部门，销售成本较高；（2）分散了管理者的精力。

直接渠道的常用形式有：上门推销、电话推销、邮寄销售、网络营销、会展营销以及开设自营门市销售等。一般用于企业创立之初，或生产非通用专业产品的企业。

2. 间接渠道的特点。间接渠道是指企业至少通过一个中间商来销售自己的商品。其优点在于：(1) 减少交易次数，节约交易成本；(2) 中间商有地利、人和优势，便于企业开辟市场；(3) 有利于社会分工，提高经济效益。

间接渠道也存在不足，主要有：(1) 增加了流通环节，推高了产品成本；(2) 延长了产销距离，增加了供求信息沟通困难；(3) 增加了信息传递层次，容易导致信息传递失真与延滞，企业生产经营决策缺乏及时准确的依据。

（二）长渠道与短渠道

长渠道与短渠道，是根据商品在流通的过程中经过不同层次中间环节的多少来划分的。短渠道相当于直接渠道，即零层渠道，实际上就是生产企业不通过任何中间商将产品直接销售给消费者；长渠道则是指生产企业至少通过一个中间环节（一般不超过四个）将产品转售给消费者。短渠道有利于企业控制，但不利于企业拓展市场；长渠道有利于提高企业产品的市场占有率，但因为渠道层级多而复杂，不利于企业控制。如图 8－1 所示。

短渠道（零层）：（生产者）—（消费者）

一层渠道：（生产者）—（零售商）—（消费者）

二层渠道：（生产者）—（批发商）—（零售商）—（消费者）

三层渠道：（生产者）—（批发商）—（中间商）—（零售商）—（消费者）

四层渠道：（生产者）—（代理商）—（批发商）—（中间商）—（零售商）—（消费者）

图 8－1　不同层级渠道示意图

（三）宽渠道与窄渠道

分销渠道的宽窄，是横向划分企业在同一个层次上使用同类中间商数量的多少。如果企业的产品是通过两个以上负责任的中间商来销售，那么就可以说是宽渠道。具体又有两种方法：一种是密集性分销，即使用多个中间商来经销企业的产品，如便利品销售；另一种是选择性分销，即在一个区域市场有选择地挑选几个最合适的中间商来经销自己的产品，如选购品销售。窄渠道通常又叫做独家经销，指企业在一个地区仅选择一家中间商来推销自己的产品，但这种方式一般都要签订独家经销合同，规定经销商不得经营竞争对手的产品，而经销商也会要求企业在本地区不得再委托第二个经销商。

1. 宽渠道的特点。宽渠道有利于企业的产品快速进入流通领域，并通过多渠道销售使商品能便利地到达消费者手中；其次，商品的快速流通，有利于企业再生产的顺利进行；第三，一个市场上有多家经销商，也有利于他们之间开展营销竞争，尽快实现商品价值，并有利于企业对他们进行综合评价。但宽渠道不利于企业控制中间商，一旦经营环境发生变化，经销商就可能“弃暗投明”，经营竞争对手的产品，动摇企业和消费者之间的关系。

2. 窄渠道有利于调动经营者的积极性，密切企业与经销商之间的关系，但企业产品销售的依赖性太强，若经销商推销不力，就可能直接影响企业生产。同时，由于有协议的制约，使企业失去了灵活选择其他经销商的权利，极有可能失去所占领的市场。因此，窄渠道一般仅用于专业性强、批量小的产品销售。

四、分销渠道模式的设计

分销渠道模式的设计，取决于企业是否选择中间商，经过几道环节，准备采取什么样的渠道。分销渠道模式设计的目的，就是要确定企业所要达到的目标市场的最佳途径。这就要考虑影响分销渠道模式的相关因素，并进行分析评价，再进行营销渠道模式的设计。一般来说，影响企业渠道模式选择的主要因素有：

1. 市场因素。分销渠道设计受市场中的人口数量及其地理分布、购买力与购买频率、消费者的购买习惯、市场竞争状况等因素的影响。如果顾客数量大，地理区域集中，购买频繁且购买量小，则适合采用长而宽的分销渠道；相反，就应当采取短而窄的分销渠道。另外，还要考虑竞争者的渠道策略和消费者敏感的促销方式。如果与竞争者选择相同的渠道模式，则应比对手做得更好；如果消费者喜欢厂家直销，就必须选择短而窄的分销渠道，反之就相反。

2. 企业因素。企业自身因素是渠道设计时主要考虑的因素之一。首先要考虑的是企业的规模与实力。企业规模大、信誉好、实力强，则市场覆盖范围和控制中间商合作的能力就比较大，就可以既选择直接渠道，也可以选择间接渠道；如果规模虽大，信誉也好，但其财务实力较弱，则最好选择中间商分销，渠道就自然会长或宽一些。其次，企业的产品组合、渠道经验、营销政策和提供服务的能力，也对渠道选择产生影响。如果产品组合的宽度与长度越大，组合的关联性强，不妨采用短而窄的渠道；渠道经验丰富、营销政策灵活的企业，不妨采用长而宽的分销渠道；有实力提供促销、展销、咨询、维修等宽泛服务的企业，中间商乐意经销其产品，自然选择长而宽的间接分销渠道比较有利。此外，还要考虑企业的管理水平、渠道控制意愿以及不同渠道经济利益的比较。

3. 中间商因素。中间商的市场开拓能力、实力与声誉、经销要求，也是影响企业选择分销渠道的重要因素。这一点请读者自己思考。

4. 产品属性因素。产品的自然属性和社会属性，在一定程度上制约了企业销售渠道的选择。从产品的自然属性上看，如果产品易腐易碎（理化性能不稳定）、庞大笨重，短渠道就是企业的首选，否则就可以选择长而宽的渠道；从产品的社会属性上看，如果产品价值昂贵，又是属于特别定制且安装、使用技术复杂的，与产品价格低廉，或虽价格较贵重但属于标准化生产、无须特别的技术要求的，渠道选择就大为不同。前者必须选择短渠道，后者就可以选择长渠道了。

5. 市场环境因素。市场环境因素对渠道选择的影响，既取决于宏观经济形势运行态势是否良好，还取决于政府一定时期法律法规和经济政策的变化。如果经济状况景气，且法律法规和政府政策稳定，没有限制竞争类型和渠道选择，企业可以根据具体情况或选择间接分销渠道，或选择直接分销渠道。如果经济不景气，竞争不规范，且相关政策不断变化，则企业分销渠道的选择就会受到限制。具体分析可参考第二章的有关内容，并尝试分析哪些因素对分销渠道选择有影响。

[阅读材料]　使渠道更加灵活——10个伸展性的问题

1. 谁是我们目前的客户？
2. 他们在购买时使用的是怎样不同的准则？
3. 他们的“购买状态”——他们什么时候和如何做生意？
4. 他们用（或想用）一种方式购买某种产品，同时用另一种方式购买其他产品吗？
5. 他们是否在不同的时间用不同的方式购买同样的产品？
6. 我们是否有不同类型的客户——每一类都有不同性质的需求？
7. 如果是，不同类型的客户需求间的差异性如何？
8. 我们是否已经识别了新的客户或者我们需要的某一种客户？
9. 相比于我们现有的客户，这些将来的新客户的需求如何？
10. 需要什么样的渠道去响应所有的客户需求的多样性？

第二节　中间商

中间商是介于生产者和消费者之间，参与商品交易并促进买卖行为实现的、具有法人地位的经济组织和个人。由于中间商在流通领域中所起的作用不同，所有权拥有的性质不同以及中间商自身实力、信誉差异等，中间商的选择、评价就成为企业分销渠道策略中的主要问题之一。

一、批发商

批发商是较为传统的中间商，具有专业化、地域性和规模竞争优势等特点。尽管随着信息时代网络技术的普及，改变了传统的商品流通结构和流通方式，但批发商在商品的流通过程和社会经济运行中，仍然发挥着重要的职能和作用。所谓批发商，是指服务于生产者和零售企业之间，满足其产品销售、商业用途需要的专业化、大批量经营的中间商。批发商在商品流通中的主要作用是：

1. 拓展市场与推介商品的作用。批发商是一个地区一定范围内的商品集散中心，地利优势使其可以有效接触众多零售商和其他小客户，起到了替生产企业促销商品、拓展市场的作用。

2. 采购与配货作用。批发商的地域优势使其了解目标顾客的商品需求，因而能够准确地替代顾客选购商品，并根据顾客需要进行有选择地商品搭配，缩短顾客选购商品的时间，加速商品的有效流通。

3. 批量服务作用。批发商一般是从生产企业大批量购进货物，再根据零售商的需要小批量批发出去，既减少了生产企业的产品库存，又降低了零售商的进货成本。

4. 仓储与货运服务作用。批发商整批购进货物后，通常要储存一定时间，实行分类保管，直到出售时为止。然后根据零售商的需要对商品进行分装、拆零和简单加工，并运送到零售商的营业地点，这样就降低了零售商的运输成本、存货成本和风险，能及时有效地满足最终消费者的需要。

5. 融资作用。批发商在适当的时候，可以向有条件的客户提供信用和融资服务，也可以通过提前订货、预付货款等方式为供货企业提供间接的融资服务。

6. 分担风险的作用。除代理经销批发商外，其他批发商一般情况下都拥有商品的所有权，从而使生产企业的产品在经营过程中的各种风险，都分散给了批发商。

7. 沟通产销的信息服务作用。批发商贴近市场，又与生产企业联系密切，具备熟悉市场需求、了解生产的有利条件，能够及时为生产企业和零售商提供有关信息，可以有效地帮助企业进行科学地生产决策和经营决策，减少生产者、经营者因缺乏准确的信息而盲目生产、盲目进货所造成的损失。

8. 咨询服务作用。由于批发商熟悉市场，能够为生产企业的新产品研发、产品改进和产品功能延伸提供信息支持，也能够为零售企业提供人员业务培训、商店选址和店面装潢、商品陈列、存货控制、会计系统等帮助，以提高生产者和经营者的经济效益。

9. 调节市场的作用。批发商通过商品的批量进货、存储和运输，实际上起到了调节供求关系"蓄水池"的作用，有利于均衡生产和消费，缓解经济运行中的供求矛盾。

二、批发商的主要类型

批发商主要有四种类型，即商人批发商、经纪人和代理商、制造商的销售办事处、大型零售商的采购办事处。

（一）商人批发商

商人批发商是指自己进货，取得商品所有权之后，再将商品批发出售的商业企业，也称为独立批发商。这是批发商的主要类型。通常按照其提供的服务是否完全，分为执行全部批发职能的完全批发商和执行部分批发职能的有限服务批发商两类。所谓完全批发商，指批发商提供的服务比较完整，包括保持存货、提供信息、配送货物、协助管理；它又可以分为批发商人和工业批发商两种。有限服务批发商，指为了减少费用、降低成本，只执行部分批发商职能。它有五种类型：现购自运批发商、承销批发商、卡车批发商、托售批发商和邮购批发商。

（二）经纪人和代理商

经纪人和代理商是从事买、卖双方的中介，并从中赚取佣金的交易媒介。它与独立批发商的区别就在于他们没有商品所有权。经纪人和代理商一般都是专业化的、专门经营某一方面的业务。经纪人主要从业于房地产业、证券交易业、保险业、广告业与拍卖业等；代理商则是通过为委托人推销商品、开拓市场，从业于制造业代理、销售代理、采购代理和佣金商等。在市场经济发达国家，经纪人和代理商非常多。

1. 制造商的销售办事处。制造商的销售办事处，一般是企业内部的自营批发或销售组织。常见的形式有销售办事处和销售公司两种，但两者之间有一些小区别：销售办事处是企业的驻外业务代办机构，一般没有存货；而销售公司则相当于分销机构，一般要执行产品储存、运输、销售及售后服务。主要作用是掌握当地的市场信息变化，改进存货控制，加强促销活动。

2. 大型零售商的采购办事处。有许多大型零售商都会在商品集散中心或中心城市设立采购办事处，如沃尔玛、家乐福等在北京、广州、上海等地都设立了采购办事处，这些办事处的职能相当于代理商或经纪人，撮合零售商与一些生产商之间的商品交易，但与代理商和经纪人不同的是，采购办事处的隶属关系属于零售商。

三、零售商

零售商是直接面对最终消费者销售商品或提供服务的中间商，在商品营销过程中起着关键的作用，因为他直接服务于广大消费者，并最终实现商品的价值，既是生产企业的产品推销员，又是消费者的采购员。从他在社会经济活动中扮演的角色看，主要起到了以下作用：

1. 熟悉市场，能提供及时准确的市场供求信息。

2. 连接生产的起点和终点，矫正产销信息扭曲。

3. 采购、储存和配送货物，平衡供求关系，解决供求时空矛盾。

4. 把握市场信息变化，预测市场需求趋势，为新产品研发提供最新市场信息资料。

5. 网点众多，贴近市场，便利选购，解决生产与消费之间的产销矛盾。

零售商可以分为三种类型，下面分别作详细介绍。

（一）商店零售商

商店零售商，是指直接面向众多消费者个人和家庭，提供商品多样化、小批量零星消费需要的中间商。随着经济的不断发展，零售商店的类型在向多样化发展，目前主要有：

1. 专用品商店。专用品商店在许多地方也叫专卖店，通常经营的产品线少，但产品线系列品种齐全。一般又有单一产品线商店，如服装商店，较典型的有李宁服饰（运动服系列）等；有限产品线商店，如金利来（男士）服饰、劲霸男装等；超级专用品商店，如特步运动鞋专卖、Lee牌牛仔裤专卖等。实际上，随着市场细分化的应用，经营产品专业化的超级专卖机会将越来越大。

2. 百货商店。与专用品商店不同，百货商店则经营多条产品线的产品，每一条产品线都作为一个相对独立的部门或柜组，有专门的采购管理人员和营业员。传统的百货商店曾经是我国零售中间商的主体，现在已经失去了往日的辉煌，正有被仓储式零售店、折扣商店、开放式自选商店所替代之势。为了百货商店的生存，百货商店采取了一系列创新措施来应对新型中间商的挑战：一是在营业地点的选择上，由原来的城市中心繁华区，向郊区发展；二是销售方式由单一柜台式向柜台与开架自选式相结合方向发展；三是销售服务向多项目服务方向发展；四是目标顾客以城市流动人口中中高档消费者和时尚年轻人为主；五是柜台自用变为柜台出租，营业形式涵盖邮购、网购和电话订货等多业务形式；六是经常采用折扣、廉价拍卖方式；等等。

3. 超级市场。超级市场现在是多数城镇中间商的组成主体，一般具有规模大、成本低、毛利小、销售量大和顾客自我服务的特点，主要经营各种便利品如食品、洗涤用品、小五金、家用日化品等。为了与一些便利店等开展竞争，许多超级市场提供的商品及服务范围逐渐扩大，甚至开辟了休闲区、儿童娱乐区等非营业区域招徕顾客，以提高营业利润。当前超级市场的发展趋势是：规模越来越大，经营品种越来越多，营业设施越来越完善，服务项目越来越广泛，促销费用越来越高，经营品牌越来越多样化。

4. 便利店。是指设立在居民区附近以方便顾客就近购买商品的小商店，一般具有营业时间长、商品品种少、商品流通速度快等特点，主要经营“填空”式的家用日用品、生活必需品等，一般毛利率略高于超市。

5. 超级商店、联合商店与特级市场。超级商店、联合商店和特级市场，通常意义上是指经营的商品品种、经营范围、经营规模、服务范围等方面存在区别，而不仅是商店名称上的变化。例如，超级商店规模比超市大，经营项目也多；联合商店则呈现多元化经营趋势；特级市场则综合了多模式商店的经营方法，营业范围除汽车、医药器具外，几乎无所不包。

6. 折扣商店。折扣商店的主要特点是经营大品牌、质量好的商品，经常以较低的价格销售商品，目的在于吸引边缘顾客（即中心商业区 1500 平方米以外的顾客）。

7. 仓储商店。仓储商店或叫做仓储式商店，是实行储销一体化的，以大批量、低成本、低价格的微利方式经营的连锁式零售商店。一般以工薪阶层、机关团体的福利消费服务为主，常以会员制消费为主要形式，注重加盟店之间的网络管理。

仓储商店的特点是：服务对象特定；销售价格低廉；经营品种是市场畅销品牌；实行会员制消费；低成本经营；借助计算机进行零售管理。

8. 产品陈列推销店。这是目前最具活力的零售形式之一，商店将产品目录推销和折扣办法用于品种繁多、利润高、周转快的品牌商品销售，如高级箱包、照相器材、珠宝首饰、动力工具等。经营方式的主要特点是灵活，顾客既可以根据商品目录电话订货，由商店送货上门，也可以由顾客上门验货提货。

（二）非商店零售

非商店销售也是近几年发展速度比较快的零售形式，通常又叫做无门市销售。目前主要有以下三种具体类型：

1. 直复市场营销。直复营销在我国是一种新兴销售方式，是指利用一种或多种广告媒体传播商品信息并使消费者迅速产生需求反应，最终达成交易的销售系统。直复营销者发布广告后，顾客可以通过写信、电话订货等形式，销售者将订购的货物一般通过邮寄交货，顾客用信用卡付款或电汇汇款。直复营销者的广告目的在于迅速找到并实现潜在的交易，不像其他商业广告那样是为了营业推广、树立品牌形象和刺激顾客偏好。

2. 直接销售。直接销售在我国 20 世纪 80 年代中期到 90 年代中期之间非常流行，其销售方式就是通过推销人员逐户上门、举办家庭销售会议推销等。这种销售方式已经引起多数顾客的反感，并且销售成本很高，目前除极少数特定商品和某些以特定顾客为对象的直接销售外，直接销售已经演化为网络销售。

3. 自动售货。自动售货是第二次世界大战以后出现在西方的销售方式，主要应用于工厂、办公室、社区、大型零售商店、加油站等地方，以便利品如饮料、啤酒、香烟、报刊、唱片等易于投币的廉价商品，方便人们随时购买。由于它能够全天候地为顾客提供服务，因而被广泛应用。但售货机分散摆放，管理难度大，又经常被破坏，因而售货成本高，售价一般高于同类商品15%～20%。我国目前尚未普及。

此外，无门市销售还有一些新兴形式，如专门为特定顾客服务的购物服务公司，目前正流行的电视购物、网上购物等。

（三）零售组织

零售组织，是指将流通中零散的中间商，在不改变所有权的前提下，按照一定要求进行组合、管理和经营的商业零售机构。常见的形式有连锁店、零售合作社、消费者合作社、特许专营机构和销售联合体等。

1. 连锁店。连锁经营在国外有近百年的发展史，我国珠三角地区率先在1984年开始试行，现在已经发展到零售、餐饮、服务等各个领域，其发展速度之快、发展前景之好是大家都始料未及的。连锁经营有三种形式，即特许连锁、正规连锁和自由连锁。有关内容请参考连锁经营课程。

2. 消费者合作社。消费者合作社是由消费者自发组织、自己出资、自我管理、自己拥有产权的零售机构。一般是出于社区周边没有零售商店，或虽有商店但服务欠佳、商品质次价高，居民购物极其不便，从而由消费者发起组织的消费合作组织。他采用出资人投票方式进行决策，推举合作社管理者，对合作社的成员实行内部会员制，享受优惠价格，对外部非会员实行正常价格销售，年终根据会员的购物数量给予红利回报。

3. 销售联合体。销售联合体是一种以多种所有制形式的不同类型、不同形式的零售商组合的零售商组织。这种销售联合体组合，在一起可以从事多样化零售、多品种经营、综合性服务、整体性管理，能够为零售商各自创造良好的经营环境，取得综合效益和规模效益。

第三节 分销渠道的管理与控制

生产企业和中间商在经济运行过程中因各自所处的地位及利益不同，经常会产生一些矛盾，而同属于中间环节的渠道成员之间也会有利益矛盾，这是由于渠道成员组织实际上是由独立的生产企业、批发商、零售商等组成的松散关系，并没有形成统一的领导。因此，要确保渠道成员的整体利益和经营效果，管理者在渠道设计和渠道选择之后，有必要在选择中间商时对中间商进行定期的科学评价，并处理好企业与中间商之间的各种关系。

一、对中间商的评价

（一）经济评价

生产企业的任何营销决策，包括所采取的各种措施，目的都是为了获取最大的经济利益，中间商的选择也一样。如前所述，由于中间商直接关系到生产者所创造的商品价值和经济利益的最终实现，因此中间商的选择就必须从长远利益出发，进行综合分析评价之后才能作出决定。基于这一原则，需要考虑的评价因素有：

1. 中间商的管理成本。中间商的管理成本既取决于渠道成员的多少，还取决于渠道的组织形式。有效的渠道管理是应在尽可能较少花费的前提下，协调渠道成员之间的关系，减少渠道冲突，降低管理成本。这里有两层含义：一是渠道成员自身的管理成本，其成本的大小决定了经营利润，并间接影响其经营有关产品的积极性；二是企业管理渠道成员的成本，包括给渠道成员支付的各项费用，这项成本的大小决定了企业的赢利水平。可以根据企业的管理能力和相关资源状况，选择纵向营销管理系统或者横向营销管理系统。纵向营销管理系统是指生产者、批发商、零售商之间形成统一的利益整体，实行统一领导和统一规划，并实行统一的市场营销行动；横向营销系统，是指相关企业联合起来，利用各自的资源优势，共同开发和利用市场机会。

2. 中间商的产品收购价格。中间商的产品收购价格直接关系到企业的让利水平，也决定了企业的最终经济利益。因此，应尽可能选择收购价格较高的中间商。

3. 中间商能够经销的产品数量。中间商能够经营的产品数量的多少，可能比收购价格的高低更能影响企业的利益。一般来说，中间商经销的产品数量越大，意味着每单位产品分担的经营费用越小，企业的利润水平相对越高，即使收购价格略低一点也是可以接受的。

4. 中间商经销产品的稳定性。中间商所经销的产品是否具有稳定性和连续性，是企业必须重点进行评价的问题。试想，如果中间商能够稳定而连续地经营企业的产品，既可以保证企业稳定的市场和长远的利益，又有利于企业加强生产的计划性和连续性，从而帮助企业降低经营成本，减少产品库存。

（二）可控性评价

可控性是指企业与中间商在建立关系的过程中，能否掌握足够的主动权。对中间商的可控性评价取决于以下两个主要因素：

1. 中间商的经济利益与企业产品之间的关系。中间商的经济利益来源于所经营的产品和服务，如果企业提供给中间商的产品或服务是有利可图的，中间商经营的积极性和主动性不言而喻，企业就会牢牢掌握主动权；否则，企业就必然处于被动地位。

2. 中间商与生产企业的合作态度。合作是两相情愿的事情。除了经济上的考虑，能否合作还要看双方在情感上是否融洽。俗话说“生意好做，伙计难谋”，如果中间商与企业长期以来一直关系良好，在生产或销售出现问题时能够相互理解和相互支持，并能够帮助对方解决问题，这样的合作者是值得选择的，否则就应慎重考虑。

（三）适应性评价

适应性是指中间商具备的各种经营条件是否满足企业产品销售的需要。对中间商的适应性评价一般要考虑的因素比较多，主要有以下几点：

1. 中间商的经济实力。指中间商经营相关产品和服务所必须具备的货款支付能力。中间商经济实力雄厚，企业产品销售后的货款回笼速度就比较快，否则，企业资金被不合理占用甚至无限期拖欠，就会严重影响企业的正常生产，经营就失去了意义。

2. 中间商的销售能力。销售能力包括市场开拓能力、产品促销能力、提供服务能力和其他能力。例如，中间商能否提供技术咨询、维修服务、代理送货等，直接关系到产品的销售力度；能否提供仓储和运输服务，又关系到保证产品销售的稳定性与连续性，以及调节供求余缺的能力等。

3. 中间商的商业信誉。中间商的商业信誉，是指中间商在社会上的知名度、业内形象和顾客心目中的印象。这关系到中间商的经营活动能否起到良好的社会效果和经济效益。

4. 中间商的管理水平。中间商的组织、计划、协调能力与市场推广、业务管理等水平的好坏，直接决定了中间商的经营成本，也决定了中间商能否迅速而高效地将产品推向市场，为产销双方带来经济效益。

5. 中间商所经营的产品特点。中间商一般情况下不会只经营一种产品或一个厂商的产品，因此企业要考虑自己的产品在中间商所经营的产品中，是否有一定的竞争力，或者是否有利于本企业产品的销售。

6. 中间商的服务方向。中间商目前所服务市场和未来的发展方向，是否为企业期望开发的市场。其服务对象所需要的，是否与企业生产的产品特点、性能、质量要求、技术标准和定价水平相适应。如果企业生产的是高端产品，而中间商服务的只是低端市场的话，显然不符合企业产品的销售要求。

7. 中间商所处的地理位置。中间商的地理位置是否处于城市繁华地段，对于企业而言是极其重要的。因为客流量的多少、产品辐射能力的强弱和覆盖范围的大小，对企业产品在社会上产生影响的大小及销售速度的快慢，有着重要的意义。

企业在选择中间商时，固然要对其多方面进行综合评价，但中间商也会积极评价和选择生产企业。企业只有具备卓越的生产能力和一流的管理水平，中间商才会乐意经营它的产品，不然的话，企业就会在与中间商交往的过程中，处于极为被动的地位。

二、协调企业与中间商之间的关系

从理论上讲，生产企业与中间商之间相互依存，应该是一荣俱荣、一损俱损的关系，彼此之间谁也不能舍弃对方，只不过因为存在着各自的经济利益，这就难免会出现利益之间的冲突。认真处理好企业与中间商之间的这些矛盾，对于市场营销工作有着重要的意义。

（一）生产企业与中间商之间的主要矛盾

1. 不同产品需求的矛盾。一般来说，市场上需求旺盛的紧俏商品，生产者和中间商都愿意自己销售，而滞销的产品谁都不愿意经营。双方都能接受的合理办法就是折中处理，即将不同需求的商品进行搭配。

2. 不同产品花色品种的矛盾。中间商期望收购的产品是规格齐全、花色繁多且不断翻新的，但是企业多半只愿意生产批量大、品种单一的产品。前者出于追求销售利益，后者则考虑生产成本。

3. 产品收购方式上的矛盾。从企业的角度看，希望所生产的产品能被中间商统购包销，以减少经营风险；从中间商的角度看，则希望只是收购市场上畅销的产品，以获得薄利多销的好处。

4. 合作期限的矛盾。生产企业一般都希望中间商能够与之长期合作，以保持稳定的市场营销渠道，并藉此减少经营风险，降低营销成本；中间商则希望短期合作，特别是有利可图时合作，无利可图则分手，避免经营风险。

5. 供需价格矛盾。产品供需价格的高低直接影响企业和中间商各自的利益，这是最容易产生矛盾的焦点。如果企业成本一定，就希望中间商高价收购产品；而中间商则相反，希望低价购进产品。

此外，生产企业和中间商之间还存在其他方面，如供货时间、供货数量与质量、运输方式、结算方式等矛盾。

（二）解决矛盾的主要途径

在商品经济时代，生产企业和中间商都应当认识到双方是建立在互惠共赢、利益均沾基础上的关系，只有互利合作，才能和谐相处。这就要求产销双方都必须充分换位思考，考虑对方的利益，体谅对方的难处，共同向市场要效益。一旦矛盾出现，双方应本着求同存异、互谅互让的原则，及时沟通信息，准确把握市场变化，协调经营目标，树立正确的市场观念，在激烈的市场竞争中共同发展。

（三）生产企业对中间商的激励

严格地说，中间商的存在不仅是因为社会分工，主要的还是因为有利益机制的激励因素存在，才促使其进入了商品流通渠道。但是，作为生产者而言，仅有的中间商激励因素是不够的，必须经常采取新颖的有效措施不断地激励、指导和监督中间商，使其保持足够的经营积极性。

激励的形式有两种：正效激励与负效激励。正效激励，通常是生产者给予中间商的各种优惠和津贴，旨在鼓励中间商积极与生产者合作，认真履行销售代理职能。在与中间商合作的过程中，又要注意两种倾向：激励过分与激励不足。激励过分，指生产者给予中间商的优惠条件，超过了中间商取得合作资格时所需提供的条件，结果可能造成销售量上升，但利润额却在下降；激励不足，则是指生产者给予中间商的条件过于苛刻，不能有效地激励中间商的经营热情，造成营业额和营业利润双双下降。负效激励，是指生产者对中间商的批评或惩罚，目的在于引起中间商的注意和改进，激励中间商能有更好的表现。

正效激励的一般方法有：

1. 提高中间商的获利水平，放宽信用条件。

2. 改变交易关系组合，使中间商的经营更有利可图。

3. 提供广告支持，举办中间商销售竞赛。

4. 给予优秀中间商更多的畅销产品。

采用正效激励方法时，生产者要注意以交易关系组合为基础，注意中间商的反应以及他们如何从自身的利益出发，来看待、理解、接受这些措施，避免“好心办错事”。

负效激励的一般方法有：

1. 对不重视某些特定品牌的销售提出批评。

2. 对不重视某些特定顾客提出批评。

3. 对不重视市场需求信息的搜集、整理提出批评。

4. 对他们不了解产品知识提出批评等。

采用负效激励时要注意进行换位思考，批评应是善意的、富有启发性的，要充分了解中间商的心理活动和行为特征，设身处地地站在对方的角度看待问题产生的原因。

第四节 商品实体分配

一、商品实体分配概述

（一）什么是商品实体分配

商品实体分配，一般称为物流配送或物流管理，是指商品通过有效安排，在分销渠道内发生产品实体的转移及其经营管理活动。

商品经济是社会化大生产活动，决定了经济运行必须要有社会职能分工，才能取得更好的经济效率。物流最早是与商流相伴随的，即商品通过买卖活动实现所有权的转移，要通过商品在时间与空间上的位置变化，即商品实体的运输、储存、分装与加工、装卸搬运等活动来实现；产权转移是商流活动，而商品的时间、空间转移、储存等就是广义的物流活动。狭义的物流仅指物品的流动。这两种活动既可以结合，也可以分离。随着我国商品经济的不断发展，市场需求日益扩大，商品批量转移成本高、产销市场脱节现象困扰着许多生产者，物流从传统的商流中的分离出来独立承担商品的运、存、管职能，以便降低企业经营成本，促进和方便客户购买，加速商品流通，促进商品销售，从而增强竞争实力，创造地点效用，就是一种必然。

从严格的意义上说，物流的本义是指后勤（logistics），也曾译为商品储运，与商业物流是有区别的。商业物流是指由流通企业（中间商）自己承担的商品实体流通部分。其任务主要是通过合理安排和有序筹划，及时、准确、安全并经济地实现商品实体从生产地点向消费市场的转移。在转移的过程中，要确保储存商品的安全，养护商品的使用价值，做好商品的分类管理、整理编配、加工包装、装卸搬运等工作，完好无损地实现商品实体在生产领域与消费领域之间的转移。作为市场营销的一部分，商品实体分配是从企业销售预测开始，以此为基础来规划企业的生产水平和存货水平。

（二）商品实体分配的作用

商品实体分配活动的具体作用，归纳起来主要有以下几点：

1. 缩短订货周期。订货周期是指客户从发出订单到收到订货的时间，包括发出订单、确认订单、发运货物、验收货物等环节。订单的发出与确认，可以通过网络快速地实现，但是货物运输不能依赖网络。如果客户订货量大，生产者又没有足够的运输条件，按照常规办理零担托运或其他货运，时间就会拖延，影响客户供应的及时性。为了克服这一问题，现在许多企业与当地的实体分配部门（第三方物流）签定协议并实现计算机联网，只要订单被确认，实体分配部门可以迅速按照客户要求进行配货并及时将货物运送的指定的地点，大大缩短了订货周期。

2. 提供优质可靠的服务。能否提供优质而可靠的服务，是企业提高竞争能力和赢得市场的重要条件之一。优质而可靠的服务，就是指企业接受订单后，能够及时、准确地按照客户要求，将产品安全地运抵目的地。

3. 发运装配成套商品。对于中间商和广大用户而言，已经装配好的产品和规格齐全的商品是最受欢迎的，因为这样可以节约大量的装配时间和费用，快速投入销售或使用。从这一意义上讲，实体分配实际上是促成了商品使用价值的迅速实现。

4. 减少用户库存，调节市场余缺。出于仓储成本和经营风险的考虑，一般零售商很少大量囤积商品，而市场需求量的变化又是难以预料的，一旦出现供应短缺不能及时补充，就可能失去市场。因此，企业应及时为存货短缺的客户供货，保持市场供应的连续性和既定的市场占有率。

5. 缩小发货批量，增加供应批次。如前所述，零售商不仅要考虑风险和成本，还要考虑实际营业空间和经营周转资金，如果企业能缩小发货批量，增加供应批次，无疑既减少了客户的库存，增加了可营业空间，又减少了客户的资金占用，保障了商品供应。

6. 提供用户要求的其他服务。实体分配履行了传统商流中的许多职能，具备为用户提供多种服务的可能性。例如，告知生产者和用户订单的处理与执行情况，商品保有量与流通状况，需要加急或延缓生产的产品和服务等。

二、商品实体分配策略

商品实体分配策略一般表达为存货与运输策略，即实体分配主要包括两个部分：

（一）仓储策略

商品仓储就是通过各种场所和设备来储存和保管商品，以满足商品供求需要，衔接产销的时空悖离。一般来说，企业的存货水平是影响顾客满意度的重要因素，也可以说是一种策略。营销人员都希望公司有充足的存货，能够随时为客户的订单供货；管理者却不希望存货过多，以便降低成本。如何处理好两者间的矛盾，既保持有足够的存货，又不至于过多地增加成本，就需要有良好的仓储决策，更好地创造商品的时间效用。

1. 仓库地点选择及应考虑的因素。商品储存需要仓库，其所处的位置是否有利于商品的快速集散和商品送达销售市场的费用最小，直接关系到商品流通速度和流通费用，并最终影响企业的销售业绩和赢利水平。因此，仓库的地点选择应考虑：

（1）运输量。一般情况下，应尽可能使仓库接近商品流通速度快、销售量大的营业网点，这样可以使大批量的商品运输单位成本最低，并使运输路程相对最短。

（2）运输距离。运输距离的长短与运输成本和运输时间成正比，与企业利润成反比。因此，应尽可能将仓库的位置选择处于一个营业区域的中心，使仓库到达各个营业点的总距离最短。

（3）运输费用。运输费用是运输里程与单位运价和运输总量的乘积。在运价和运输量一定的情况下，运输费用的大小就取决于运输路程长短。

2. 仓储类型。仓储类型不是指商品的存储是集中、分散或者仓储形式，而是指商品存储的仓储设施的隶属关系上的区别。通常根据仓储设施隶属关系的性质分为：

（1）自营仓库。指企业自行购建的仓库。一般情况下，企业产品生产线宽，全年生产任务均衡且生产量大，有必要的大批量商品储存，就要购建仓库；相反，如果企业产品线单一，产品生产不均衡，批量不大且无须储存，就不需要自营仓库。

（2）租赁仓库。租赁仓库是指企业租借本地一些企业的闲置仓储设施，或租用公用仓库和需要大批量供货地区的仓储公司设备，作为企业商品的临时存储地点。它可以根据企业存货需要临时随机选择，节约仓库建设资金。

（3）配送中心。商品配送中心，目前是许多大中城市第三方物流企业建设的、具有接收和发运订货设备的、根据顾客需要来中转商品的营业性配送机构。配送中心不是单纯的商品存储场所，而是既担负着商品的保管、配送，又担负着商品销售任务的综合性经营机构。企业可以利用配送中心及其设施，达到分流和销售商品的双重目的。

3. 存货决策。如前所述，存货水平是影响顾客满意度的因素之一，也是影响企业成本的因素和重要的营销决策。从营销实践上看，如果企业存货水平比较高，无疑有利于满足客户订货的及时性，能够同时满足多个客户的多样性要求，但必然会增加企业的经营成本。有研究资料表明当服务水平接近100%时，存货投资的增加速度会更快，成本将随之提高。例如，要使现有的存货水平满足85%的订货要求，企业就必须维持40万元的存货；若要满足90%的订货要求，存货成本将增加投资10万元；而如果继续提高订货满意度至95%，则存货成本必须增加到20万元的水平。显然，存货投资成本增速远高于订货满意度，如图8－2所示。

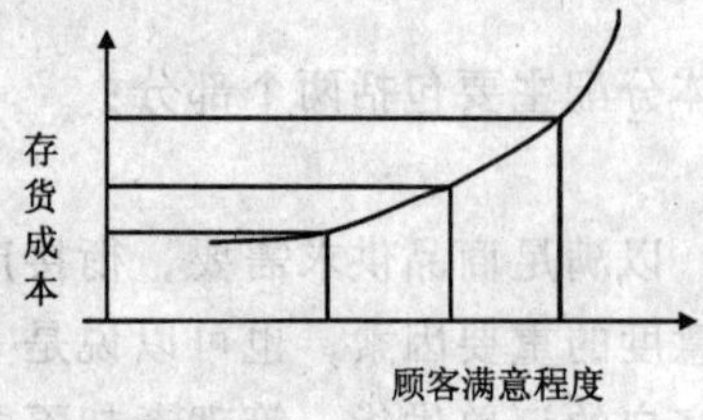

图8－2　存货水平与顾客满意度的关系

因此，企业要积极寻求订货费用与存货成本之间最低订货批量的合计数，并据此对存货水平进行有效控制，达到成本与服务之间的平衡。

（二）运输策略

商品运输，是指借助各种运输工具和运输方法，实现商品在空间上的转移，从而使商品能够在适当的时间，运送到适当的地点，满足不同顾客的需要，实现商品的使用价值。商品运输实现了商品的空间价值和地点价值。运输方式和运输线路的不同安排，构成企业的运输策略，它影响商品的定价和交货的及时性，影响企业的经营利润，也会影响顾客的满意度。

1. 运输方式选择。合理的运输方式选择，要根据企业所生产的产品的性质和顾客的特定要求来进行，目前可供选择的运输方式主要有以下5种：

（1）铁路运输。铁路运输是我国最主要的运输方式之一。它具有运输能力大、连续性强、运行速度快、运行安全性好、运输成本低以及受气候因素影响比较小的特点。但运行的机动性较差，不能实现“门对门”的便利服务，一般适合于要求运量大的大宗、单一货物和商品理化性能稳定、耐压和抗腐蚀性强度大、适合长距离运输的笨重商品。

（2）公路运输。随着我国高速公路通车里程的增加，公路运输近几年发展速度非常快。它具有迅速方便、机动灵活、运输成本高以及能够直达服务地点的特点，但运量相对有限，安全性稍差。

（3）水路运输。水路运输长期以来是我国最主要的运输方式，具有载重量大、运输成本低、运输时间长等特点。由于运输速度慢，受气候因素影响明显，且装卸费用高昂，一般适合于运送时间要求不高的大宗货物。

（4）航空运输。航空运输具有运输速度快、运输成本高、运量小的特点，一般适合于运输轻、薄、短、小且价值高昂，有严格时间性要求和保鲜要求的小批量商品，例如，鲜活海鲜、鲜花、珠宝首饰等。

（5）管道运输。管道运输是新型的运输方式，具有运量大、快捷方便、节能安全等特点，但对运输的商品有理化性能要求，即只适合用于液体或气体，典型的商品如天然气、石油等。

2. 运输路线选择。市场需求的不断变化要求企业要合理地组织商品运输，保障市场的供求平衡和适当的经营利润。运输路线的选择应符合以下基本原则：

（1）运输时间最短原则。市场需求变化给企业带来的机会是稍纵即逝的，应尽可能在最短的时间内保证把顾客需要的货物及时运送到客户手中。这样既能快速实现产品的使用价值，收回经营成本，又能满足顾客需要，提高企业经营信誉和顾客的忠诚度。

（2）运输成本最经济原则。运输成本直接影响企业和客户的经济利益，应考虑选择最经济的运输方式，例如，选择最佳运输路线、最合适的运输方式和工具等，实现企业和客户的"双赢"。

（3）保证用户得到良好服务原则。企业提供给顾客优质快捷的服务，包括商品安全、完好无损地在顾客最需要的时候送达，这是企业获取最终利润、赢得市场的关键。

三、商品实体分配现代化

今天的科技发展速度及其在经济领域中的应用，比以往任何一个历史时期都要快，在商品实体分配中的应用也不例外。这些新技术的运用，使现代商品实体分配效率大为提高，成本也大大地降低。目前在商品实体分配领域广泛应用的新技术包括：

（一）条形码

条形码（Bar code）是一种自动识别技术，是由一组按照一定编码规则排列的条（黑条）、空（白条）符号，用以表示一定的字符、数字及符号组成的信息。条码系统是由条码符号设计、制作及扫描阅读组成的自动识别系统。条形码最早于 1949 年由美国人 N. 伍得兰登提出，但应用范围十分有限。20 世纪 80 年代以后，随着计算机应用的普及，条形码技术的应用得到了快速发展。由于条形码可以标识商品的产地、生产厂家、商品名称及生产日期，包括图书分类号、邮件起止地点、类别、日期等信息，因此广泛应用于商品流通、图书管理、邮电管理、银行系统等。

（二）电子货币

电子货币是指货币的使用者以一定的现金和存款，从发行者处兑换并获得代表相同金额的数据，并以可以读写的电子信息方式储存起来，须偿清债务时，使用者可以通过某些电子化媒介和方法，将该电子数据直接转移给支付对象，这种电子数据便称之为电子货币。它实际上是一种虚拟的货币形式，包括信用卡、储蓄卡、IC 卡、现金卡等。与传统意义上货币相比，电子货币具有携带与支付方便、交易安全卫生、便于保护个人隐私以及减少大量现金流通、减少流动资金积压等特点。目前经济发达国家使用非常普遍，随着物流配送活动的日益发展，企业间的电子货币结算范围将会逐渐扩大，推广的速度也将非常快。

（三）销售点管理信息系统

销售点信息管理系统，是由电子收款机（ECR，Electronic Cash Register）、销售点管理系统（POS，Point of sales）共同构成的，利用自动阅读与扫描的高技术设备收款机来替代传统的单一功能收款机。它具有计算准确、能分类读取各种信息及搜集商品的进、销、存、盘、订等数据变化的特点，并能与所连接的计算机通过数据的分析、处理后，打印出各种报表，提供给管理者。以往商品一旦进入流通领域，超出企业的视线范围，很难对有关信息进行控制，通过销售点管理信息系统，就能够针对商品销售情况，实现及时有效地控管。

（四）管理信息系统与战略信息系统

任何企业发展战略的实现，都离不开信息系统的支持。如果能将企业的发展战略系统（SIS，strategic information system）与管理信息系统（MIS，management information system）有机结合起来，并借助管理信息系统提供的有效信息数据作为企业发展战略的决策依据，那么企业的竞争优势将是其他企业难以比拟的。MIS 实际上是利用了计算机技术、通信技术、电子技术来实现管理的自动化，从而实现物流管理的现代化手段；SIS 则是通过销售终端的信息掌握，倒推至生产系统的办法，可以更有效地做到以销定产、少量多样，并实现低成本配送商品。

（五）电子数据交换系统

电子数据交换系统（EDI，Electronic data interchange）是目前蓬勃发展的电子商务活动中的规范文书交换系统，或者说，是按照商定的协议，将商业文件标准化和格式化，通过计算机联网，在商业伙伴的计算机网络之间进行数据交换和自动处理，因而被称为“无纸贸易”或“电子契约”。与其他新兴电子数据经常更新不同的是，EDI 以其在国际电子商务中的广泛应用而保持着自己稳定的主导地位，一般通过 EDI 收发的文件被认为是准确的和有效的，所以一些专业的企业在因特网上设立 EDI 网站，面向社会上的经营机构提供 EDI 信息交换服务，以保障电子商务信息的安全性和可靠性。同时，EDI 还给企业带来了诸如节约交易费用和人力资源成本、快速传递信息、缩短交易时间、减少人为错误等综合效益。商品实体分配企业正是利用 EDI 的这些优势，为广大用户提供各种商品交易信息，拓展服务市场。

（六）电子订货系统

电子订货系统（EOS，Electronic ordering system）是零售商、批发商、制造商运用计算机对订购商品进行全面管理的技术。它可以迅速而准确地传递订货信息，在物流企业中的作用是帮助掌握商品供求变动情报，构筑起一个维持正常库存水平的不缺货、不出错、不延迟进货、验货、补货的系统，提高了企业生产和销售计划调整的针对性和可靠性。

此外，在商品实体分配的物流活动中，还有许多其他的先进技术的应用，如全球定位系统（GPS）、射频无线终端技术等，限于篇幅，这里不做详细介绍。

复习思考

1. 什么是分销渠道？它有哪几种具体类型？
2. 企业选择中间商应考虑什么条件？
3. 企业与中间商之间的为什么会产生矛盾？如何协调这些矛盾？
4. 商品实体分配的作用有哪些？
5. 说明渠道模式选择的渠道长度、宽度、广度及中间商服务的保障条件与企业销售量、成本、控制和产品信誉之间的关系。

案例分析

共享渠道资源　实现互利双赢

盘龙云海药业有限公司早在1995年选定排毒养颜胶囊产品项目之前，就把渠道网络系统的建设与发展放在首位。公司高层坚信，企业建立稳定广泛的市场网络，是企业与市场共生与互动的基本建设项目；企业一旦建立和拥有一定程度的物流渠道网络和信息渠道网络系统，企业与市场的互动就会显得非常积极。

2000年9月，董事长焦家良在展望21世纪企业发展前景时指出，我们的渠道网络系统无形资产价值5亿元，因为我们5年来在全国建立了65个市场部，这些市场部遍及全国23个省市，超过100个地区（州）的药品批发商和媒体信息单位与我们建立了良好的合作关系。对这个系统的有效利用，我们的新产品可以在一个月内在全国1000多个零售点上柜，也可以在一个月内在全国100多个地区（州）的媒介同时发布产品信息。

2000年上半年，公司与美国Metabolife公司签订了双方渠道网络资源共享的合作意向。Metabolife在美国所有大型百货商场均设有专柜销售名为Metabolife356的产品，单一产品年销售量为12亿美元。Metabolife非常看好中国市场，之所以选择与盘龙云海结盟，首先看中的是多年来盘龙云海苦心经营且运转高效的渠道资源。实现渠道资源共享后，盘龙云海可通过Metabolife在美国的保健品营销渠道，进占美国市场，在21世纪实现新的飞跃，创造新的辉煌。

（资料来源：山西生物应用职业技术学院精品课申报网，http：//218.26.225.132/2008xj/YYYX/alkrw8.htm。）

思考：盘龙云海为什么在建立了广泛的国内营销渠道的同时，还要建立海外营销渠道？对国内企业进入国际市场有什么借鉴意义？

技能训练

把学生划分成学习小组，每个小组5～7人为宜，联系几家有代表性的企业进行参观调研。

1. 调查企业的渠道状况及模式。
2. 指出渠道设计、运行以及管理中存在的问题。
3. 提出解决方案。

第九章 促销策略

学习目标

- □ 了解促销与促销组合的概念
- □ 理解并掌握人员推销、广告、公共关系、销售促进的概念及特征
- □ 掌握人员推销、广告、公共关系、销售促进的不同策略
- □ 能够根据市场需求设计促销组合策略

案例导入

PPA 引发史克危机

2000 年 11 月 16 日，国家药品监督管理局发布了《关于暂停使用和销售含苯丙醇胺的药品制剂的通知》，通知要求，国内药品生产销售企业暂停生产销售含有苯丙醇胺（PPA）的感冒药。史克公司顿时陷入十分被动的境地，危机来临了。

中美史克公司面对突发的危机处变不惊，有条不紊地采取积极措施解决问题，其鲜明的危机公关意识和成熟的危机公关手段确有可圈可点之处。

1. 建立专门机构。11 月 16 日，史克公司接到天津市卫生局的暂停通知后，立即成立由 10 位部门主管组成的危机管理机构，并组建多个管理小组分别负责多方事务的处理工作，如沟通小组负责统一发布有关信息，生产小组负责处理中间产品并尽快调整产品线，市场小组则负责新产品开发，各部门各司其职、各负其责，并有专人进行部门间的工作协调。

2. 表明立场态度。危机管理小组成立后立即制订了统一的应对危机的立场，并于 16 日上午及时向社会公众发布了其应对政府指令的基本立场，明确表示：维护广大消费者的健康是史克公司的一贯原则，公司坚决执行政府暂停令，暂停含有 PPA 成分的康泰克、

康得的生产，通知经销商停止销售，同时停止相关产品的广告促销和市场推广活动。

3. 针对不同公关对象的举措。首先，在企业内部，公司于17日召开全体员工大会，向员工通报了事件情况，并表示不会因此事件而裁员，此举赢得了广大员工的理解与支持。其次，为使公司决策得以有效贯彻，史克公司急召全国各地销售经理回到天津总部，通过有效的沟通取得他们的谅解，并由他们带着公司《给医院的信》、《给消费者的信》回到全国各地，他们成为公司与客户之间的桥梁。第三，为能及时给不明就里的消费者以明确答复，公司紧急培训了数十名专职接线员，开通专线电话，对问询者作出准确的解释，以解除人们的疑虑。第四，面对事件发生后，来自媒体和同行的炒作甚至不公平宣传，史克公司保持了应有的冷静与克制，并积极与新闻界接触，争取机会进行实事求是的客观介绍。

（资料来源：本案例根据网络资料整理，http：//221.7.82.14/scyx/zl/7/anli8.doc。）

思考：中美史克对PPA引发危机的处理情况如何？

第一节

促销及促销组合

一、促销的含义与作用

（一）促销的含义

促销是促进销售的简称，是指供应方通过人员或非人员的方式传播商品信息，帮助顾客熟悉商品或劳务，并使其对商品或劳务产生好感和信任，进而激起需求和购买行为的销售推广活动。这个概念，包含了下列几方面的含义。

1. 促销的方式。促销的方式分为人员促销和非人员促销。人员促销，又称人员推销，是指供应方派出推销人员或营业人员与顾客面对面地介绍产品等有关情况，答复顾客的询问，说服顾客购买。非人员促销是指供应方通过一定的媒介传送产品或劳务的信息，促使顾客产生购买动机和购买行为的一系列活动，包括销售促进、营销广告、公共关系和直接营销等。

2. 促销的实质。促销的实质是信息沟通。销售活动是物流、商流和信息流的统一过程，生产者通过信息沟通，将商品或劳务的存在、性能特征等信息传递给经营者和消费者，或通过信息的反馈，及时了解顾客的反应和意见，以便与用户保持良好的联系，保证营销的顺利实现。

3. 促销的目标。促销的目标是吸引消费者对企业或商品的注意和兴趣，激发消费者的购买欲望，促进消费者采取购买行为。

［阅读材料］

下列各种活动均属于促销行为：

(1) 为公司及其物品和服务建立形象；

(2) 介绍物品和服务的特点；

(3) 让人们认识到新物品和服务；

(4) 保持已有物品和服务受欢迎的程度；

(5) 可以将滞销的物品和服务重新定位或者加以利用；

(6) 激发渠道成员的积极性；

(7) 提示在什么地方可以买到物品和服务；

(8) 可以说消费者购买价格更贵的产品；

(9) 告戒消费者不要轻易买便宜货；

(10) 调整（理顺）物品和服务的价格；

(11) 解答消费者的疑问；

(12) 扩大和完成交易；

(13) 完成交易后为消费者提供服务；

(14) 对忠诚的消费者以强化；

(15) 使企业及其产品置身于比竞争对手更为有利的位置。

（二）促销的作用

在复杂多变的市场经济中，信息沟通越来越显得重要。一方面企业只有不断地寻找供求双方信息，才能有针对性地组织营销活动；另一方面，企业也必须不断向消费者或客户传递有关信息，影响人们的思维方式和消费习惯，促进顾客采取购买行为，以利于企业的顺利发展。因此，促销活动是企业整体营销活动不可缺少的重要组成部分，具有不可忽视的作用。

1. 传递情报，输通渠道。当商品进入市场时，产品的生产者或经营者通过促销活动，一方面将产品的性能、特征、用途以及可以提供的服务等信息传向用户，以引起其注意，激励其购买。另一方面又及时了解用户和协作者对商品的意见和要求，迅速解决经营中的问题，从而密切生产者、经销商和消费者之间的关系，加强分销渠道各环节间的协作，减少和避免社会资源浪费，以提高企业经济效益和社会整体效益。

2. 诱导需求，扩大销售。消费者的购买行为通常具有可诱导性，当新产品初上市时，顾客对它的性能、用途、特征等不太了解，企业通过促销活动，不但可以诱导消费需求，甚至还可能创造新的消费需求，从而扩大销售。

3. 突出产品特点，强化竞争能力。产品竞争是现代企业竞争的焦点，从产品的整体概念出发，产品任何方面的改进，都是争夺顾客的优势。企业通过促销活动，宣传本企业产品区别于竞争产品的特点，强调能给用户提供更多的顾客让渡价值，使消费者对本企业的产品产生偏爱，从而有利于加强企业在市场竞争中的优势。

4. 提高企业声誉，美化企业形象。企业的声誉和形象是一种不可忽视的无形资产，企业有了名、优、特产，再通过促销活动，就能够使顾客对本企业及其产品产生好感，增强“品牌忠诚度”，树立企业声誉和形象，进而稳定企业的市场占有率，巩固产品的市场竞争地位。

二、促销组合

（一）促销组合的概念

所谓促销组合，就是将人员推销、广告、销售促进和公共关系等几种促销方式的有机配合和综合运用。促销组合运用的好坏，关系到企业产品能否顺利地流转到消费者手中，关系到企业经营活动的成败，这就需要对促销组合进行科学的决策。

（二）促销组合的方式

对于许多企业而言，问题的关键不是要不要促销，而是选择什么样的促销手段，如何进行促销。企业常用的促销方式主要有人员推销、广告、销售促进和公共关系四种。

1. 人员推销。人员推销大体有三种基本方式：一种是派出推销人员深入到客户或消费者中间面对面地沟通信息，直接洽谈交易；另一种是企业设立销售门市部，由营业员向购买者沟通信息，推销产品；第三种是会议推销。采用人员推销方式，具有直接、准确和双向沟通的特点。

2. 广告。广告是通过报纸、杂志、广播、电视等大众媒体和交通工具、空中气球、路牌、包装物等传统媒体向目标顾客传递信息，使广大消费者和客户对企业的产品、商标、服务、构想有所认识，并产生好感。广告的特点是传播面广、信息量大，可以在推销人员到达前或到达不了的地方，进行企业和商品宣传。

3. 销售促进。企业为了从正面刺激消费者的需求而采取的各种促销措施，如有奖销售、直接邮寄、赠送或试用“样品”、减价折扣销售等。其特点是可以有效地吸引顾客，刺激顾客的购买欲望，能在短期内收到显著的促销效果。

4. 公共关系。企业为了使公众理解企业的经营方针和策略，有计划地加强与公众的联系、建立和谐的关系，树立企业信誉而开展的记者招待会、周年纪念会、研讨会、表演会、赞助、捐赠等信息沟通活动。其特点是不以直接的短期促销效果为目标，通过宣传报道等形式，使潜在购买者对企业及其产品产生好感，并在社会上树立良好的企业形象。公共关系与广告的传播媒体有些相似，但它是以客观报道形式出现的，因而能取得广告所不可取代的效果。

（三）各种促销组合方式的比较

各种促销方式的优点和缺点如表 9－1 所示。

表 9－1　　各种促销方式的优缺点比较表

促销方式	优　点	缺　点
人员推销	推销方式灵活、针对性强、可当面成交	占用人数多、费用大、接触面窄
广告促销	传播面广、形象生动、节省人力、针对性较差	说服力较小、不能促成及时交易
销售促进	吸引力大、效果明显、可促成及时交易	若使用不当会引起顾客怀疑和反感
公共关系	影响面广、效果持久、可提高企业的知名度和美誉度	需花费较大精力和财力，效果难以控制

三、促销组合策略

（一）影响促销组合策略的因素

影响促销组合决策的因素很多，主要表现在营销环境、促销目标、产品类型、产品市场寿命周期、市场状况、促销费用等方面。

1. 营销环境。从理论上讲，一个国家或地区的居民接触信息传播媒体（如报刊发行覆盖率、电视机、收音机拥有率等）频率的高低，会极大地影响广告宣传的效果；某个地区在近期内开展的某项大型群众性活动（如体育运动会、节目盛典、展览会等）又为人员推销、销售促进、公共关系和广告促销等手段创造了良好条件；某些政策法规对各种促销手段的应用有明显的促进或限制作用，如许多国家限制或禁止做香烟广告，从而必定对促销组合决策产生一定的影响。

2. 促销目标。不同的促销目标，一定会有不同的促销组合决策。如果追求企业的短期目标，则应选择广告和销售促进等在短期内容易生效的促销手段；如果追求企业的长远目标，则十分注重企业和产品品牌在公众心目中的形象，宜选择以人员推销和公共关系为主的促销手段。

3. 产品类型。一般来说，生活消费用品，由于购买者多，购买频率高，批量小，而且居住较分散，对那些花色品种多，技术性弱，价值低的产品，宜采用广告手段，可起到广泛宣传、告知、提示的作用，并以此达到促进销售的目的；一些生产资料用品和工业品，往往由于技术性强，使用方法复杂、购买频率低、量大且比较集中，可采用人员推销的方式，对顾客边演示、边解释、边洽谈、就比较容易促成交易；对那些高新技术产品，如果购买者大多文化水平高，又具备上网条件，可采用网上直接营销，效果会更佳。

4. 产品市场生命周期。产品经过研制开发期再进入市场后，一般需经历四个阶段，在不同的生命周期阶段，由于市场态势、消费者态度和企业的营销目标不同，所选择的促销手段也应有所不同。在投入试销期，向广大用户介绍产品的性能、特征、用途、利益，并设法提高产品的知名度是企业的主要任务，在这个阶段，如果采取以广告为主的促销手段，可能会在短期内形成较好的品牌效应；产品进入成长期，为了争取更多的顾客购买，迅速扩大销售，在开展广告促销的同时，再配合营销人员和公共关系，可更深入地宣传产品的特性；产品进入成熟期，竞争更为激烈，为了巩固和扩大市场占有率，采取积极的公关宣传并辅之以销售促进和人员推销手段，其效果会更好；产品进入衰退期，随着企业营销战略的转移，为了处理剩余产品，一般应采取以销售促进为主的促销手段，以便尽快收回资金，转入新产品的生产。

5. 目标市场状况。如果企业面对的目标市场既分散，又广阔，那么广告宣传的作用就显得很重要；对购买单位少、地域分布比较集中的目标市场，宜采取以人员推销为主的促销手段；此外购买习惯、人文环境、经济状况、以及信息接收的便利程度等，都对各种促销手段效应，产生不同的影响。

（二）促销组合策略

促销组合策略，是指企业对人员推销、广告促销、销售促进和公共关系等促销方式的选择、搭配和综合运用的决策。总的来说可分为“推动”策略和“拉引”策略两大类。

1. “推动”策略。推动策略就是运用人员推销和各种销售促进手段，以中间商为主要促销对象，把产品推进分销渠道，再进入最终市场的策略。具体的方法有：

（1）示范推销法。通过举办技术讲座、实物展销、现场演示与表演、试看、试用、试玩等方法，把产品的有用性、特点和性能充分展现在顾客面前，产生示范效果，引导消费，刺激购买欲望。

（2）走访推销法。由推销人员携带样品或产品目录，走访顾客，征求意见，了解需求，掌握各种信息；或者携带商品巡回推销，方便用户购买。

（3）网点推销法。在目标市场设立销售网点，采取经销或联销等方式，请顾客登门选购。

（4）服务推销法。如售前按顾客要求设计产品，商定价格；售中向用产介绍产品，传授安装、调试知识，指导消费，解决各种难题；售后坚持送货上门、征询意征、做好保修、维修等工作。

2. “拉引”策略。拉引策略就是运用广告和其他宣传措施，以最终用户为促销对象，首先设法引起潜在顾客对产品的需求和兴趣，用户便会向中间商询购这种商品，而中间商又会主动向制造商要求进货。经常采用的具体方法有：

（1）广告信函促销法。通过广告、信函、订货单等向目标市场的消费者及时传递信息，介绍产品性能、特征和订货方法，以吸引顾客购买。

（2）会议促销法。即组织专业性或综合性的产品展销会、订货会、邀请有关企业和个人前来订货或参观。

（3）代销、试销法。为了解除目标市场的中间商怕担风险的顾虑，提高其推销产品的积极性，当新产品问世时，由生产厂家委托他人代销或试销，尽快占领市场。

（4）信誉促销法。通过创名牌、树信誉、实行“三包”，承诺产品质量保证，赠送样品，开展捐赠与慈善活动等，以增强顾客对产品及企业的信任感，从而促进销售。

显然，采用推动策略，人员推销的作用最大；采用拉引策略，则广告宣传的作用更大。推动促销活动与拉引促销活动运转的方向不同，如图9－1所示。

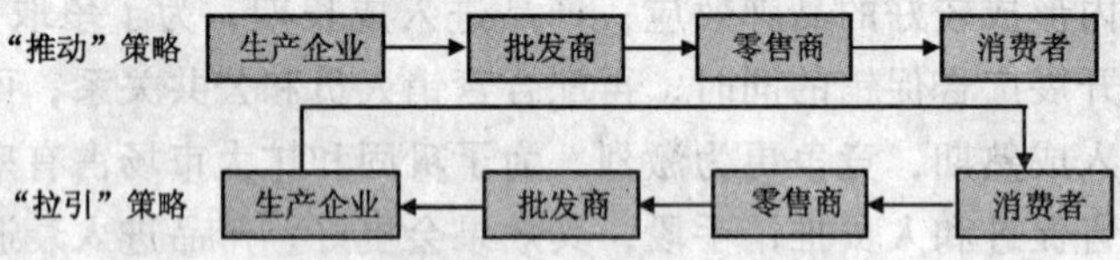

图9－1　推动策略与拉引策略示意图

（三）促销预算

企业在制订促销决策时，首先会遇到两个主要问题：一是应花费多少投资用于促销活动；二是这些投资应如何在众多促销手段之间进行分配。

促销活动可以帮助顾客认识产品，引起兴趣，进而促使其购买，并且由于促销的影响，顾客购买后心理上的满足也会增强。从这个意义上讲，促销也是价值的创造过程，所以，促销费用开支也是市场营销的一项重要投资。但在确定促销预算时，应充分考虑下列几种情况：

1. 预计用于促销的支出是否比用于新产品开发、降低售价、改进分销渠道等方面的效益更好。如果不是这样，那么促销开支就不宜过多。

2. 当竞争产品相似，而市场竞争主导者有意在顾客心目中造成差异印象时，则企业应多采取措施、多投资、大规模地开展促销活动。

3. 在产品生命周期的投入试销期阶段，应多采取促销措施。因为在这一阶段，顾客对产品及其用途、用法还不熟悉，通过大力促销，以引起购买者的兴趣。当产品进入成熟期，也应多采取促销措施，以维持已有的市场占有率。

4. 以邮购方式销售的产品，应大力开展促销活动。因为购买者在采取购买行为之前，不能看到货物，急需企业大力宣传介绍。

5. 用自动售货机销售的商品，应多采取促销措施。因为售货时无人在现场说明或提供服务。

第二节
人员推销策略

人员推销指企业通过派出销售人员与一个或一个以上可能成为购买者的人交谈，作口头陈述或书面介绍，以推销产品，促进和扩大产品销售，人员推销是销售人员帮助和说服购买者购买某种商品或服务的过程。

推销人员通过销售向市场提供商品，通过宣传展示商品来引起顾客的兴趣，激发顾客的需求，通过销售商品及提供信息服务、技术服务来满足顾客的需求。从这一过程，我们可以看出，人员推销活动是一个商品转移的过程，也是一个信心沟通的过程，还是一个技术服务的过程。

一、人员推销的形式、功能与特点

（一）人员推销的基本形式

人员推销主要包括上门推销、柜台推销和会议推销三种活动形式。

1. 上门推销。由推销员携带样品、说明书和订货单等，上门走访顾客，推销商品，这是被企业和公众广泛认可和接受的一种推销形式。

2. 柜台推销。是企业在一定地点开设固定营业场所，由营业人员接待进入商店的顾客，销售商品。如批发商和零售商的营业员，以及服务性企业的服务员，他们在与顾客当面接触和交谈中，介绍商品，回答问题，洽谈成交的一种推销形式。

3. 会议推销。是企业利用各种形式的会议，介绍和宣传商品，开展推销活动的一种形式。如洽谈会、订货会、展销会、物资交流会等都属会议推销的形式。这种推销形式具有群体性、接触面广、推销集中、成交额大的特点。在推销会上，往往是许多企业同时参加推销活动，各自都有明确的目标，只要商品对路，价格合理，容易达成大批量的交易。

推销人员的组织形式有两大类：一是企业建立自己的推销队伍，将其成员称之为推销员、销售代表、业务经理或销售部经理。他们各自又可分为内部销售人员和外勤推销人员两种。二是企业使用合同销售人员，如制造商的代理商、销售代理商、经纪人等，按照其代销额的大小付给佣金。

（二）人员推销的功能

推销人员是企业连接顾客的纽带或核心，负有维护双方利益的责任。对顾客来说，推销人员是企业的代表，必须与顾客建立友好感情，为顾客提供满意的服务；对企业来说，推销人员是市场信息与顾客意见的搜集者，以及商品的推销者，必须大力推销，使企业获得较多收益。所以人员推销的功能主要是：

1. 寻找客户。积极寻找和发现更多的顾客或潜在顾客。

2. 沟通信息。推销人员应熟练地把企业产品和服务方面的信息传递出去，又要进行市场调查和情报搜集，将顾客意见和市场信息及时地反馈给企业。

3. 宣传企业。推销人员应通过自己的行为，来维护企业形象，扩大企业和产品的社会影响。

4. 销售产品。这是人员推销的最基本的功能。企业一般对推销人员都有量化的销售业绩要求，所以，推销人员应带着推销任务与客户洽谈，促成交易。

5. 提供服务。推销人员要为顾客提供各种服务，如信息咨询、技术帮助、资金融通、及时供货等。

6. 化解矛盾。企业与顾客在商品交换中难免会产生一些矛盾或误会，推销人员应主动协调解决，化解矛盾，消除误会，使双方始终处于相互信赖友好的关系之中。

（三）人员推销的特点

推销人员应根据不同的销售环境、推销气氛、推销对象和推销商品，审时度势，巧妙而灵活地采用不同的推销策略，吸引顾客的注意，激发顾客的购买欲望，促成交易。与其他促销形式相比，具有如下显著特点：

1. 方式灵活。推销人员在推销过程中与潜在消费者进行的是面对面的交谈。通过交谈和观察，推销人员可根据顾客的态度和反映，及时发现问题，掌握顾客的购买动机，然后有针对性地根据顾客的情绪和心理变化，灵活地采取必要的协调措施，从不同的层面满足顾客的需要，从而促进交易的达成。

2. 注重人际关系。推销人员既是企业利益的代表，同时也是消费者利益的代表。推销人员应该清醒地认识到，满足顾客需求才是促成交易成功的保证。所以，推销人员在与顾客的直接接触中，愿意为顾客提供多方面的帮助，以利于增强双方的了解，在企业与顾客中间建立良好的友谊。

3. 针对性强。针对不同的消费者采取不同的促销方式，满足不同的消费者的需求。通过推销商品，可满足顾客对商品使用价值的需求；通过介绍商品，可以满足顾客对商品信息的需求；通过销售服务，可以满足顾客对有关技术和服务的要求；通过文明经商、礼貌服务和企业形象宣传，可以满足顾客心理精神上的需求。

4. 促成及时购买。人员推销的直接性，缩短了顾客从接受促销信息到采取购买行为之间的时间间隔。人员推销活动，可以及时对顾客提出的问题进行解决，通过面对面的讲解和说服，可促使顾客立即采取购买行为。

5. 信息的双向沟通。一方面，推销人员推销产品，必须把产品的质量、功能、用途、售后服务等情况介绍给顾客；另一方面，推销人员还必须通过与顾客的交谈，了解顾客对本产品的意见和态度，上报给决策层，以利于更好的满足消费者的要求。通过双向沟通，有利于企业更好的发展。

6. 双重的推销目的。人员推销不仅为了宣传、鼓动和说服顾客购买，而且通过感情交流、操作示范以及提供的各种服务与顾客建立长期相互信赖的关系。因此，它具有推销商品和建立合作关系的双重目的。

人员推销的优点固然很多，但在使用时应该注意人员推销占用人数较多，费用大，接触面窄，而且优秀的推销人非常难得。因此企业在决定采用人员推销时，必须权衡利弊，慎重从事，尽可能和其他促销方式相互配合应用，其效果会更好。

二、人员推销的程序与策略

（一）推销程序

推销程序是推销人员围绕具体的产品或劳务，为达到预定的推销目标而设计的工作步骤。一般认为，现代推销过程大体可分为九个阶段：准备工作、寻找顾客、接近顾客、激发兴趣、推销洽谈、处理异议、推销成交、建立联系和推销服务。

1. 做好推销前的准备。推销员如果想成功的推销产品，在推销前应该做充分的准备，这是推销工作的第一步。首先，他要对自己的产品有深入的了解，这样才能在向顾客介绍产品时说明产品的特性与优点；其次，还要熟悉本行业内竞争者的情况；第三，掌握目标顾客应具备的情况，如潜在购买者的收入水平，年龄段等。最后，拟定好访问计划，包括访问的目的、对象、时间和地点，并且做好心理上被拒绝的准备。推销人员准备的越充分，交易成功的可能性就越大。

2. 寻找顾客。推销人员在做好充分的准备后，就要开始寻找可能成为真正顾客的潜在顾客。只有有了特定的对象，推销工作才能真正开始。寻找新顾客的方法很多，通常可以利用市场调查，查阅现有的信息资料、广告宣传等手段进行。另外，推销人员还可以请现有顾客推荐、介绍现成顾客。值得注意的是，寻找到潜在顾客后，不可盲目访问，要先对他们进行排查，确认值得开发后再访问，以免资源浪费。

3. 接近顾客。通过对寻找到潜在顾客的审查，推销人员应把精力放在那些最有潜力的顾客身上，想方设法接近他们。只有接近到准顾客，推销才有成功的可能。通常采取的方法有介绍接近、赠送样品接近、攀关系接近、以调查的方式接近或者通过契而不舍的“软磨”接近等。

4. 激发顾客的兴趣。接近顾客后，首先要取得顾客的信任，从感情上与之缩小距离，然后通过交谈时对顾客的观察，把握住顾客的心理，投其所好，针对顾客的需求加以适当的引导，激发其对本企业产品的兴趣。

5. 推销洽谈。这是推销过程中重要的一步，洽谈的成败决定着此次人员推销的成败。在此阶段，推销人员要向顾客生动地描述相关产品的特征和优点，并且能够提供具有说服力的证据，证明产品的确能更好地满足消费者的需要。推销人员在推销洽谈过程中一定要努力营造融洽的气氛。

6. 异议处理。推销人员要随时准备解决顾客的一切问题。如顾客可能在与推销员洽谈的过程中对产品的质量、作用、价值等提出意见，作为推销员此时要有耐心，不要争辩，在给与顾客充分尊重的同时，有针对性地解释或说明，以消除顾客疑虑，坚定购买信心。

7. 推销成交。推销人员的最终目就是产品或服务成交。接近与成交是推销过程中最困难的两个步骤。在与顾客洽谈的过程中，一旦发现顾客流露出要购买的意思是，要善于把握成交的机会，尽快促成交易，结束销售访问。

8. 建立联系。一个好的推销员会把一笔生意的结束，看作是另一笔生意的开始。这就意味着推销人员要与顾客建立长期的联系。对各顾客做好售后服务工作，了解他们的满意度，听取他们的意见并及时解决他们的不满。良好的售后服务一方面有利于忠诚顾客的形成，另一方面有利于传播企业及产品的好名声，树立企业形象。

9. 推销服务。推销服务是现代市场竞争的重要手段之一，应贯穿于推销的全过程。随着市场竞争的加剧，服务的方式和内容也不断翻新。重视服务创新，对扩大企业和产品的影响，增强竞争能力，扩展市场规模，都具有十分重意义。

在实际工作中，以上九个环节并不是截然分开的，而是相互渗透交叉应用的。

（二）人员推销的策略

[营销启示]

推销产品之前首先要推销自己。

人员推销的策略主要有三种：

1. 试探性策略。又称“刺激—反应”策略，即推销人员利用刺激性较强的方法，引发顾客购买行为的一种推销策略。在推销人员不太了解顾客需求爱好的情况下，事先设计好能引起顾客兴趣，购买欲望的推销辞令，投石问路，对顾客进行试探，观察其反应，然后根据其反应，采取具体推销措施。如重点提示产品的特色，示范操作，或出示图片资料，赠送产品说明书等，以激起顾客的进一步关注，并及时有效地排除顾客异议，促使顾客采取购买行为。

2. 针对性策略。又称“配方—成交”策略，即推销人员利用针对性较强的说服方法，促使顾客采取购买行为的一种推销策略。推销人员在已经基本了解顾客有关需求的前提下，事先设计好针对性较强、投其所好的推销语言和措施，有的放矢地宣传、展示和介绍商品，说服顾客购买。运用这一策略时，要使顾客感到推销员的确是自已的好参谋，是真心为用户服务的。

3. 诱导性策略。又称“诱发—满足”策略，即推销人员运用能刺激顾客某种需求的说服方法，诱导顾客采取购买行为的一种推销策略。推销人员先设计出鼓动性、诱惑性较强的购货建议，诱发顾客产生某种需求，然后抓住时机向顾客介绍商品的效用，说明所推销的商品正好能满足某种需求，从而诱导顾客购买。这种策略要求推销人员具有较高的推销艺术，设身处地为顾客着想，恰如其分地介绍商品，真正起到诱导作用。

三、推销人员的素质要求

推销人员素质要求是多方面的，也是比较严格的。有人说，推销人员应具有学者的头脑，外交家的风度，艺术家的语言，运动员的体魄和服务员的热情，形象地概括了对推销人员的素质要求。主要包括以下几方面的基本要求。

（一）思想素质

1. 要真心实意地为消费者着想。

2. 要有强烈的事业心，义不容辞的责任感，艰苦踏实的作风，持之以恒的热忱。

3. 有良好的价值观，讲究职业道德。

4. 懂法守法，合法推销。

（二）业务素质

具备丰富的业务技术知识：

1. 产品知识。不仅要熟悉本企业产品的产品规格、质量、性能、特征、价格、生产工序与工艺，以及产品的流向，主要流通渠道和费用，而且还要了解竞争对手同类产品的优劣情况。

2. 企业知识。掌握本企业及竞争企业的经营规模、管理水平、技术设备、生产能力、产品结构等，以便在推销过程中有根据地说服顾客。

3. 专业知识。熟悉掌握与推销活动有关的各种专业理论知识，如市场营销学、心理学、经济法、公共关系学、推销理论等。

（三）业务能力

业务能力是业务素质的体现，主要包括：敏锐的观察能力、综合的分析能力、准确的判断能力、果断的决策能力、灵活的应变能力、理解他人的能力、说服他人的能力和创新服务能力。在说服他人时，至少需要回答五个方面的问题：

1. 为什么？即为什么要向我推销？为什么要听你的？为什么要买你的产品？

2. 有什么？你有什么产品？包括规格、质量、花色、品种和特色。

3. 谁说的？有关产品的质量等级、技术性能是谁说的？依据是什么？是否可信？

4. 谁用过？哪些人已经使用或正用使用这种产品？效果如何？

5. 好处在哪里？使用过这种产品后，给用户带来哪些好处？

（四）健康的体魄和良好的气质

推销工作的艰苦性，要求推销人员必须有健康的身体，具有较强的韧力和耐力。对推销人员来说，首先是推销自己，其次才是推销产品。要推销自己，就要以自己的人品、礼仪、信誉、风度和言谈举止赢得顾客的欢迎。要有良好的气质和礼仪风度、仪表端庄、礼貌大方、谈吐自如、热情诚恳、谦虚文雅，使顾客乐于与其交谈。

四、人员推销的管理

人员推销的管理包括推销人员的选择、培训和销售任务的分配、考核与激励。

（一）推销人员的选择

推销人员素质的高低直接影响到职工的工作效率和企业经济效益。因此，企业必须严格确定推销人员选拔标准，然后就可以按照标准进行人员招聘。

企业招聘推销人员主要有两个途径：

1. 从企业内部选拔。即把企业内品行端正、业务能力较强的人员选拔到销售部工作，可以减少培训时间和费用，迅速充实推销人员队伍。

2. 对外公开招聘，经过严格的考试，择优录用。通过笔试和面试，了解其工作态度、语言表达能力、仪表风度、反应速度、理解能力、分析能力、应变能力以及知识的深度和广度，为推销人员的选拔提供依据。

（二）推销人员的培训

在顾客自由选择度日益增强和产品复杂程度越来越高的今天，若推销人员不经过系统的专业训练，是不能很好地与顾客沟通的。因此，企业招聘到推销人员后，对其应先进行培训，再委派他们工作。对企业原有的推销人员，也应每隔一段时间进行一次轮训，以便提高业务水平，适应企业发展与市场变化的需要。

1. 推销人员培训方式主要有三种：

（1）课堂培训。即以讲课的形式向学员传授推销理论知识。

（2）模拟实验。由学员亲自参与具有一定真实感的实验，如扮演训练、实例训练、比赛训练等。

（3）现场训练。这是最主要、最有效的训练方式，即让新选的推销人员在实际工作岗位上由有经验的人员指导训练，在工作中学习、总结和提高，使其尽快独立承担工作。

2. 企业对销售人员的培训后，通常要求销售人员达到以下几个要求：

（1）了解本企业的基本背景。如企业的发展历史、经营宗旨、战略目标等。

（2）熟悉本企业产品情况，了解市场上同类产品的基本情况并能正确的进行比较和鉴别。

（3）了解本企业的目标顾客及其基本特征。

（4）清楚自己的本职工作职责与工作程序。

（5）掌握基本的销售工作方法和技巧。

（三）推销人员的考核与激励

1. 推销人员的考核。因推销人员工作流动性大、独立工作时间长，因此，建立合理的考核制度，有利于管理与激励推销人员的工作、调动其工作的积极性与创造性。主要考核指标是：

（1）产品销售量（额），一年内访问顾客次数，每月访问新顾客的次数，订货年平均比重的增加率。

（2）减少旅途时间的百分比。

（3）年销售费用率降低率。

（4）额定销售完成率等。在各项指标考核的基础上，对推销人员的工作业绩作出综合评价，尽可能做到公平合理，符合实际。

2. 推销人员的激励。优秀的推销人员难得，所以企业要留住优秀的推销人才，就应该建立一套具有吸引力的激励制度，以提高销售人员的积极性和主动性，取得好的推销效果。企业通常采取的激励手段主要有两种方式：

（1）物质激励。如工资或奖金的增加、实物奖励、职位提升。

（2）精神激励。如表扬、关心等辅助手段。

（四）对推销人员的评价

对推销人员的工作表现与工作业绩作出合理的评价，是企业分配报酬、调整促销战略、改善人员推销工作的重要依据。

1. 进行评价的主要指标有：销售量增长情况；毛利；每天平均访问次数及每次访问的平均时间，每次访问的平均费用，每百次访问收到订单的百分比；一定时期内新顾客的增加数及失去的顾客数目；销售费用占总成本的百分比。

2. 评价的方式。通常企业采取两种评价方式：

（1）横向比较。即将各个推销人员的业绩进行比较。

（2）纵向比较。也就是说把销售人员目前的绩效同过去的绩效相比较，这样做有利于全面客观的评价推销员的过去，也有助于更好的规划未来。

第三节 广告策略

一、广告的概念、特点与作用

（一）广告的概念

广告一词源于拉丁语“Adverture”，有引起注意和诱导之意。广义的广告是指借用一种媒体向公众传播信息的活动。它包括的内容非常广泛，分为经济广告和非经济广告两大类。狭义广告是指经济广告，也称商业广告，即广告主为了推销商品、劳务或为了达到某种宣传目的，采用公开付费的方式，通过特定的媒体向大众公开传播信息的一种宣传活动。本书所研究的就是指狭义的广告。

一个完整的广告，由五个方面的内容组成：

1. 广告主。是指发布广告的主体，一般为企业、受托代理广告的广告公司、传播公司等。

2. 信息。包括有关产品的信息，如产品名称、品种、规格、性能、效用、特征、适用范围、所达到的技术经济指标、获奖情况、生产企业、销售价格、销售地点等，这是广告的主要内容；有关销售服务的信息，如产品质量保证措施、信用优惠、零配件供应、运送维修、技术咨询、货款结算方式和保修期限等；有关企业本身的信息，如企业的发展历史、技术力量、设备状况、生产能力、享有的声誉与企业联系的方法及联系人等。

3. 广告媒体。是指传播广告信息的中介媒体，如电视、电台、报纸、杂志等。

4. 广告费用。指广告人使用某种传播媒体所支付的费用。

5. 广告对象。指广告信息的接收者。

（二）广告的特点

在各种促销形式中，广告占重要的地位。与其他促销形式相比，广告有其自身的特点。

1. 有偿服务。任何一项广告，在通过媒体传播的过程中广告主都要支付一定的费用，这是与宣传有明显区别的，宣传既不公开付费，也不一定能识别其作者。

2. 传播面广。广告是一种渗透性的信息传递方式，它可大量的复制，多次广泛传播，覆盖面广。

3. 信息单向沟通。广告主无法直接得到接收信息者的反馈信息，因此要求广告的内容简单明确，易于接受，并适合广大接收者的共同要求。

4. 方式灵活多样，艺术性强。广告的形式多种多样，媒体的种类也很多，不论是听到或看到的广告，都经过了艺术加工，生动形象、趣味浓、感染力强。

5. 媒体效应。媒体本身的声誉、吸引力及其接触的可能性，都会对广告信息的传播效果有影响。因此，必须正确选用媒体，以发挥广告的促销作用。

（三）广告的作用

1. 沟通信息，促进销售。通过广告及时地介绍、宣传、报道商品信息，不仅能够及时地满足消费者需求，也为生产者的产品打开销路，从而促进生产。在广告事业的发展中，不仅有介绍商品或劳务项目的生产者广告，也有各种需求广告，从而有效地沟通产需双方的联系，有利于解决供需双方的矛盾。

2. 激发需求，诱导消费。通过对商品和服务各种特点的介绍，可以吸引人们的注意力，使其对商品或服务产生兴趣，诱发他们购买。随着产品更新换代速度的加快，多数消费者对新产品缺乏应用知识，通过广告宣传，指导消费者进行正确的判断、选择和使用，为改善生活与工作创造有利条件。

3. 树立企业形象，融洽与公众关系。企业通过各种广告手段，着力宣传产品质量提高和经营管理改善，以及营销理念转变的情况，在消费者心目中树立良好的企业和产品形象，缩短与用户感情上的距离，这是争夺顾客，战胜竞争对手的重要方法。

4. 传播文化，丰富生活的功能。我们通常所见到的广告，都经过了艺术加工，生动形象，感染力强。有些好的广告在向人们介绍产品，满足人们物质文化的同时，还给人们以精神上的享受，这对传播文化，树立良好风气起到了积极的作用。但要注意的是，好的广告具有艺术性，但广告终究不是艺术，如果艺术以赢利为动机决不是好的艺术，而广告如果不能实现商业动机决不是好的广告。

二、广告媒体的选择

（一）广告媒体的类型

广告媒体是广告者向广告对象传递信息的载体。种类繁多，不同的媒体，传递信息的时间与范围不同，效果也各异。

1. 根据媒体物质属性的不同可进行如下分类：

（1）印刷媒体。如报纸、杂志、电话簿、画册、商品目录、商品说明书、挂历、明信片等。

（2）电子媒体。如广播、电视、电影、幻灯、霓红灯、电子显示大屏幕等。

（3）流动媒体。如汽车、火车、飞机、轮船等。

（4）邮寄媒体。如函件、订货单、征订单等。

（5）户外媒体。如路牌、招贴、海报、气球等。

（6）展示媒体。如商品陈列、橱窗、柜台、门面、模特儿等。

（7）其他媒体。如火柴盒、手提包、购物袋等。

2. 广告的四大媒体。上面媒体中，报纸、杂志、电视、广播被誉为“四大最佳媒体”，也是广告的主要媒体。

（1）报纸媒体。报纸媒体是世界各国选用的第一大媒体。其优点是：覆盖率高、影响广泛；传递迅速、时效性强；集权威性、新闻性、可读性、知识性于一体；制作简便、费用低廉。其缺点是：时效较短、内容繁杂、容易分散注意力，制作和印刷不够精细，形象效果欠佳。

（2）杂志媒体。杂志是一种以刊登小说、散文、杂论、评论、专业论文等为主的读物。分为综合性杂志和专业性杂志两种。其优点是：广告对象明确、针对性强；保存期长、信息利用充分；印刷精致、图文并茂。其缺点是：印刷周期长，信息传递不及时，读者范围有限，覆盖面低。

（3）广播媒体。广播是一种广为运用的听觉媒体。其优点是：传播迅速、次数多、范围广；及时性强，方式灵活；制作简便，收费较低。缺点是：有声无形、印象不深，转瞬即逝，难以保存；盲目性大，针对性差。

（4）电视媒体。电视通过声音、图像、色彩、动作等视觉与听觉的结合传递各种信息。其优点是：覆盖面广，收视率高；形象直观生动，感染力强；娱乐性强，宣传效果好。其缺点是：信息消逝快，不易保存；编导复杂，费用昂贵；选择性差，目标不具体。

（二）广告媒体的选择

广告媒体繁多，各有优缺，企业欲达良好的广告效果，必须根据本企业营销目标与营销环境，慎重而恰当地选择广告媒体。企业在合理选择广告媒体时，应综合考虑如下诸因素：

1. 企业对信息传播的要求。如对信息传播覆盖率、接触率、重复率和最低时间限度，以及信息的可信度与产生的效应等方面的要求，企业应从中选择出最主要的目标，并据以确定适当的媒体。

2. 产品本身的性能与特征。产品的自然属性和产销特点不同，其使用方法，消费对象、销售方式和销售时间等也千差万别。如果需要形象逼真地介绍商品功能、特点、外观的家具、时装等商品，选择电视媒体作广告效果较好；对技术性强、需详细介绍的商品，选择报纸和杂志较妥。

3. 广告媒体本身的影响。广告媒体本身的影响包括两个方面：一是广告媒体传播的数量和质量。传播数量主要指广告传播到视听者的数目；传播质量主要指广告媒体已有的声誉影响以及表现方面的特长。二是媒体费用。不同的广告媒体，其费用各不相同。企业应在广告费用预算的范围内选择广告媒体。

4. 消费者对媒体的习惯。企业应将广告刊登在目标顾客喜欢接触的媒体上，以提高视听率。

5. 竞争对手的广告策略。竞争对手的广告策略，往往具有很强的针对性或对抗性。企业在选择媒体时，必须充分了解竞争对手的广告策略，充分发挥自己的优势，以达到克敌制胜的竞争目的。

三、广告策划的制定

广告的策划不是无序的、盲目的，而是有计划分阶段地进行。

（一）分析环境，明确要求

进行广告促销，首先要通过广告机会分析。要明确针对哪些消费者做广告以及在什么样的时机做广告等问题。因此广告主就必须搜集并分析有关方面的情况，如消费者情况、竞争者情况、市场需求发展趋势、环境发展动态等，然后根据企业的营销目标和产品特点，找出广告的最佳切入时机，做好广告的目标群体的定位，为开展有效的广告促销活动奠定基础。

（二）确定广告的目标和任务

确定广告目标，就是根据促销的总体目的，依据现实需要，明确广告宣传要解决的具体问题，以指导广告促销活动的施行。广告促销的具体目标，规定了广告应取得的效果，从而也决定了为什么做广告和怎样的做的问题。广告目标和任务的确定必须符合营销目标的要求。因此，在制订广告目标之前，必须认真研究企业的营销目标。

（三）确定广告主题和创意

广告主题就是广告的中心思想，创意则是将主题形象化、艺术化和具体化的表现。广告主题和创意应根据广告目标、媒体的信息可容量来加以确定。一般来说应包括以下三个方面：

1. 产品信息。产品信息包括产品名称、技术指标、销售地点、销售价格、销售方式以及国家规定必须说明的情况等。

2. 企业信息。企业信息包括企业名称、发展历史、企业声誉、生产经营能力以及联系方式等。

3. 服务信息。服务信息包括产品保证、技术咨询、结款方式、零配件供应、保修网点分布以及其他服务信息。

广告主通过对各种信息的通盘考虑，通过一定的方法，适应广告对象的要求，提炼广告主题，构思出广告创意。

（四）广告媒体的选择

广告信息需要通过一定的媒体才能有效地传播出去，广告媒体选择的是否恰当，直接影响着广告效果的实现。因此企业在选择广告媒体时，应充分考虑不同的媒体在广告内容承载力、覆盖面、送达率、展露频率、影响价值以及费用等方面互有差异，因此正确地选择广告媒体是策划过程中一项非常重要的工作。

（五）制订广告预算

企业做广告必然要投入资金，那么企业应该投入多少资金？怎样分配这些资金？投入这些资金要求到达什么样的效果？如何防止资金的不足和浪费等？因此，广告主必须事先进行合理的广告预算。这里介绍常用的三种方法：

1. 销售百分比法。销售百分比法，就是企业按照销售额（一定时期的销售实绩或预计销售额）或单位产品售价的一定百分比来计算和决定广告开支。采用这种方法一般要考虑两个方面的内容：一是销售额的高低；二是广告预算总额占销售额比例的大小。这种方法简单可靠，很多企业乐于采用此方法，但它最大的缺点就是过于死板。

2. 目标达成法。目标任务法，就是根据广告目标来确定广告开支。目标任务法的应用程序是：（1）明确广告目标；（2）确定为达到广告目标而必须执行的工作任务；（3）估算执行各项工作任务所需的各种费用；（4）汇总各项工作经费做出广告预算。

3. 竞争对比法。竞争对比法，就是企业比照竞争者的广告开支来决定自己的广告预算。整个行业广告费用数额与某企业的广告费用数额成正比。竞争对比广告预算有两种计算方式：

A. 市场占有率对比法，计算公式为：

广告预算＝竞争者广告费/（竞争者市场占有率×本企业预期市场占有率）

B. 增减百分比法，计算公式为：

广告预算＝竞争者上年度广告费×（1＋竞争者广告费增长率）

（六）广告实施

在各个环节分析确定后，选择最优的组合方案，编写广告计划书，然后按阶段实施广告活动的各个环节。

（七）广告效果的测定

作为企业不惜重金投入到广告中不可能只是为了一幅精美的广告画面，他们注重的是投入能带来多大的收益，大卫·奥格威说过："我们做广告的目的就是为了销售，否则就不是广告"。因此测定广告效果已成为广告活动的重要组成部分，另外，它也是增强广告主信心的必不可少的保证。对广告效果测定包括广告的促销效果和广告的传播效果的测定。

第四节 公共关系与销售促进

一、公共关系

公共关系是研究现代社会如何处理好它所面对的多方面的社会关系，在当今社会的政治活动和经济活动中都发挥着极其重要的作用。

（一）公共关系的概念与特征

1. 公共关系的概念。公共关系是一个组织运用各种传播手段，在组织与社会之间建立相互了解和依赖的关系，并通过双向的信息交流，在社会公众中树立良好的形象和声誉，以取得理解、支持和合作，从而有利于促进组织本身目标的实现。与销售促进相比，公共关系注重的是长期效果，属于间接促销手段。

我们需要从以下几个方面来理解公共关系的含义：

（1）公共关系在本质上是企业运用传播手段开展的一种管理活动，它的着眼点在于在社会公众中树立良好的企业形象与产品形象。

（2）公共关系的对象是公众，它涉及的范围很广，既包括企业外面的公众，也包括企业内部的公众。

（3）公共关系的任务是协调企业与公众之间的关系，促进相互间的和谐发展，达到“多赢”的目标。

（4）公共关系的职能是实现信息的双向沟通。一方面，企业向公众宣传企业的性质、经营理念及所生产的产品，使公众了解自己，支持自己，形成忠诚客户；另一方面通过搜集信息的反馈，是企业了解公众所关心的利益，便于企业在下一步行动时进行设计。

（5）公共关系的基本精神是诚实、开放、互惠互利。

（6）公共关系的最终目的是促进产品的销售，提高企业的市场竞争力。

2. 公共关系的基本特征。

（1）公共关系的对象是公众。公众关系涉及的范围相当广泛，既有企业外部的公众，包括消费者、供应者、中间商、营销中介、政府有关部门、新闻媒介组织、社会一般公众以及竞争者等，又有企业内部的公众，如企业员工和各个职能部门等。这些公众都与企业的生存与发展具有现实的或潜在的影响力。具体的公关对象不是一成不变的，一旦他们失去了对企业的影响力，便失去了企业公共对象的意义。

（2）公共关系是一种双向信息沟通活动。一方面，企业向公众宣传企业的性质、经营目的、为社会所提供的产品和服务等情况，使公众了解自己，认识自己，理解和支持自己；另一方面，企业又搜集和征求社会公众对本企业的意见与要求，使企业了解社会公众所关心的利益或喜好。通过信息双向沟通，增强与社会公众的感情融通，有利于改善企业的营销环境。

（3）公共关系注重长期效应。公共关系活动本身的重点不在于直接推销，而是通过积极参与社会各种有益活动，借以宣传企业营销宗旨，联络感情，扩大知名度，内求团结、外求发展，创造良好的社会关系环境，就能在以后相当长的时期内产生良好的促销效应。

（4）公共关系是一系列复杂细致而长期性的工作。企业首先要为社会提供优质服务，同时要通过长期的、有计划的、持续不断的努力，在与社会公众的经济、技术、社会交往过程中建立和谐的人际关系、美好的人事气氛、最佳的社会舆论，以赢得社会各界的了解、信任与合作。

3. 公共关系的构成要素。公共关系的结构主要是由社会组织、公众、传播三大要素构成。如图 9－2 所示。

社会组织、公众、传播三要素共存于同一个社会环境中，社会组织是公共关系的主体，公众是公共关系的客体，传播则是沟通公共关系主客体之间的桥梁。

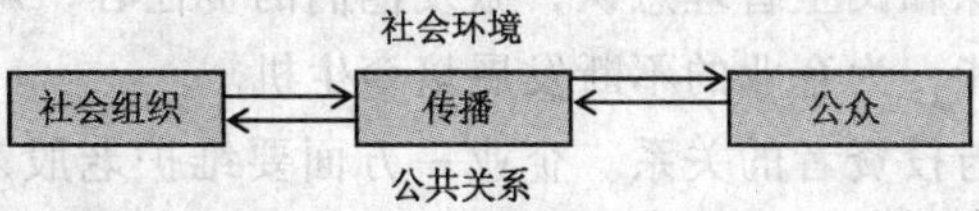

图 9－2　公共关系结构图

（二）公共关系活动的方式

公共关系活动可分为日常公共关系活动和专项公共关系活动两种。

1. 日常公共关系活动。是公共关系人员的日常工作，如定期召开职工座谈会，了解职工的意见、要求和愿望；通过调查、询问与座谈等形式，征询消费者对本单位产品和服务的意见和要求；逢年过节组织联谊活动，加强与顾客和用户的感情联络；组织内部职工经常开展文明礼貌教育活动等。

2. 专项公共关系活动。是为了解决企业在生产经营过程中某个具体问题或专门策划的活动。如为提高本组织的知名度而举办的记者招待会或其他宣传活动；为提高本企业的美誉度而开展的展销活动和质量跟踪活动；为搞好社区关系而开展的赞助活动和公益活动等。专项公共关系活动与日常公共关系活动相比，明显的特点是：针对性强、计划性强、公众范围明确，而且公关人员是公关活动的主要组织者。

（三）公共关系活动的具体形式

公共关系活动的具体形式，通常有如下几种：

1. 创造和利用新闻。公共关系部门可编写有关企业、产品、服务和劳动模范或先进团队的感人事迹，或举办新颖活动，创造机会以吸引新闻界和公众的注意，扩大影响，提高知名度。如为残疾人举行义演，开展拯救大熊猫的义卖活动等。

2. 参与各种社会公益活动。例如，通过各种有意义的赞助活动和捐赠活动可以树立企业关心社会公益事业的良好形象，赢得社会各界和政府有关部门的信赖和支持，从而增强企业的吸引力和影响力。

3. 开展各项有意义的活动。通过丰富多彩的活动，如举办产品和技术方面的展览会或研讨会、演讲会、有奖比赛、纪念会、开幕式或闭幕式等，引起广大公众对企业和产品的注意，以提高企业及产品的声誉。

4. 编写和制作各种宣传材料。包括介绍企业和产品的业务通讯、期刊、录像带、幻灯片或电影等公众喜闻乐见的宣传品。

5. 采用印象识别媒体。为了赢得社会公众的广泛关注，树立企业形象，培养目标顾客的偏好，可确定具有个性和特色的企业名称或产品名称；设计企业独特的标志，建立具有特色的厂房、办公楼、车辆；定做员工制服；印刷专用信笺、信封、名片等；建立企业识别系统（CIS）。

6. 协调企业内部关系。企业内部关系是企业内部员工关系、部门间关系以及股东关系的总称。要加强企业内部各方面的纵向和横向间的信息交流，以增进相互了解；协调劳资之间、部门之间的利益关系；尊重员工的社会文化偏好、习惯和宗教信仰，调动员工的积极性；培养集体精神和协作精神，保证企业整体营销的正常运转；合理满足职工的物质文化生活需要，改善生活条件，使职工在企业里感到温暖和愉快，从而增强企业的凝聚力；培养职工的参政意识和民主管理意识，激发他们的责任心，调动大家的想象力和创造力，发挥他们的工作潜能，为企业的不断发展培育生机。

股东关系是指企业与投资者的关系。企业一方面要维护老股东对企业的了解和兴趣，从而坚定原股东的信心，另一方面要吸引更多的新股东，不断拓展吸纳资本渠道。

（四）公共关系策略

企业在市场营销活动过程中，由于产品开发与营销的状况不同，发展阶段不同，所处的营销环境不同，以及社会公众的类型不同、特点不同和要求不同，会使企业市场营销处在不同的发展势态。因此，企业应根据不同的目的和任务，采取不同的公关程序和方式，可供选择的公共关系策略很多，我们选择以下几种予以简单介绍：

1. 拓展型公共关系策略。企业为提高自身及其产品的知名度和美誉度，或为推销新产品、开拓新市场等目的而开展的公共关系活动，可采取召开记者招待会或新闻发布会，举办大型的展览会、展销会或演示会，还可以开展一些品尝、试穿、试用、试销等活动。一方面利用新闻媒介扩大广告宣传，另一方面利用声势大、信息强，能给公众留下深刻印象的各种促销措施，以吸引经销商和广大消费者，为企业的进一步发展与壮大创造舆论环境。

2. 维系型公共关系策略。维系型公共关系策略是一种经常性的公共关系策略，即企业为了巩固和维持现有的知名度和美誉度，通过不断地向社会公众传播有关营销组织方面和产品方面的信息，以加深社会公众对企业的了解和和认识，增进对企业的感情。常见的活动是举办开业周年纪念会，或利用节假日邀请社会不同层次的公众参加联谊活动，如春节茶话会、招待会、春秋季组织内部职工开展春游或秋游活动，以融洽干群关系。

3. 防御型公共关系策略。这是企业为了预防和减少不利的营销环境因素的影响，而开展的针对性较强的公共关系策略。如某些社区公众对营销组织及其产品有些不满情绪或本企业与某些单位的关系有些紧张，某些市场可能被竞争对手抢占等，这些问题如果不及时处理，将会酿成大祸。因此，需要尽快利用公共关系，以发挥搜集信息和监督环境的职能，弄清情况，查明原因，然后对症下药，开展有针对性的防御性公共关系活动。同时，还要及时调整营销组织的结构和经营方式，以适应外部环境的变化，更好地满足社会公众的要求。

4. 矫正型公共关系策略。当企业的营销活动的某些方面受到公众误解，使其形象受到损害时，为了消除公众的误解，矫正被歪曲的形象，就需要采取矫正型公共关系策略。在开展这一策略时，首先应取得新闻媒体的理解，通过举行记者招待会或新闻发布会等形式，利用新闻媒介来传播正确的信息，以恢复企业应有的形象。其次要开诚布公地向社会公众说明事实的真象，甚至敞开大门让公众走进来监督，重新了解和认识企业。

（五）公共关系应用的方法

公共关系是一种长期的促销方式，它的工作核心是树立起企业形象。在促销活动中，公共关系通常采用的方法有：

1. 利用新闻媒体进行宣传。利用新闻媒介进行宣传企业和产品是企业较为了解和喜欢的一种公关手段。企业可以向新闻媒体投稿宣传企业及其产品的信息，或召开记者招待会、新闻发布会、新产品信息发布会，或邀请记者写新闻通讯、人物专访、特写等。新闻媒体具有客观性和真实感，使消费者在心理上易于接受。往往比广告更具说服力。

2. 参加各种社会活动。企业通过对文体、福利事业或市政建设等一些社会活动进行赞助。通过这些活动，有利于企业扩大组织影响力，提高企业认知度与美誉度，赢得社会公众的信任和支持。如广东“健力宝”集团，曾经只是一个年产值 130 万的小酒厂，1984 年 9 月通过赞助参加奥运会的体育代表团在海外名起大噪，在国内也树立起了令人称赞的形象。

3. 刊登公共关系广告。公共关系广告是利用广告进行宣传。它与纯商业性的广告不同，它主要是宣传企业的整体形象。如介绍企业历史的广告、节假日庆贺的广告、对同行表示支持的祝贺广告、向公众致意或道歉的广告、鸣谢广告等。这种广告，有助于公众的了解，进而推动产品的销售。

4. 开展各种专题性活动。通过开展各种专题性活动可以扩大企业的影响，加强同外界公众的联系，树立良好的企业形象。如举办展览会、周年庆典活动、知识竞赛、对外开放参观、有奖答题活动等。

5. 危机事件处理。“天有不测风云，人有旦夕祸福”。一切危机事件都有可能发生，如消费者投诉、不合格产品引起的事故、对企业不利的信息传播以至造谣中伤等。这些事件的发生往往会使企业的信誉下降，产品销售额下跌。当面对危机事件时，公共关系人员不可回避，应该迅速行动起来，积极面对协助，有关部门查清原委并及时做好处理工作，以使企业遭受的损失减少到最低程度。

6. 人际交往。是指不借助传播媒介，直接进行人与人之间的交流和沟通的传播形式。如演讲、咨询、谈判、举办联谊会等。通过这些活动，有助于企业同社会各界的结束，加强合作，改善营销环境。

7. 导入 CIS 战略。CIS 即企业形象识别，是指通过改变企业形象，吸引外界的注意，达到改进业绩，达到预期目标的一种经营战略。

二、销售促进

（一）销售促进的概念及特点

1. 销售促进的概念。销售促进也称营业推广，是指企业在短期内为了从正面刺激消费者的需求而采取的各种促销措施，如有奖销售、直接邮寄、赠送或试用“样品”、减价折扣销售等。通过这些活动，企业可以有效地吸引顾客，刺激顾客的购买欲望，并且能在短期内收到显著的促销效果。

从定义中可以看出，销售促进的首要目的是为了吸引顾客。因为企业在推出新产品时，消费者对其产品的了解度不够，而销售促进促销方式（如打折、赠送）的刺激性比较强，容易对消费者产生较强的诱惑力，从而刺激消费者的购买欲望，促使交易在短期内形成。

当然，销售促进的最终目标则是实现企业的营销目标。销售促进介于广告决策和人员推销之间，是对经常性有计划地进行广告和人员推销活动的有利补充。在一定时期内进行的短期特别推销，可以明显的增强广告效果，促成及时交易。但是要注意的是，如果使用不当，求售过急，不但不会吸引顾客，反而会引起顾客的怀疑和反感。

2. 销售促进的特点。销售促进与其他促销手段相比较，具有以下几个显著特点：

（1）刺激性。销售促进是直接面向顾客开展的短期特殊促销措施，容易使顾客有一种意外的惊喜，从而在顾客心理上产生较强的诱惑力。例如，推行优惠价销售，使得一部分原来不准备购买的顾客成为购买者，原来准备少买者变成多买者，就是受优惠价和其他优惠条件刺激的结果。

（2）娱乐性。有些销售促进活动不仅是展示产品，也是渲染某种气氛，引起人们的乐趣，使受益者很快变为义务宣传员。如某快餐馆最新试制出一道美味佳肴，在众多顾客就席期间，由餐馆老板向顾客宣布了这道美味佳肴的配料和特点，希望大家品食后多提意见，紧接着服务员就将这种菜肴分送到每张席桌上，供大家品尝。其间，整个餐厅趣味风生、赞不绝口。后来，这道菜肴成了许多顾客争相抢点的菜肴。

（3）灵活性。人员推销和广告都是比较经常化、规范化的促销方式，而销售促进有各种各样的方式，营销者往往根据市场情况的变化，而灵活决定采用适当的方式进行促销。

销售促进虽然有许多特点和优点，但也有一定的局限性，只能在一定的场合下短期内采用。对于某些推广方式，如销售折扣、有奖销售、附赠品销售等，如果使用不当，求售过急，反而会引起消费者的怀疑，贬低商品、有损企业形象。因此，在实际应用中必须审慎从事。

（二）销售促进的适用性

任何事物都具备两面性，销售促进这种促销方式也不例外。由于其具有独特的优点，同时也具有较大的局限性，这就要求我们必须研究销售促进的适用性，以利于我们“扬长避短”、“趋利避害”。

1. 从消费者角度看，销售促进适应于品牌忠诚性较弱的消费者。品牌忠诚性较弱的消费者消费时随意性较强，他们对价位或优惠活动的敏感性较强，所以短期内的销售促进容易对此类消费者产生效果。

2. 从产品角度看，销售促进适合于产品生命周期处于进入期和成长期时采用。在产品进入市场时，产品还没有形成一定的知名度和美誉度，企业采取一定的让利措施，不论对中间商还是最终消费者都会产生刺激作用，引起他们的兴趣，做出积极反应。但是当企业产品进入成熟期，产品的大多数目标群体都已使用过该产品，销售促进的效用明显减弱。

3. 从行业角度看，销售促进适合于标准化程度高的行业。在标准化程度较高的行业中，企业所生产的产品在一定程度上具有相似性。当行业中的某家企业实行销售促进，就会在短期内提高产品的销售量，打破消费者对行业内其他品牌的忠诚度，但是却不能与消费者维持长期良好的关系。所以，企业可以使用其他促销手段，如广告宣传加以配合，使消费者产生长期偏好。

4. 从企业角度看，销售促进适用于市场占有率低、实力较弱的企业。这类企业无力负担巨额的广告费，却又急于开拓市场。销售促进由于其形式灵活多样，费用小，又能在短期内增加销量，符合中小企业的要求。

5. 从中间商角度看，销售促进既适用于批发商，也适用于零售商。生产企业通过销售促进，有助于劝诱中间商购买本企业的产品，同中间商保持良好的业务关系，促使双方的中长期工作。

（三）销售促进的方式

市场特征不同，销售促进的形式也有多种多样，大致可分为三类：第一类是针对消费者的销售促进；第二类是针对中间商的销售促进；第三类是针对推销人员的销售促进。

1. 对消费者的销售促进形式。对消费者销售促进的目的，主要是鼓励顾客多买商品，吸引新顾客试用商品，以及争夺其他品牌的顾客等。常用的销售促进形式主要有：

（1）赠送销售。在顾客的购买之前，免费赠送一部分样品，样品可以在商店附近赠送也可以挨家挨户送上门，还可以邮寄发送，目的在于宣传新产品，刺激顾客购买。如果是为了鼓励消费者经常来购买和多购买，馈赠的物品可以是一些能够向消费者传递企业有关信息的精美小物品，如随货赠送、批量购买赠送、随货中彩奖品等。

（2）赠送优惠券。当消费者购买商品达到一定金额时，赠送一定面值的优惠券，顾客可凭券在同一商店内免费选取相应价值的商品，或以优惠券换取特设赠品。

（3）价格折扣。向消费者寄送或广告散发折价的购货券，持证在规定时间内购买时，可享受部分价格优惠。

（4）有奖销售。随销售商品发放奖券，到一定数量时宣布开奖，中奖者可获得奖品和奖金。

（5）交易印花。当顾客购买某一商品时，企业给予一定张数的印花，凑足若干张或达到一定金额后，顾客可以兑换某些商品。

（6）消费信货。通过赊销或分期付款等方式推销某些商品。

（7）展销。通过展销会的形式使消费者了解商品，增加销售的机会。如为适应消费者季节性购买的特点而举办的“季节性商品展销”；以名优产品为龙头的“名优产品展销”；为新产品打开销路的“新产品展销”等。

（8）产品演示。针对消费者对产品的功能、使用方法、使用效果等可能产生的疑问而开展的陈列、展示、演示活动。一般适用于技术复杂、效果直观性强的产品和刚刚上市的新产品。

2. 对中间商的销售促进。对中间商销售促进的目的，是为了吸引经销商经营新的产品项目，争取他们对企业的支持和长期合作，以抵消竞争者的各种促销影响。常用的销售促进方式主要有：

（1）批量折扣。在中间商购货达到一定数量时，按购货批量给予一定的优惠折扣。

（2）现金折扣。在商业信用和消费信贷广泛应用的条件下，企业为鼓励中间商尽快归还货款，对现金购货的中间商给予一定的优惠折扣，其折扣率是参照银行贷款利率来确定。

（3）经销津贴。为促进中间商增购本企业产品，并鼓励其对本企业产品开展促销活动而给予中间商一定的津贴，如购买新产品津贴、广告津贴、降价津贴、咨询津贴、清货津贴等，所有这些津贴对中间商来说有的可转为广告费用和零售降价等方面的补贴，有的可作为直接利润。

（4）折让。企业提供折让，要求零售商以某种方式突出宣传本企业产品的报偿。如广告折让用以补偿为本企业的产品做广告的零售商；陈列折让则用以补偿对本企业产品进行特别陈列的零售商。

（5）免费赠品。企业对购买本企业某种质量特色的或达到一定数量产品的中间商，额外赠送若干数量的产品或现金。有些企业还免费赠送附有企业名字的特别广告赠品，如钢笔、挂历、备忘录、度量器具等。

（6）订货会和交易会。企业主办订货会、交易会，通过展览陈列和示范表演等形式，借以沟通购销双方信息，吸引中间商经销本企业的产品。

（7）贸易协助。企业对中间商加以业务指导，提供产品知识讲座，培训销售人员，举办营销研讨会等服务，以提高中间商的营销效果。

（8）经销竞赛。企业对所有经销本企业产品的中间商开展销售竞赛，对优秀者，视其经销业绩，制订相应的奖励措施。

产业用户购买商品和劳务的最终目的是为了获得赢利，因此，对产业用户开展的销售促进形式除了与中间商相似外，还有互惠贸易和红利提成等形式。

3. 对推销人员的销售促进。对推销人员销售促进的目的，是鼓励推销人员大力推销新产品，开拓新市场，发掘潜在顾客，尤其是推销过时积压产品。销售促进的主要形式有：

（1）利润提成。利润提成主要有两种做法：一种是推销人员的固定工资不变，在一定时期（通常是季末或年终），从企业的销售利润中提取一定比例的金额，作为奖励发给推销人员。另一种是推销人员的工资不固定，每达成一笔交易，推销人员按销售利润的多少提取一定比例的金额作为报酬。

（2）推销奖励。在一定时期内，企业按推销人员的工作绩效，发给一定的奖金、礼品或本企业的产品。

（3）推销竞赛。推销竞赛的内容包括推销数额、推销费用、市场扩展、推销服务、走访顾客次数等，同时规定奖励的级别、比例、奖金（品）的数额等，对于贡献突出者，给以现金、旅游、休假、提级晋升等奖励。

复习思考

1. 影响促销组合决策的因素有哪些？
2. 结合实际，分析广告的促销作用是如何体现的？
3. 在什么情况下，适合采用销售促进策略？
4. 什么是公共关系？公共关系有哪些特点？
5. 假如你是一家药品公司的老板，你会如何选择和培训你的员工？

案例分析

广告是万能的吗？

1996年11月8日下午，中央电视台传来一个令全国震惊的新闻：名不见经传的秦池酒厂以3.2亿元人民币的“天价”，买下了中央电视台黄金时间段广告，从而成为令人眩目的二届“标王”。1995年该厂曾以6666万元人民币夺得“标王”。

1995年当“秦池”以6666万元的天价成为1996年度中央电视台的广告标王时，“秦池”酒一下取代“喝孔府宴酒，做天下文章”的孔府酒而成为市场最流行的酒。其企业形象可以说是一夜升天，秦池白酒也身价倍增。中标后的一个多月时间里，秦池就签订了销售合同4亿元；头两个月秦池销售收入就达2.18亿元，实现利税6800万元，相当于秦池酒厂建厂以来前55年的总和。至6月底，订货已排到了年底。1996年秦池酒厂的销售也由1995年只有7500万元一跃为9.5亿元。事实证明，巨额广告投入确实带来了“惊天动地”的效果。对此，时任厂长十分满意。

秦池酒厂被广告带来的市场轰动效应所笼罩：知名度的一夜升天，销售收入的魔法式的几何递增，何不乘胜追击、一统天下呢？秦池1997年再度以3.2亿元的广告新纪录而蝉联“标王”。但1997年的轰动效应远不如1996年的轰动效应大，消费者似乎变得更理性，或者是相中了别的酒，“秦池”酒已不再那么流行和牛气冲天了。

然后，新华社1998年6月25日报道：“秦池目前生产、经营陷入困境，今年亏损已成定局……”

虽有秦池的失败在前，但也有如隆力奇、统一润滑油、雅客食品、王老吉凉茶、民生药业、利郎时装等在央视招标时段投放广告的企业，因为抓住了机会而获得成功。尤其是最近两年，国际客户与央视的沟通日益频繁。有人将央视招标比喻为豪门夜宴上的赌局，也有人喜欢“心有多大，舞台就有多大”这句激动人心的广告语，十多年来，央视黄金段位广告的确已经成为中国顶级品牌的孵化器和助跑器，那么，其魅力到底体现在哪些方面？回顾央视广告招标不短的发展历程，人们不禁会发问：广告是万能的吗？

（资料来源：本案例根据百度文库资料整理，http：//wenku. baidu. com/view。）

思考：请对“秦池”的成败进行分析，秦池为什么在这么短的期间就风光不再而陷入困境？秦池成为中央电视台的广告标王后，应该做些什么？

技能训练

在教师的指导下，选定商品（也可选定时间，如国庆节、劳动节等）为该产品做一个营销策划，在其中反映出营销组合策略的构建，最后撰写并提交营销策划案。

第十章
市场营销创新与控制

学习目标

- □ 了解创新及营销创新的含义、内容
- □ 理解并掌握传统控制职能与现代控制理论的区别
- □ 理解创新力与控制力统一的含义

案例导入

联想营销创新案例：新浪微博开启网络营销新模式

“微博”、“开心网”、“QQ 农场”，一些善于把握机会的商家早已经开始将注意力朝这方面转移，其中联想营销创新便是个可以借鉴的案例。

在品牌的宣传与推广方面，联想向来是别出心裁、独立创新的。从早先的凭借着巨额的广告费用以及明星产品而崛起，到今天呈现出一种多渠道营销模式。拥有创新和尝试精神的联想，2009 年在摸索“微博客”的新营销方式上花了不少功夫。

根据国外 Twitter 的经验，联想把目标锁定了“新浪微博”，联想试着实名注册并同时进行产品推广。在经过非常短时间的微博用户积累以及信息发布效果反馈后，联想匆忙开始了其微博式营销的活动。联想至少在微博中拥有三个已经经过了新浪 V 认证的账户，分别是“终结者 B5”、“联想飚爱族”、“联想问吧”。它们的作用分别被定义为特定型号产品的推广活动、品牌公益活动以及网上售后服务。

联想这种新营销渠道的尝试是有益的，尤其在互联网营销成为当今企业重要课题的今天。有专家建议：联想不仅要从微博这类新营销平台中寻找新的机会，同时更应该将自己的核心营销以及核心媒体推广战略结合起来，形成组合拳，才能发挥最大的功用。

（资料来源：品牌家电网，2010 年 1 月 29 日。）

思考：创新对于企业的营销意味着什么？

创新力是企业在市场中将企业要素资源进行有效的内在变革，控制力是企业在生产经营活动中，根据市场经济运行规律，对企业的战略规划和运营自觉地进行调整，创新力增加了企业的差异化优势，而控制力增加了企业的成本优势，创新力与控制力的统一是一种新的企业成长理论范式。

第一节

市场营销创新

一、创新及营销创新的内涵

创新这一概念是20世纪初由美籍奥地利人，哈佛大学教授，著名的经济学家约瑟夫·熊彼特首先提出来的。在其1912年出版的代表作《经济发展理论》一书中认为，创新就是“建立一种新的生产函数”，即把一种从来没有过的关于生产要素和生产条件的新组合引入生产体系。这种意义下的创新概念包含下列五种情况：第一，引进新产品（产品创新）。即消费者还不熟悉的产品或一种产品的一种新的特征。第二，引进新技术（技术创新）。即采用一种新的生产方法，也就是在有关的制造部门中尚未通过鉴定的方法，这种新的方法决不需要建立在新的科学发现的基础之上。并且，也可以存在于商业上处理一种产品的新的方式之中。第三，开辟新市场（市场创新）。也就是有关国家的某一制造部门以前不曾进入的市场，不管这个市场以前是否存在过。第四，控制原材料的新供应来源（资源开发利用创新）。即掠取或控制原材料或半制品的一种新的供应来源，也不问这种来源是已经存在的，还是第一次创造出来的。第五，实现任何一种工业的新组织（组织创新）。比如，造成一种垄断地位（如通过“托拉斯化”），或打破一种垄断地位。但他只是从经济学的意义上对创新理论进行了解释，认为经济增长的动力与诱因正是在于企业的创新活动，而创新活动导致经济的周期性波动。因为在熊彼特看来，经济活动有两种类型：一种是经济循环。在此状态下，企业的总收入等于总支出，整个生产过程循环往复，周而复始，企业没有发展。另一种是经济发展。它的基本动力便是创新，创新是企业家对生产要素的新组合。

美国管理学家彼得·德鲁克在其《创新与企业家精神》一书中对创新做出了进一步地阐释（德鲁克，1989）：“创新是大胆开拓的具体手段。创新的行动就是赋予资源以创造财富的新能力。事实上，创新创造出新资源……凡是能改变已有资源的财富创新潜力的行为，就是创新。”

综合熊彼特和德鲁克的观点，我们认为创新是开发新的资源以及对现有资源进行重新整合或更高效能使用的社会过程。

按照杜拉克（Peter. F. Drucker）在《管理、任务、责任、实践》一书中的说法，如果结合企业营销发展的历程，营销创新是指：“管理人员把社会需要转化为有利于企业的各种机会。”实际上就是根据营销环境的变化，结合企业自身的资源条件和经营实力，对营销要素进行重新整合，寻求营销要素某一方面或某一系列的突破或变革，并将其转化为企业赢利机会来满足顾客和社会需求的过程。此概念涉及企业的各项内部活动和外部活动，其最终目的是如何从根本上使顾客和社会需求得到更高的满足。

营销创新作为市场营销的更高层次，它不仅注意已有的市场占有率，更把开拓新市场，满足顾客的潜在需求、特殊需求以及创新需求等作为关键，以此作为超越竞争对手的重要手段。就程度而言，营销创新可以是整体的，即创造出一种全新的，至今任何企业都没有采用过的营销方式；也可以是局部的，只是某些营销因素或具体营销行为的创新。同时，它还是一个主体性的概念，不同的营销主体具有不同的营销创新内容；而且又是一个阶段性的概念，不同的历史阶段，具有不同的内涵。

二、营销创新的必要性

创新既是一种新颖、独特、先进的思想、观念、理论概念的精神活动，也是一种发明、创造、研制新产品的物质活动。对一个国家而言，创新是进步的灵魂，兴旺发达的不竭动力；对一个企业而言，创新就是要不断战胜和超越自我，形成持续竞争优势。但不论企业在哪方面实现了创新，都要通过向市场提供一定的产品或服务体现出来。而这种体现都是通过采取一定的营销行为后，使产品或服务进入市场来实现的。从此意义上说，营销是联接企业内部行为和市场的纽带与通道，营销创新是企业真正走向成功的必要通道或桥梁。所以在市场竞争越来越激烈的今天，在经济活动中进行营销创新有其强烈的必要性。

（一）消费需求的不断变化

随着人们物质、文化生活水平的提高，消费观念由数量型转入质量型，消费模式由从众型转向自主的个性化消费。消费者的基本需求得到了满足之后，对更高层次的需求呈现出无序性，并且对产品更加挑剔。他们对产品的使用价值不断提出新的要求，对企业及其产品的品牌价值、形象价值的期待也不断提高，但与此相反的是消费者的品牌忠诚度在不断下降。由于消费需求偏好的改变，企业只有进行不断地营销创新，才能满足消费者需求。

（二）产品、技术生命周期的缩短

知识的积累和技术的进步、企业间技术竞争导致全社会整体技术水平的不断提高，使得产品生命周期缩短。企业间产品的相互模仿，使产品越来越同质化，客观上也影响了产品生命周期。另外，一个企业的创新要想在某一领域长期存在是很难有效维持的。如果其他企业利用创新效果的外部经济效应，进行相应的模仿或进一步的创新，就会导致企业因创新带来的收益期缩短，收益减少，比较优势丧失。因此，为了适应这种产品、技术生命周期缩短的趋势，企业不得不加快创新速度。

（三）市场竞争压力的增强

随着买方市场的形成，企业面对的竞争越来越激烈。而营销创新首先就是对企业有限的营销资源进行有效的配置，从而达到提高企业经济效益的目的；其次，它可以降低交易成本，如顾客关系网络的建立，网上虚拟定制模式及网上购物等，都可使得企业将原本在企业之外的一些营业单位活动内部化，从而节约企业的交易费用。这些都有利于企业拓展市场，展开竞争。如果企业能在多个竞争对手的动态博弈过程中，最先获得该博弈的均衡解，即营销创新的具体方案，便能战胜对手，获得竞争优势。最后就是，过去那种单纯的竞争方式已发生了根本变化，击败竞争对手不但会造成两败俱伤，而且也难以形成垄断获取垄断利润，甚至有可能遭到法律的制裁。因此，企业在营销创新的过程中，要注意与竞争对手之间建立战略联盟，变“单赢”为“双赢”，才能相互促进，共谋发展。

（四）经济全球化的挑战

经济全球化既为我国企业参与国际分工和市场竞争提供了机遇，同时也使企业的经营环境风险增加。特别是中国加入 WTO 后，市场环境发生了巨大的变化。

1. 国内市场国际化趋势会更加明显。由于我国市场的全方位开放，贸易和投资门槛降低，国外许多企业涌入中国，大量商品也以其先进的性能大举进入，使国内市场国际化，国内竞争也国际化。

2. 市场竞争多极化。一方面，入世后我国的经济结构和经济利益格局的实质性变化，使我国企业之间、地区之间已经很难“一致对外”；另一方面，利益结构多元化的出现，中外企业既可以成为市场竞争的对手，也可以成为市场合作的“伙伴”。

3. 产品趋向高新化。加入 WTO 后，随着科技的迅猛发展，新技术的广泛应用，众多产品的科技含量和档次都在不断提高。

4. 营销方式现代化。与传统营销相比，入世后市场营销实现根本性转变的情况有：以企业为中心转变为以消费者为中心；以销售产品为主转为以消费者满意为主；从质量竞争转为服务竞争、品牌竞争；从以推销产品的宣传为主转为以增进与消费者的沟通为主。为了适应这些环境的变化，企业也只有不断地进行营销创新。

（五）知识经济的要求

21 世纪知识经济代替工业经济成为国际经济中的主导地位，其主要特点是：

1. 知识经济发展加剧了经济全球化的速度，使得世界市场的规模和容量达到一个前所未有的水平。

2. 知识具有更大的共享性和外部性，这使得企业间的关系、竞争或联合的方式以及市场结构均发生变化。

3. 基于更加完备的知识、信息和网络手段，供需双方的关系以及交易的方式、渠道等都将发生新的变化。所以知识经济作为一种创新型经济，强调创新应成为经济增长的发动机。企业竞争力的大小取决于其创新力的强弱。而创新力包括多个方面，营销创新力是其核心要素之一，企业只有大力开展营销创新，才能更好地迎接知识经济的挑战。

三、企业营销创新的原则

市场营销是紧密围绕着满足消费者的需求展开的，那么营销创新的核心也在于此。所以，在营销创新的过程中必须遵循以下原则：

（一）市场导向性原则

这要求整个企业的各级主管和各职能部门都应该注意对顾客现在及未来需求的市场信息等的搜集及其在企业内部各部门之间的沟通传播，进而促使整个企业对市场需求做出及时、正确的反应。市场导向的关键是要求企业的各个职能部门都应以顾客需求为中心，以顾客满意为其经营目标。只有建立在顾客需求上的营销创新，才能给企业带来长期的利润收获，因为企业的产品、技术等迟早都会被淘汰，而顾客的需求则会永远存在。

（二）系统性原则

市场营销活动不仅仅是营销部门的工作，更是整个企业各部门共同协作的结果。那么营销创新也必须是各个部门共同参与的创新行为。营销战略和策略的制订、执行、控制和评价是在企业的整个系统内进行的，本身就是一个系统性工程，所以营销创新不仅是营销战术、营销策略的创新，而是包括营销战略、营销理念等在内的全方位的创新。

（三）动态性原则

企业营销活动的正常运转，不仅受营销微观环境如企业本身、顾客、竞争者、供应商、公众等因素的影响，而且还受营销宏观环境因素如政治、经济、法律、人口、社会文化、科技、自然等的制约。特别是在知识经济社会里，社会系统之间的信息、能量、物质等的交换和联系日益密切，技术飞速发展，市场瞬息万变，需求多样性变化，使整个社会经济活动处于一个动态的环境之中。所以，企业营销创新必须随着时间、市场、环境以及顾客需求的变化而不断改变，遵循动态性原则。

（四）前瞻性原则

前瞻性是一种创造性的思维构架，它要求着眼于未来，及时预测可能发生的意外，并创造性地寻找超常规应变的策略和谋划。在营销创新中，必须有前瞻性的思维，预测到消费者的未来需求和偏好，为企业产品寻找到新的可开发的市场。也只有具备了前瞻性思维，才有可能创造出比竞争对手更好的营销手段和方法，从而获得更强的竞争力。如比尔·盖茨就是受此思维影响，预断未来的时代是电脑时代，开发作为电脑灵魂的软件将具有广阔的市场前景，在电脑时代刚刚起步时就毅然放弃哈佛的求学机会，投身于软件业的开发创造之中，取得了令世人瞩目的辉煌成就。

（五）价值性原则

根据产品的整体概念，它包括核心产品、形式产品和附加产品。随着技术的不断创新，在提高核心产品价值的同时，也要注意提升其形式产品和附加产品的价值。价值创新的过程在于使总顾客价值与总顾客价格之间的差距缩小，在同样成本控制的基础上，使产品之外的价值变得更大，让利于消费者，从而使消费者更乐于接受本企业的产品。因此，营销创新还要遵循价值创新的原则。

（六）发挥优势性原则

营销创新要从企业自身的长处出发，充分利用和发挥已有的优势资源，扬长避短，量力而行地进行营销要素的重新组合，以形成具有特色的、有竞争能力的营销方式、方法等。这就要求企业不能一味地注重对竞争对手的模仿，而是要提高自身的自主创新能力，开发出具有自主知识产权的产品，将企业的被动生存变为主动生存。

四、企业市场营销创新的内容

由于知识经济和经济全球化对企业营销活动的影响是全面的，因而企业的营销创新也涉及企业营销活动的各个层面，涵盖企业营销的所有内容，是一个全面的创新。主要创新内容有：

（一）营销观念创新

营销观念是企业进行营销实践的根本指导思想和行为准则，它贯穿于企业营销活动的全过程，并起着主导作用，直接影响企业营销战略和营销策略的制订和实施。任何企业参与营销活动都受一定的市场观念的支配，营销观念是否符合市场的客观实际，关系到企业的经营成败。营销观念创新就是企业根据新的营销环境的客观变化来改变企业的经营指导思想，以适应新的环境而形成的一种创新意识。营销观念创新是企业其他一切营销创新活动的前提，对企业的发展有根本性和全局性的影响。

（二）营销制度创新

何谓"制度创新"？制度学派通常认为是制度的创立、变更及随着时间变化的动态过程，是"制度主体通过建立新的制度构建以获得追加利益的活动。"熊彼特在《经济发展理论》中把制度创新定义为用一种效益更高的制度来代替另一种制度的过程。企业营销制度创新就是通过企业制度变革，不断调整和优化企业所有者、经营者和劳动者彼此之间的关系，使各方的权利和权益得到充分的体现；不断调整企业的组织结构和修正完善企业内部各项规章制度，使企业内部各种要素合理配置，发挥最大的效能；它实际上就是要调整企业内部的生产关系，使之更好地适应企业所面临的市场环境。通过营销制度的创新，使企业具有更大的弹性，极大地调动营销人员的积极性。营销制度创新主要包括以下两个方面：

1. 营销组织创新。传统的企业营销组织是基于信息流通和控制的基础而产生的，是建立在亚当·斯密分工理论基础之上的，其部门之间分工精确，形成了金字塔型组织结构。这种多层式的组织结构是在稳定的、可预测的环境下形成的，当企业面对急剧变化的环境、激烈的市场竞争和多变的顾客需求等状况时，它则无法适应，必须孕育新的组织模式，营销组织创新的根本目标是提升企业市场交换的效率。

为什么企业的营销组织从最开始的单兵销售，发展到后来成立销售部，再到后来增加市场部，以及在各地设立办事处、地区营销中心、分公司、子公司甚至是独立的销售集团公司？分析上述种种形式的营销组织创新，可以归纳为四对词，即"收—放"、"简—繁"、"多—少"、"分—合"。而它们本质上是通过改进完善营销组织的四种基本职能及提升其执行效率而实现"提升市场交换效率"的目标的。

21世纪企业营销组织创新主要体现为：

（1）组织结构的扁平化。它是通过减少管理层次，压缩职能机构，精简人员，分散权利，建立一种紧凑而富有弹性的新型管理组织模式。它具有灵活、敏捷、快速、高效的特点。其竞争优势在于不但降低了企业管理的协调成本，还大大提高了企业对市场的反应速度和满足用户的能力。

（2）组织结构的虚拟化。虚拟化是一种对市场环境变化做出快速反应的企业动态联盟，其基本运行模式是在有一个新产品或产业概念后，利用网络经济、电子商务等手段，将各种业务外包，企业本身只以创新行为和名牌效应为龙头，对涉及的制造、经营的各项业务进行系统集成。虚拟化包括三个层次：人员虚拟、功能虚拟、企业虚拟。

（3）组织结构的信息化。随着计算机和网络的普及，信息的搜集、处理、存储和传输、决策支持系统、人工智能、网络技术等信息科技在企业得到了快速的运用，使得企业产品和服务的设计、生产、销售方式等受到很大的影响，促使企业组织结构进一步信息化。

2. 营销管理体制创新。营销管理体制创新主要是指，通过用人和分配制度的改革，特别是激励机制和约束机制的改革，使企业营销人员都有明确的责、权、利目标，并有努力完成目标的动力和压力，从而形成生机勃勃的营销工作局面和氛围。

（三）市场创新

随着我国买方市场的出现，企业之间的营销战也愈演愈烈，企业是拼力争夺已有的市场还是去寻找消费者尚未得到满足的潜在需求，或创造一种新的需求呢？早在40年前，管理学家德鲁克就观察到企业的首要任务不是“满足需求”，而是“创造需求”。所以，在我国城市洗衣机市场饱和时，海尔很敏锐地开拓出了农村洗衣机市场，当海尔公司获知四川等农民用洗衣机洗地瓜、土豆时，立马组织企业开发出能洗地瓜、土豆的洗衣机，受到当地消费者的欢迎。

（四）营销管理创新

1. 营销战略管理创新。面对新的营销环境，企业仅靠单纯的市场营销手段、产品质量、为顾客服务、价格改进等，是无法应对激烈的市场竞争的。因此，我国企业必须进行战略管理的创新，保持与强化企业的核心竞争力与可持续发展的竞争优势，从更高层面参与市场竞争。企业营销战略要由被动的“适应型”向“应变型”战略转变。即企业不能仅仅是被动地适应环境，而是要通过战略调整主动适应环境甚至是改造环境。

2. 营销组合策略创新。主要有10PS企业生产营销组合策略、4CS顾客满意营销组合策略和4RS顾客关系营销组合策略三种。

目前，在中国处于不同阶段的企业应分别采取不同的营销组合因素，这样有利于本企业的长期生存和发展。

3. 产品策略创新。“产品常新，企业长青”，这是企业界流行的一句格言。它告诉我们只有不断进行产品创新，才能永葆企业青春活力。根据产品整体概念主要包括有产品标准创新，产品品种、花色、式样创新，产品包装创新、产品品牌创新和产品服务创新等。

4. 营销方法创新。营销方法创新主要体现在柔性营销、网络营销、事件营销、零库存营销、无缺陷营销等。

5. 营销人才创新。入世后的营销人才不再是经营型的营销专家，而是知识型的营销通才，他们具有强烈的社会责任感，文化素养高，富有创新精神和进取心，科技通才和营销专才的完美结合，知识应用能力很强等特点。营销创新能否在21世纪成为我国企业营销的主旋律，关键就取决于是否拥有一批这类知识型的营销人才。

（五）营销技术创新

熊彼特在《经济发展理论》中首次使用了创新一词，但并没有直接对技术创新下严格的定义。直到1962年，伊诺思在其《石油加工业中的发明与创新》一文中首次明确地对技术创新下了定义，并由此引发了对技术创新概念的研究。其中，很大一部分学者认为“技术创新就是始于对技术的商业潜力的认识终于将其完全转化为商业化产品的整个行为过程。”由此可见，技术创新是以技术为基础和导向的创新。它是以发现为基础，以发明为起点的创新活动。其基本形态是技术开发，且在技术革新与技术突破两极之间不断变化。不过它渗透于所有创新活动之中，是创新的主要形态，成为决定生产力发展水平的主要因素。

从市场营销观点出发分析，由于在知识经济时代，高新技术渗透到商品的供、产、销等各个环节，一个企业若能率先进行技术创新，拥有先进的技术，生产出成本更低、效用更大、更能满足消费者需求的新产品，它就会在市场竞争中立于不败之地，否则就会处于竞争劣势，最终按市场的规则被淘汰出局。从宏观上分析，技术创新是推动世界性产业结构调整的原动力，从而进一步影响消费结构的变化。

第二节 市场营销控制

一、传统的营销控制理论

传统的营销控制理论主要是对营销计划实施过程的控制，因为在营销计划实施过程中将会发生许多意外的情况，营销部门必须对各项营销活动进行连续不断的监督和控制。所谓市场营销控制是指通过测量和评价营销策略和计划执行的情况，提出改进措施和建议，促进营销目标有效实现的过程。市场营销经理应经常检查营销计划的执行情况，看其实际绩效是否与营销计划一致，如果不一致或没有完成计划，则要找出原因所在，并采取适当的改进措施和行动，以确保营销计划的完成。

对营销计划的控制，菲利普·科特勒归纳出了四种控制方法：年度计划控制、盈利能力控制、效率控制和战略控制。具体见表 10－1。

表 10－1　营销控制类型

控制类型	主要负责人	控制目的	方法
1. 年度计划	高层管理层 中层管理层	检查计划目标是否实现	销售分析，市场份额控制分析，费用——销售额比率，财务分析等
2. 赢利能力控制	营销审计人员	检查公司在哪些地方赚钱，哪些地方亏损	赢利情况：产品、地区、顾客群、细分片销售渠道，订单大小
3. 效率控制	直线和职能管理层	评价和提高经费开支效率，营销开支的效果	效率：销售队伍，广告，促销和分销
4. 战略控制	高层管理层营销审计人员	检查公司是否在市场、产品和渠道等方面，正在寻求最佳机会	营销效益等级评核，营销审计，营销杰出表现公司道德与社会责任评价

资料来源：科特勒著，梅汝和等译：《营销管理》，中国人民大学出版社 2005 年版。

以上控制方法在企业营销实践中得到广泛的运用，也取得过很好的成效。但许多管理学家都断言，这些管理控制方法仍在走 20 世纪 60 年代的老路，传统的等级制指挥控制系统已经过时了。传统管理控制理论中的“命令与控制”总是与下面这些词语相联系：自上而下制订战略、标准化与高效率、按计划产生的结果、实现既定目标以及循规蹈矩等。它束缚了管理层的手脚，制约了企业从战略上应对环境变化和适应内外环境的能力，难以保证战略实施获得最大绩效。这种控制系统只有在外部环境相对处于缺少变化的静态情况下才能有效发挥其应有的控制职能。面对当今经营环境变化的新奇性、快速性、复杂性显著增加的态势，就显得有些无能为力。因为急剧变化的环境需要企业家在信息极不充分的情况下进行快速决策，这势必面临着极大的风险。它的局限性表现在：一是对战略目标（或计划）本身缺少动态控制；二是对最高领导人的心态和思维模式失控，管理中的控制职能可以较成功地控制下属员工，但对游戏规则的制订者却无法发挥有效的控制。

二、现代营销控制理论

商业战略控制理论由信念系统、边界系统、诊断控制系统、交互式控制系统等四个子系统或四种控制杠杆组成，具体见图 10－1。

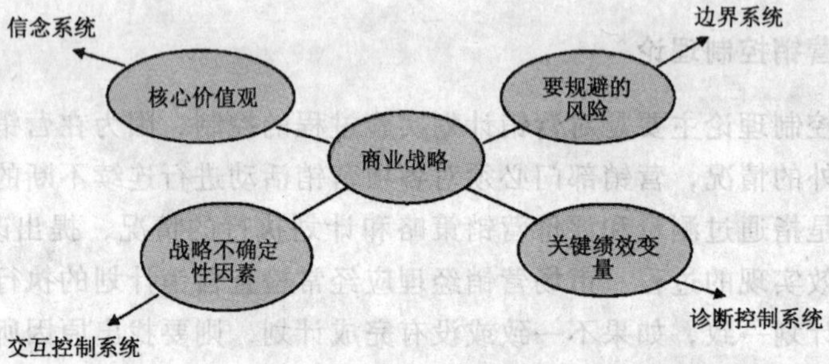

图 10－1　商业战略控制系统

资料来源：罗伯特·西蒙斯著，鲜红霞等译：《控制》，机械工业出版社 2004 年版。

（一）信念系统

信念系统就是经过高层管理人员正式讨论而确定的组织的基本价值观标准、目标和纲领等，它是通过宗旨、使命、目标来建立和传达的。其主要目的是鼓励和引导组织的研究和创新活动，以便寻找新的市场机会。即管理人员将权力委交给员工个人，通过企业核心价值观的宣传，激励员工为企业的目标做出承诺，并鼓励他们寻求新的机遇。它一方面将员工的注意力集中在企业经营的核心理念上，另一方面激励员工在战略实施过程中进行有价值的创新和变革，是诊断控制系统的有力补充。

（二）边界系统

边界系统与信念系统不同，不是对大家进行号召，而是根据已确定的商业风险，对寻找机会的行为加以一定的限制，即利用该系统为探寻机会的行为确立界限。它如同企业的刹车控制，是对员工行为规则、创新等活动边界的限制，是引导企业工作方向的动力，也使企业获得对于破坏性投机行为的免疫力。它分为商业行为边界和战略边界，前者是规定组织商业行为准则的边界系统，后者主要是针对为支持明确的组织战略而寻找机会的行为进行限制，即在战略规划中规定哪些寻找机会的行为是不可以被接受的，不应进行的。

信念系统和边界系统是正式控制系统的不同形式，一个是肯定系统，激励对机会的寻求；另一个是否定系统，对机会的寻求加以限制。但它们共同作用为组织提供动力和规定寻找机会的领域。信念系统指明了组织的目的，并引导和激发个人在无限的机会空间中寻找机会。在信念系统中，边界系统则在无限的机会空间中划出了一个更小的机会空间，组织成员可在这个较小的机会空间里施展创新的才能。这样，它们就把无限的机会空间转化为一个有重点的领域，并鼓励组织成员去开拓这一领域。

（三）诊断控制系统

诊断控制系统是一种正式的信息反馈系统，作为传统管理控制系统的支柱，其设计目的是确保实现可预测的目标。它如同在飞机座舱里控制仪表上的刻度盘，使得飞行员能够发现不正常现象的信号，并将主要的操作变量控制在预定的范围内，以保证既定战略目标的顺利进展。管理人员利用该系统来监控组织是否执行了既定战略，掌控组织取得的绩效并纠正与预定绩效标准的偏差等，因此，诊断控制系统是实施既定战略最主要的杠杆，它是对传统控制系统的继承和发扬。

由于诊断控制系统要对一些产出变量进行测量，而这些变量又代表所执行战略在各方面取得的绩效，因此，把既定商业战略要取得成功必须要达到或成功实现的那些要素称为关键绩效变量。组织可利用该系统推动、监控和奖励某一特定目标所取得的绩效。

（四）交互式控制系统

交互式控制系统是管理人员用以定期参与下属决策活动的正式信息系统。管理人员根据他们觉察到的战略不确定因素，在组织上下展开交互式对话，传达出他们对开拓性工作的支持，激励员工寻找机会，鼓励新战略的诞生，从而批准重要的决策，并对整个组织的活动进行监控。所以，交互式控制系统关注于战略决策的未知领域，在市场条件变化的过程中了解相应的威胁和机会，并预先做出反应。

对商业战略的控制不是依靠单独使用某个控制系统来发挥作用的，而是通过信念系统、边界系统、诊断控制系统和交互式控制系统等几种控制杠杆的综合作用，对既定战略的实施和新生战略的形成进行控制。

第三节 创新力与控制力的统一

一、创新力与控制力的含义

从管理学的角度上说，创新力就是企业在市场中将企业要素资源进行有效地内部整合，从而提高其内在素质，驱动企业获得更多的相对于竞争对手而言的差异性能力，这种差异性最终表现为企业在市场上所能获得的竞争优势。即企业在尊重客观规律的前提下，根据主客观条件的变化，通过各种创新活动使企业内部资源要素重新配置，形成较以前更强的对环境的适应能力、生产能力、营销能力和赢利能力等创新能力，促使企业在质的方面提高。在这一创新活动过程中，企业不断向外界输送产品或服务的同时，必然要将外界要素资源纳入企业内部进行重新配置，形成更强的资源整合能力和市场竞争能力。这样就打破了企业原有的产权边界，使企业规模扩大，从而产生了企业在量的方面的增长。它反映出两方面的问题：首先，企业的成长过程是企业不同方面创新的互动过程，企业创新推动着企业成长的实现；其次，企业内部整合能力和企业外在竞争能力的提高都依赖于企业创新力。

控制力就是在法律法规、惯例、社会伦理道德与文化的规范下，按照客观规律的要求，使战略制订与实施动态地符合主客观情况，实现预期目标的能力。企业的创新力只是其能够持续发展的前提，但能否健康地发展，还需要控制力作保障，因为企业的成长发展总是和风险相伴而生。如果失去了应有的控制、造成企业内部资源的失控、企业发展战略的失控等，那么纳入到企业内部的内外资源就不能得到有效的整合与配置，就会增大企业的经营风险甚至给企业带来灾难性的后果。企业的发展史证明，企业规模并不是无限制扩张的，而是有一个合理的边界，一旦超出其边界，即失去了应有的规模控制，就会使企业出现成本过高、效率低下的情况，走向规模经济的反面——规模不经济。

二、创新力与控制力的动态统一是现代企业管理中一个全新的思路

那么为什么有的企业能茁壮成长而有的企业转瞬即逝呢？通过对国内外诸多企业从“明星”到“流星”的蜕变过程的实地考察、跟踪研究后，发现企业就像生命体一样，创新力与控制力的统一是企业可持续发展的关键，是任何优秀企业成功和长寿的共同“基因”，它与企业创立时间的长短没有必然的联系；反之，创新力与控制力的失衡则是企业由盛而衰乃至丧失生命力的“病根”。

如果将企业成长比作汽车行驶，那么创新力就是油门，控制力就是方向盘和刹车。任何汽车的行驶都离不开油门、方向盘和刹车，没有油门，汽车便失去了前进的原动力，没有方向盘和刹车，汽车的行驶就失去了安全保障。许多企业生命周期短暂，其主要根源在于创新力与控制力的失衡：要么是企业创新力不足，从而失去了进一步发展的后劲和动力，在市场上则表现为产品失去了竞争优势。要么是企业控制力缺失，企业发展缺乏应有的约束，不顾自身实力盲目扩张，最终带来灾难性的后果。由此可将二者的关系归纳为：创新力与控制力是一种对立统一的关系，是一种辩证的互补关系。创新力是一个企业生存与发展之源、之本，而控制力则是一个企业持续稳定成长的保障。创新力是对控制力的挣脱，以创造更优的均衡，而控制力则保证了创新力的成功，两者都是企业持久发展的“维生素”。唯有创新，企业才能生存和发展；但只有控制的配合，企业才能持久地创新、持续成长。

目前，国内外企业界和学术界对创新力已经有了充分认识，但对控制力重视不足，仅仅将控制定位在一种管理职能上，没有站在企业发展哲学和战略的高度上，将其视为决定企业健康发展的不可或缺的两大支撑力之一。强调创新力是十分必要的，但是企业控制力缺失有时也可能成为矛盾的主要方面。

复习思考

1. 什么是创新和营销创新？营销创新的主要内容是什么？

2. 结合中国企业发展的实际现状，谈谈企业在创新过程中，如何施加适当的控制，才能保持其健康成长？

3. 如何理解企业创新力与控制力的动态统一？

案例分析

创新力与控制力失衡的悲剧——另类视角看安然

安然公司（Enron）成立于1930年，是世界上最大的能源供应商和交易商，却在2001年12月2日申请破产。安然公司失败的原因是错综复杂的，其经营中的指导思想和运营中的决策过程也会引起人们的争论和质疑，公司制度、美国金融制度、监管制度甚至安然与美国政治圈的不正常关系也是其失败的重要原因。但从企业角度来讲，安然公司在成长过程中创新力与控制力的失衡是其失败的根本"病因"。

（一）安然公司的创新力分析

客观地说，安然公司在创新力上是有许多可圈可点之处的。其对创新的不断追求一直是MBA教学的经典案例。下面仅举几例。

1. 在能源交易上的创新。1985年，美国放开了能源管制，能源监管委员会（FERC）要求管道商对所有顾客实行平等开放，这样终端用户可直接向天然气生产商购买能源产品，这使得运气合同和购买合同分开。此后FERC又公布了一系列文件，原先垄断式的、从气源到运输到终端用户的捆绑式天然气交易完全被打散。天然气交易由此变得更加灵活，合同时效亦缩短，从原先的以年计到以月计，最后到现货（spotmarket）市场。安然成了天然气交易的中间人，成功地利用了美国、英国和第三世界国家开放能源市场的机会（甚至可以说在美国安然是亲自创造了机会，因为在安然长时间担任CEO的肯尼思·雷（Kennith Lay）一直在向政府游说，请求放松能源领域管制），有战略远见地建立了美国最大的天然气输送系统。在天然气市场起步后，安然又成功地将它在天然气上积累的核心竞争力推向动力和发电领域，抢占了美国电力交易市场的30%。

2. 在内部管理上的创新。安然认识到脱胎于旧经济环境的企业大多等级森严、层层把关，官僚繁复的管理体制严重阻碍了企业的创新。为了改变这种情况，安然进行了压缩精减，实现组织结构扁平化，将公司13级管理层压缩到5级，这样就加快了信息流动的速度，提高了信息的质量，从而在很大程度上提高了管理效率。同时，安然还从根本上改革了公司的绩效考评机制，加大了人员升降级力度，把属于相同管理层面的员工强行归入5个考评类别。这样业务部门专业分工更加清晰，保障与赔偿责任更加明确，员工对企业的发展目标都能做到心中有数。1990年，安然还发起了一项大力推动后备分析和助理人才的锻炼和培养的计划。每年吸纳一些人才，再花两年时间让他们在公司内部3个业务领域轮岗实习。两年后，将他们定岗在某项具体工作上，并使他们按各自业绩表现逐步向上发展。

3. 在经营模式上的创新。安然前瞻性地认识到了互联网时代企业经营模式的转变问题。安然认为传统企业在发展过程中往往通过纵向整合形成庞大的价值链体系。在互联网时代，得益于互联网、计算技术和通讯技术的强大优势，实现价值链各环节的互动协作变得越来越简单，也越来越经济。因此，企业再也不需要完整地拥有整个价值链，企业经营模式应进行相应的转变，对传统的价值链体系予以“纵向解体”。安然将自己的经营战略模式定位为产品、服务一揽子供应商，即公司不必介入生产过程，不必拥有输送管道，甚至都不必有自己的分销渠道等等。公司要做的就是想办法确定客户的需求所在，然后把他们需要的东西整合起来。

虽然事后很多专家对安然公司的创新持否定态度，但笔者认为在这方面我们不应该仅以成败论英雄，安然公司在很多方面的创新是值得肯定的，也是很有前景的。客观地说，公司经营失败的根源不在创新问题，而在于公司失去了应有的控制力，从而导致经营规模、经营范围超出了企业的能力范围，导致企业在很多方面的创新出现方向性错误，不具有现实可行性，即创新力与控制力脱节。

（二）安然公司的控制力严重缺失

1. 控制力缺失的表现。

（1）盲目求大，忽视主业核心竞争力的稳健提升。直到20世纪80年代末之前，安然公司的主业还是维护和操作横跨北美的石油与天然气输送管网络，从事能源及其相关产品的买卖交易。但安然的CEO肯尼思·雷不愿意承认自己是能源贸易公司，不顾自身资源和实力，力图迅速做大。

（2）盲目创新，忽视创新风险的有效辨识和控制力的提升。创新是企业保持活力的根本源泉，是企业生命力的体现，但是企业的任何创新都是有风险的，创新力要想变成真正的竞争优势，必须要辅以有效的控制力。没有了企业控制力的约束，企业盲目创新必然会加大经营风险，而风险积累到一定程度就会形成灾难。安然公司在创新的同时，恰恰忽视了控制力的提升，因此在很多方面的创新变成了盲目的创新。例如，在美国经济持续强劲增长的20世纪90年代，安然公司肆意放纵创新行为和无依据发展速度，而轻视长期隐藏于公司内部的战略性风险，一旦战略环境恶化，公司必将迎来破产厄运。

2. 安然控制力缺失的原因分析。安然为什么会失去控制力，除了有关专家们总结的美国的会计制度的缺陷、市场监管的不力以外，我们认为最主要的是出在安然公司的企业文化上。

20世纪90年代以来，安然公司长期固守于不切实际的增长目标，鄙视企业文化管理的合理性，放弃诚信经营、以人为本、团队合作、承担社会责任等企业文化理念，造成了创新力与控制力的严重脱节，终于形成了灾难。

（资料来源：王成慧，彭星闾：“创新力与控制力失衡的悲剧——另类视角看安然”，《经济理论与经济管理》，2002年第9期。）

思考：你如何看待安然公司对于创新和控制的掌控？

技能训练

选择一家熟悉的企业，做一个市场调查。

1. 企业的营销组织是什么样的结构？

2. 这样的组织结构怎样发挥着对营销过程的控制？

参考文献

1. 菲利普·科特勒等著，何志毅等译：《市场营销原理（亚洲版）》，机械工业出版社 2006 年版。
2. 威廉·M·普赖德等著：《营销观念与战略》，中国人民大学出版社 2005 年版。
3. 罗伯特·西蒙斯，鲜红霞等译：《控制》，机械工业出版社 2004 年版。
4. 李甫民主编：《网络营销教程》，机械工业出版社 2005 年版。
5. 史士利·凡尔西著，陈益洪编译：《直复营销》，广西民族出版社 2004 年版。
6. 屈云波主编：《营销方法》，企业管理出版社 2005 年版。
7. 张晋光、黄国辉主编：《市场营销》，机械工业出版社 2005 年版。
8. 彭星闾主编：《营销管理学》，中国统计出版社 1995 年版。
9. 伊查克·爱迪思著，赵睿译：《企业生命周期》，华夏出版社 2004 年版。
10. 吴泗宗主编：《现代市场营销学》，同济大学出版社 2000 年版。
11. 陈信康等著：《市场营销学概论》，复旦大学出版社 2000 年版。
12. 甘碧群主编：《市场营销学》，武汉大学出版社 1997 年版。
13. 马世俊主编：《市场营销学》，中国商业出版社 1994 年版。
14. 郭国庆主编：《市场营销管理——理论与模型》，中国人民大学出版社 1995 年版。
15. 李世宗、黄金火、邱华主编：《市场营销学》，华中科技大学出版社 2002 年版。
16. 吴健安主编：《市场营销学》，安徽人民出版社 1999 年版。
17. 万后芬等主编：《现代市场营销学》，中国财政经济出版社 1999 年版。
18. 叶万春著：《服务营销学》，高等教育出版社 2001 年版。
19. 曲建忠著：《市场营销学》，机械工业出版社 2001 年版。
20. 郭国庆主编：《市场营销学通论（第三版）》，中国人民大学出版社 2006 年版。
21. 王培志主编：《市场营销学教程》，经济科学出版社 2001 年版。
22. 尤金·麦卡锡（美）著：《基础市场营销》，中国人民大学出版社 2000 年版。
23. J. M. 朱兰著，燕清等译：《管理突破》，企业管理出版社 2005 年版。
24. 李建峰著：《市场营销实务》，电子工业出版社 2007 年版。